어거스틴

요한복음 강론
제6강 ~ 제10강

라틴어 / 한글 대역

김광채 역편

부크크

2022

목 차

TRACTATUS IN IOHANNIS EVANGELIUM

TRACTATUS VI. ~ TRACTATUS X.

요한복음 강론

제6강 ~ 제10강

TRACTATUS VI.

Ioh. 1, 32-33.

32 Et testimōnium perhibuit Iohannēs dīcēns, quia vīdī Spīritum dēscendentem quasi columbam dē caelo et mānsit super eum. 33 Et egō nesciēbam eum; sed quī mīsit mē baptizāre in aquā, ille mihī dīxit: Super quem vīderis Spīritum dēscendentem, et manentem super eum; hic est, quī baptizat in Spīritū Sānctō.

i, 1. Fateor Sānctitātī vestrae, timueram, nē frīgus hoc frīgidōs vōs ad conveniendum faceret; sed quia istā celebritāte et frequentiā vestrā, spīritū vōs fervēre dēmōnstrātis, nōn dubitō, quia etiam ōrāstis prō mē, ut dēbitum vōbīs exsolvam.

i, 2. Prōmīseram enim in nōmine Chrīstī disserere hodiē, cum angustia temporis tunc impedīret, nē id possēmus explicāre tractandō, quārē Deus per columbae speciem ostendere voluerit Spīritum Sānctum. Hoc ut explicētur, illūxit nōbīs diēs hodiernus; et sentiō audiendī cupiditāte et piā dēvōtiōne vōs celebrius congregātōs. Exspectātiōnem vestram Deus impleat ex ōre nostrō. Amāstis enim ut venīrētis; sed amāstis, quid? Sī nōs, et hoc bene; nam volumus amārī ā vōbīs, sed nōlumus in nōbīs. Quia ergō in Chrīstō vōs amāmus, in Chrīstō nōs redamāte, et amor noster prō invicem gemat ad Deum; ipse enim gemitus columbae est.

제6강

요 1:32-33

32 요한이 또 증거하여 가로되 내가 보매 성령이 비둘기 같이 하늘로서 내려와서 그의 위에 머물렀더라 33 나도 그를 알지 못하였으나 나를 보내어 물로 세례를 주라 하신 그이가 나에게 말씀하시되 성령이 내려서 누구 위에든지 머무는 것을 보거든 그가 곧 성령으로 세례를 주는 이인 줄 알라 하셨기에

i, 1. 내가 성도 여러분께 고백하지만, [날씨가] 이렇게 춥기 때문에, 여러분이 모이지 못할 수도 있다고 나는 염려했습니다. 그러나 여러분은 이렇게 빨리, 또 [이렇게] 많이 참석해 줌으로써, 여러분이 영적으로 뜨겁다는 사실을 증명해 주었습니다. 그래서 여러분이 나를 위해 기도도 해 주었다는 걸 의심하지 않습니다. 물론, 그 기도는 나로 하여금 여러분에게 진 빚을 갚게 해 달라는 기도였습니다.

i, 2. 그러니까, 나는 그리스도의 이름으로 약속하기를, 무엇 때문에 하나님이 비둘기의 모습으로 성령을 보여 주려 하셨는지를 오늘 설명하겠다고 하였습니다. 나는 그때 [= 지난 번 강론 때] 시간 부족으로 말미암아 그것을 자세히 설명 드리지 못했습니다. 이것을 설명 드릴 수 있도록, 오늘이라는 밝은 날이 나에게 주어졌습니다. 그리고 내가 느끼기에, 여러분은 [나의 설명을] 듣고 싶은 마음 때문에, 또 경건한 열심 때문에 [이렇게] 구름 같이 모여들었습니다. 여러분의 기대를 하나님께서 우리의 입을 통해 충족시켜 주셨으면 합니다. 정말이지, 여러분이 [여기에] 오신 것은 사랑 때문입니다. 하지만 무엇에 대한 사랑입니까? 우리에 대한 사랑 때문이라면, 그건 좋은 일입니다. 왜냐하면, 우리는 여러분의 사랑을 받고 싶기 때문입니다. 그러나 우리는 그것을 우리 안에서 바라지 않습니다. 그것은 그러니까, 우리가 여러분을 그리스도 안에서 사랑하기 때문입니다. 여러분은 우리의 사랑을 그리스도 안에서 갚아 주십시오! 그리고 우리의 서로를 향한 사랑은 하나님께 올려 드리는 탄식입니다. 정말이지, 이 탄식은 비둘기의 탄식입니다.

ii, 1. Sī ergō gemitus columbae est, quod omnēs nōvimus, gemunt autem columbae in amōre; audīte, quid dīcat Apostolus, et nōlīte mīrārī, quia in columbae speciē voluit dēmōnstrārī Spīritus Sānctus: Quid enim ōrēmus, sīcut oportet, inquit, nescīmus; sed ipse Spīritus interpellat prō nōbīs gemitibus inēnarrābilibus. Quid ergō, frātrēs meī, hoc dictūrī sumus, quia Spīritus gemit, ubī perfecta et aeterna beātitūdō est eī cum Patre et Fīliō? Spīritus enim Sānctus Deus, sīcut Deī Fīlius Deus, et Pater Deus. Ter dīxī Deus, sed nōn dīxī trēs deōs; magis enim Deus ter, quam diī trēs; quia Pater et Fīlius et Spīritus Sānctus ūnus Deus; hoc optimē nōstis. Nōn ergō Spīritus Sānctus in sēmet ipsō apud sēmet ipsum in illā Trīnitāte, in illā beātitūdine, in illā aeternitāte substantiae gemit; sed in nōbīs gemit, quia gemere nōs facit.

ii, 2. Nec parva rēs est, quod nōs docet Spīritus Sānctus gemere; īnsinuat enim nōbīs, quia peregrīnāmur, et docet nōs in patriam suspīrāre, et ipsō dēsīderiō gemimus. Cui bene est in hōc saeculō, immō quī putat, quod eī bene sit, quī laetitiā rērum carnālium, et abundantiā temporālium, et vānā fēlīcitāte exsultat, habet vōcem corvī; vōx enim corvī clāmōsa est, nōn gemebunda. Quī autem nōvit in pressūrā sē esse mortālitātis huius, et peregrīnārī sē ā Domino, nōndum tenēre illam perpetuam, quae nōbīs prōmissa est, beātitūdinem, sed habēre illam in spē, habitūrus in rē, cum Dominus vēnerit in manifestātiōne praeclārus, quī prius in humilitāte vēnit occultus; quī hoc nōvit, gemit.

ii, 1. 그러니까, 탄식은 비둘기의 특성입니다. 우리는 다 이 사실을 압니다. 하지만 비둘기는 사랑 때문에 탄식합니다. 그렇다면, 사도가 무슨 말을 하는지 들어 보십시오! 그리고 성령이 비둘기 모습으로 나타나기를 원하였다는 사실에 놀라지 마십시오! 사도는 이렇게 말합니다.

> [이와 같이 성령도 우리 연약함을 도우시나니,] 우리가 마땅히 빌 바를 알지 못하나, 오직 성령이 말할 수 없는 탄식으로 우리를 위하여 친히 간구하시느니라. (롬 8:26)

나의 형제 여러분! 성령이 성부, 성자와 더불어 완전하고도 영원한 복락을 누리고 있는 마당에, 어떻게 우리가, 성령이 탄식한다는 말을 하게 되는 것일까요? 왜냐하면, 성령이 하나님이신 것이, 하나님의 아들이 하나님이시고, 성부가 하나님이신 것과 마찬가지이기 때문입니다. 나는 [여기서] '하나님'이라는 말을 세 번 했습니다. 그러나 나는, 하나님이 셋이라고 말하지 않았습니다. 이는, '하나님'이라는 말을 세 번 했다 해도, 세 하나님이 계시는 것이 아니기 때문입니다. 그러니까, 성부, 성자, 성령은 한 하나님이십니다. 이 사실을 여러분은 지극히 잘 알고 있습니다. 그러므로 성령이 탄식하는 것은 그 자신 안에서도, 그 자신 곁에서도, 그 성삼위 안에서도, 그 복락 안에서도, 그 본질의 영원함 안에서도 아닙니다. 도리어 우리 안에서 탄식합니다. 이는, 그가 우리를 탄식하게 만들기 때문입니다.

ii, 2. 성령이 우리에게 탄식하는 법을 가르쳐 주는 것은 작은 일이 아닙니다. 이는, 성령이 우리에게, 우리가 순례자라는 사실을 일깨워 주고, 우리로 하여금 본향을 사모하게 가르쳐 주기 때문입니다. 우리가 탄식하는 건, 바로 이 사모함 때문입니다. 이 세상에서 잘나가는 자, 아니, 자기가 잘나간다고 생각하는 자, 육신적인 것에 근거한 즐거움이나, 세상적 보화의 풍부함이나, 허탄한 행복으로 말미암아 환호작약하는 자는 까마귀 소리를 내는 자입니다. 정말이지, 까마귀 소리는 소음이지, 탄식 소리가 아닙니다. 반면, 자기가 이 가사성(可死性)으로 인해 눌림을 받고 있다는 사실, 자기가 '주와 따로'(고후 5:6) 거하고 있다는 사실을 아는 자, 우리에게 약속된 그 영원한 복락을 아직 소유하지 못하고 있지만, 전에는 겸손 가운데 감추어져 오셨던 주님이 [장차] 영광 중에 공공연히 오실 때, 그 복락을 우리가 실지로 소유할 것이라는 소망을 지닌 자는, 탄식 소리를 냅니다.

ii, 3. Et quamdiū propter hoc gemit, bene gemit; Spīritus illum docuit gemere, ā columbā didicit gemere. Multī enim gemunt in īnfēlīcitāte terrēnā, vel quassātī damnīs, vel aegritūdine corporis praegravātī, vel carceribus inclūsī, vel catēnīs colligātī, vel flūctibus maris iactātī, vel aliquibus inimīcōrum īnsidiīs circumsaeptī gemunt; sed nōn columbae gemitū gemunt, nōn amōre Deī gemunt, nōn spīritū gemunt. Ideō tālēs cum ab ipsīs pressūrīs fuerint līberātī, exsultant in grandibus vōcibus; ubī appāret, quia corvī sunt, nōn columbae. Meritō dē arcā missus est corvus, et nōn est reversus; missa est columba; et reversa est; illās duās avēs mīsit Noē. Habēbat ibī corvum, habēbat et columbam; utrumque hoc genus arca illa continēbat;

ii, 4. et sī arca figūrābat Ecclēsiam, vidētis utique, quia necesse est, ut in istō dīluviō saeculī utrumque genus contineat Ecclēsia, et corvum, et columbam. Quī sunt corvī? Quī sua quaerunt. Quī columbae? Quī ea, quae Chrīstī sunt, quaerunt.

iii, 1. Proptereā ergō cum mitteret Spīritum Sānctum, duōbus modīs eum ostendit vīsibiliter; per columbam, et per ignem; per columbam, super Dominum baptizātum; per ignem, super discipulōs congregātōs. Cum enim ascendisset Dominus in caelum post resurrēctiōnem, perāctus cum discipulīs suīs quadrāgintā diēbus, implētō diē Pentēcostēs, mīsit eīs Spīritum Sānctum, sīcut prōmīserat.

ii, 3. 그런데, 이런 이유로 탄식을 하는 한, 그 탄식은 좋은 것입니다. 성령이 그에게 탄식하는 법을 가르쳐 주었습니다. 그는 비둘기에게서 탄식하는 법을 배웠습니다. 정말이지, 많은 사람들이 이 땅의 불행으로 말미암아 탄식합니다. 상실 때문에 요동하는 것이든지, 육신의 질병 때문에 심한 괴로움을 당하는 것이든지, 감옥에 갇혔기 때문이든지, 쇠사슬에 묶여 있기 때문이든지, 바다의 풍파에 휩싸였기 때문이든지, 원수의 간계 때문이든지, 그들은 탄식합니다. 하지만 그들의 탄식은 비둘기의 탄식이 아닙니다. 그들의 탄식은 하나님을 사랑하기 때문에 나오는 탄식이 아닙니다. 영으로 하는 탄식이 아닙니다. 그러므로 이런 자들이 그와 같은 고난에서 벗어나게 되면, 크나큰 소리로 환호작약합니다. 이때 그들이 까마귀라는 사실, 비둘기가 아니라는 사실이 드러납니다. 까마귀를 방주에서 내보낸 것은 합당한 일입니다. 까마귀는 돌아오지 않았습니다. 비둘기를 내보냈습니다. 비둘기는 돌아왔습니다. 노아는 이 두 새를 다 내보냈습니다. 방주에는 까마귀가 있었습니다. 비둘기도 있었습니다. 이 두 종류 다 방주에 있었습니다.

ii, 4. 그런데, 방주가 교회를 예표(豫表)했다면, 정말이지, 여러분은 다음과 같은 사실을 볼 수 있을 것입니다.

세상에 닥친 이 홍수 속에서 교회는 두 종류를 다 품고 있다. 곧, 까마귀도 품고 있고, 비둘기도 품고 있다. 까마귀는 어떤 자들입니까? '자기 일을'(빌 2:21) 구하는 자들입니다. 비둘기는 어떤 자들입니까? '그리스도 [예수]의 일을' 구하는 자들입니다.

iii, 1. 그러니까, 이 때문에 주님은 성령을 보내실 때, 성령을 두 가지 방식으로 보여 주셨습니다. 비둘기로 보여 주셨고, 불로 보여 주셨습니다. 비둘기로는 세례 받으시는 주님 위에 나타나게 하셨고, 불로는 [마가의 다락방에] 모인 제자들 위에 나타나게 하셨습니다. 정말이지, 주님은 부활하신 후, 제자들과 40일 간 지내시다가, 승천하셨고, 오순절 날이 이르자, 약속하신 대로 그들에게 성령을 보내 주셨습니다.

iii, 2. Spīritus ergō tunc veniēns implēvit locum illum, factōque prīmō sonitū dē caelō tamquam ferrētur flātus vehemēns, sīcut in Āctibus Apostolōrum legimus: Vīsae, inquit, illīs sunt linguae dīvīsae velut ignis, quī et īnsēdit super ūnumquemque eōrum; et coepērunt linguīs loquī, sīcut Spīritus dabat eīs prōnūntiāre. Hāc vīdimus columbam super Dominum, hāc linguās dīvīsās super discipulōs congregātōs; ibī simplicitās, hīc fervor ostenditur. Sunt enim, quī dīcuntur simplicēs, et pigrī sunt; vocantur simplicēs, sunt autem sēgnēs.

iii, 3. Nōn tālis erat Stephanus plēnus Spīritū Sānctō; simplex erat, quia nēminī nocēbat; fervēns erat, quia impiōs arguēbat. Nōn enim tacuit Iūdaeīs; eius sunt verba illa flammantia:

> Dūrā cervīce, et nōn circumcīsī corde et auribus, vōs semper restitistis Spīrituī Sānctō.

Magnus impetus; sed columba sine felle saevit. Nam ut nōveritis, quia sine felle saeviēbat, illī audītīs hīs verbīs, quī corvī erant, ad lapidēs statim adversus columbam cucurrērunt; coepit Stephanus lapidārī; et quī paulō ante fremēns et fervēns spīritū, tamquam in inimīcōs impetum fēcerat, et tamquam violentus invectus erat in verbīs igneīs atque ita flammantibus, ut audīstis: *Dūrā cervīce, et nōn circumcīsī corde et auribus*; ut quī ea verba audīret, putāret Stephanum, sī eī licēret, statim illōs velle cōnsūmī; venientibus in sē lapidibus ex manibus eōrum, genū fīxō ait:

> Domine, nē statuās illīs hoc dēlictum.

Inhaeserat ūnitātī columbae.

iii, 2. 그래서 그때 성령이 임하여, 그곳에 충만했습니다. 우선, 우리가 사도행전에서 볼 수 있는 대로, '하늘로부터 [급하고] 강한 바람 같은 소리가'(행 2:2) 있었습니다.

> 3 불의 혀 같이 갈라지는 것이 저희에게 보여, 각 사람 위에 임하여 있더니, 4 저희가 다 성령의 충만함을 받고, 성령이 말하게 하심을 따라, 다른 방언으로 말하기를 시작하니라. (행 2:2-3)

거기서 우리는 주님 위에 내려온 비둘기를 보았습니다. 여기서 우리는, [마가의 다락방에] 모인 제자들 위에서 혀가 갈라지는 모습을 봅니다. 거기서는 순결함이 보였고, 여기서는 뜨거움이 보입니다. 정말이지, '순결하다'는 말을 듣는 자가 나태한 경우가 있습니다. '순결하다'는 말을 듣지만, 게으른 자가 있습니다.

iii, 3. 성령으로 충만했던 스데반은 그와 같은 사람이 아니었습니다. 그가 순결했던 것은 아무한테도 해를 끼치지 않았기 때문입니다. 그가 뜨거웠던 것은, 불경한 자들을 책망했기 때문입니다. 정말이지, 그는 유대인들 앞에서 잠잠하지 않았습니다. 그가 한 다음과 같은 말은 불꽃 튀기는 말이었습니다.

> 목이 곧고, 마음과 귀에 할례를 받지 못한 사람들아! 너희가 항상 성령을 거스려, [너희 조상과 같이 너희도 하는도다.] (행 7:51)

엄청 격한 말입니다. 하지만 비둘기는 분 내지 않고 포효했습니다. 여러분이, 그가 분 내지 않고 포효했다는 걸 이해하려면, [이걸 보시길 바랍니다.] 까마귀에 해당했던 자들이 이 말을 듣자, 즉시 비둘기를 향해 돌을 집어 들었습니다. 스데반이 돌을 맞기 시작합니다. 그는 조금 전 큰 소리로 마치 열화(熱火) 같이, 흡사 원수들을 향해 공격을 하는 것처럼, 여러분이 들은 대로, 마치 폭풍처럼 불꽃 튀기는 말을 하였습니다.

> 목이 곧고, 마음과 귀에 할례를 받지 못한 사람들아!

이 말을 들은 사람들은, 스데반이 할 수만 있다면, 그들을 즉시 소멸시키길 원한다는 느낌을 가졌을 수 있습니다. [그런데,] 그들의 손에서 그를 향해 돌이 날아올 때, 그는 무릎을 꿇고 이렇게 말했습니다.

> 주여, 이 죄를 저들에게 돌리지 마옵소서! (행 7:60)

그는 비둘기와 굳게 연합하였습니다.

iii, 4. Prior enim illud fēcerat magister, super quem descendit columba; quī pendēns in cruce ait:

Pater, ignosce illīs, quia nesciunt, quid faciunt.

Ergo ne Spīritū Sānctificātī dolum habeant, in columbā dēmōnstrātum est; nē simplicitās frīgida remaneat, in igne dēmōnstrātum est.

iii, 5. Nec moveat, quia linguae dīvīsae sunt. Distant enim linguae, ideō dīvīsīs linguīs appāruit. *Linguae*, inquit, *dīvīsae velut ignis, quī et īnsēdit super ūnumquemque eōrum.* Distant inter sē linguae, sed linguārum distantia nōn sunt schismata. In linguīs dīvīsīs nōlī dissipātiōnem timēre, ūnitātem cōgnōsce in columbā.

iv, 1. Sīc ergō, sīc oportēbat dēmōnstrārī Spīritum Sānctum venientem super Dominum, ut intellegat ūnusquisque, sī habet Spīritum Sānctum, simplicem sē esse dēbēre sīcut columbam; habēre cum frātribus vēram pācem, quam sīgnificant ōscula columbārum. Habent enim ōscula et corvī, sed in corvīs falsa pāx, in columbā vēra pāx. Nōn omnis ergō, quī dīcit: Pāx vōbīscum, quasi columba audiendus est.

iv, 2. Unde ergō discernuntur ōscula corvōrum ab ōsculīs columbārum? Ōsculantur corvī, sed laniant; ā laniātū innocēns est nātūra columbārum; ubi ergō laniātus, nōn est vēra in ōsculīs pāx; illī habent vēram pācem, quī Ecclēsiam nōn laniāvērunt. Nam corvī dē morte pāscuntur, hoc columba nōn habet; dē frūgibus terrae vīvit, innocēns eius victus est; quod vērē, frātrēs, mīrandum est in columbā. Sunt passerēs brevissimī, vel muscās occīdunt; nihil hōrum columba; nōn enim dē morte pāscitur. Quī laniāvērunt Ecclēsiam, dē mortibus pāscuntur.

iii, 4. 이런 일은 정말이지, 주님이 먼저 하셨습니다. 주님 위에는 비둘기가 내려왔었지요. 주님은 십자가에 달려서 이렇게 말씀하셨습니다.

> 아버지여, 저희를 사하여 주옵소서! 자기의 하는 것을 알지 못함이니이다. (눅 23:34)

그러므로 성령으로 거룩하게 된 사람들에게는 간악함이 없다는 것이 비둘기를 통해 보여집니다. [또] 순결함이 계속 차갑지만은 않다는 것이 불을 통해 보여집니다.

iii, 5. 혀가 갈라졌다 해서, 이상하게 여길 것은 없습니다. 언어가 다양하기 때문에, 혀가 갈라진 것처럼 보였습니다. 성경은 이렇게 말씀합니다.

> [불의] 혀 같이 갈라지는 것이 저희에게 보여, 각 사람 위에 임하여 있더니. (행 2:3)

다양한 언어가 있습니다. 그러나 언어의 다양성이 분열을 의미하는 것은 아닙니다. 언어가 다양하다고, 분열을 두려워하지 마십시오! 비둘기 안에서 연합된 것을 인지(認知)하십시오!

iv, 1. 그래서 주님 위에 내려온 성령이 이런 식으로 나타나야 했던 것은, 누구든지, 성령을 받았다면, 비둘기처럼 순결해야 하며, 형제들과 참된 평화를 유지해야 한다는 사실을 깨닫도록 하기 위함이었습니다. 이 평화는, 비둘기들의 키스가 상징해 주고 있습니다. 정말이지, 까마귀들도 키스를 합니다. 그러나 까마귀들의 평화는 거짓된 평화이고, 비둘기들의 평화는 참된 평화입니다. 그러므로, "너희에게 평강이 있을지어다"라고 말하는 사람이라 해서, 다 비둘기라고 생각해서는 안 됩니다.

iv, 2. 그렇다면, 어떻게 까마귀의 키스는 비둘기의 키스와 구별됩니까? 까마귀는 키스하지만, 찢습니다. 비둘기는 천성적(天性的)으로 찢는 일을 하지 않습니다. 그러므로 찢는 일이 일어나는 곳에는, 키스를 한다 해서 참된 평화가 존재하지 않습니다. 교회를 찢지 않은 자들이 참된 평화를 유지합니다. 정말이지, 까마귀는 죽음을 먹고 삽니다. 비둘기는 이렇게 하지 않습니다. 비둘기는 땅의 소산(所産)을 먹고 삽니다. 비둘기의 먹이에는 흠이 없습니다. 형제 여러분! 비둘기의 놀라운 점이 바로 이것입니다. 참새는 지극히 작지만, 최소한 파리를 죽입니다. 비둘기는 이런 일을 전혀 하지 않습니다. 이는, 비둘기가 죽음을 먹고 살지 않기 때문입니다. 교회를 찢는 자들은 죽음을 먹고 사는 자들입니다.

iv, 3. Potēns est Deus, rogēmus, ut revīvīscant ,quī dēvorantur ab eīs et nōn sentiunt. Multī agnōscunt, quia revīvīscunt; nam ad eōrum adventum cotīdiē grātulāmur in nōmine Chrīstī. Vōs tantum sīc estōte simplicēs, ut sītis ferventēs; et fervor vester in linguis sit. Nolite tacere; ardentibus linguis loquentēs, accendite frīgidōs.

v, 1. Quid enim, frātrēs meī? Quis nōn videat, quod illī nōn vident? Nec mīrum; quia quī inde revertī nōlunt, sīcut corvus, quī dē arcā ēmissus est. Quis enim nōn videat, quod illī nōn vident? Et ipsī Spīrituī Sānctō ingrātī sunt. Ecce, columba dēscendit super Dominum, et super Dominum baptizātum; et appāruit ibī Sāncta illa et vēra Trīnitās, quae nōbīs ūnus Deus est. Ascendit enim Dominus ab aquā, sīcut in Ēvangeliō legimus:

> Et ecce, apertī sunt eī caelī, et vīdit Spīritum dēscendentem velut columbam, et mānsit super eum. Et statim vōx cōnsecūta est: Tū es Fīlius meus dīlēctus, in quō mihī complacuī.

Appāret manifestissima Trīnitās, Pater in vōce, Fīlius in homine, Spīritus in columbā.

v, 2. In istā Trīnitāte quō missī sunt Apostolī, videāmus, quod vidēmus, et quod mīrum est, quia illī nōn vident; nōn enim vērē nōn vident, sed ad id, quod faciēs eōrum ferit, oculōs claudunt. Quō missī sunt discipulī, in nōmine Patris et Fīliī et Spīritūs Sānctī, ab illō, dē quō dictum est:

> Hic est, quī baptizat.

Dictum est enim ministrīs ab eō, quī sibī tenuit hanc potestātem.

iv, 3. 하나님은 하십니다. 그들에게 삼킴을 당하고 있지만, 그것을 느끼지 못하는 자들을 다시 살려 주시라고 간구하십시오! 많은 사람들이 이를 아는 것은, 그들이 다시 살아나기 때문입니다. 정말이지, 그들이 찾아올 때, 우리는 매일처럼 그리스도의 이름으로 환영합니다. 여러분은 순결해짐과 동시에 뜨거워지십시오! 그리고 여러분의 뜨거움이 혀에 있게 하십시오! 잠잠하지 마십시오! 불타는 혀로 말함을 통해, 차가운 자들에게 불을 붙이십시오!

v, 1. 나의 형제 여러분! 도대체 어떻습니까? 그들이 깨닫지 못하고 있는 것을 누가 모르겠습니까? 놀랄 일이 아닙니다. 왜냐하면, 거기서 돌아올 뜻이 없는 자들은 방주에서 내보냄을 받은 까마귀와 같기 때문입니다. 그들이 깨닫지 못하고 있는 것을 도대체 누가 모르겠습니까? 그리고 그들은 성령 님께 감사하지 않습니다. 보십시오! 비둘기가 주님 위에 내려왔습니다. 그러니까, 세례 받으신 주님 위에 내려온 것입니다. 그리고 거기에 참되신 그 성삼위께서 나타나셨습니다. 성삼위는 우리에게 한 하나님이십니다. 우리가 복음서에서 읽을 수 있는 대로, 주님께서 물에서 올라오셨습니다.

> 16 … 하늘이 열리고, 하나님의 성령이 비둘기 같이 내려, 자기 위에 임하심을 보시더니, 17 하늘로서 소리가 있어 말씀하시되, '이는 내 사랑하는 아들이요, 내 기뻐하는 자라' 하시니라. (마 3:16-17)

성삼위께서 지극히 명확하게 나타나셨습니다. 아버지는 음성으로, 아들은 사람으로, 성령은 비둘기로 말입니다.

v, 2. 이 성삼위 안에서 사도들은 어디로 보내심을 받았습니까? 우리가 보고 있는 것을 보십시다! 그들이 이걸 못 본다는 것은 놀라운 일입니다. 이는, 그들이 정말 못 보는 것이 아니기 때문입니다. 그들은 단지, 얼굴은 향하면서도, 눈은 감을 뿐입니다. 제자들은 성부, 성자, 성령의 이름으로 어디로 보내심을 받았습니까? 그들을 보내신 분에 대하여는 이런 말씀이 있습니다.

> 그가 곧 [성령으로] 세례를 주는 이인 줄 알라! (요 1:33)

이 말씀은 이 권세를 자기에게 유보(留保)하신 분이 섬김이들에게 하신 말씀입니다.

vi, 1. Hoc enim in illō vīdit Iohannēs et cōgnōvit, quod nōn nōverat; nōn quia eum nōn nōverat Fīlium Deī, aut cum nōn nōverat Dominum, aut nōn nōverat Chrīstum, aut vērō et hoc nōn nōverat, quia ipse baptizātūrus esset in aquā et Spīritū Sānctō; nam et hoc nōverat; sed quia ita, ut sibī tenēret ipsam potestātem, et in nūllum ministrōrum eam trānsferret, hoc est, quod didicit in columbā. Per hanc enim potestātem, quam Chrīstus sōlus sibī tenuit, et in nēminem ministrōrum trānsfūdit, quamvīs per ministrōs suōs baptizāre dīgnātus sit, per hanc stat ūnitās Ecclēsiae, quae sīgnificātur in columbā, dē quā dictum est:

Ūna est columba mea, ūna est mātrī suae.

vi, 2. Sī enim, ut iam dīxī, frātrēs meī, trānsferrētur potestās ā Dominō ad ministrum, tot baptismata essent, quot ministrī essent, et iam nōn stāret ūnitās Baptismī.

vii, 1. Intendite, frātrēs! Antequam venīret Dominus noster Iēsūs Chrīstus ad baptismum (nam post baptismum dēscendit columba, in quā cōgnōvit Iohannēs quiddam proprium, cum eī dictum esset: Super quem vīderis Spīritum dēscendentem sīcut columbam et manentem super eum, ipse est, quī baptizāt in Spīritū Sānctō), nōverat, quia ipse baptizāt in Spīritū Sānctō; sed quia tālī proprietāte, ut potestās ab eō nōn trānsīret in alterum, quamvīs eō dōnante, hoc ibī didicit. Et unde probāmus, quia iam et hoc nōverat Iohannēs, quia baptizātūrus erat Dominus in Spīritū Sānctō; ut hoc intellegātur didicisse in columbā, quod ita erat baptizātūrus Dominus in Spīritū Sānctō, ut in nēminem alium hominem potestās illa trānsīret? Unde probāmus?

vi, 1. 정말이지, 이것을 요한은 그에게서 보았고, 그가 알지 못했던 것을 깨달았습니다. 그렇다고, 그가 하나님의 아들이시라는 사실, 또는, 주님이시라는 사실, 또는, 그리스도시라는 사실을 알지 못했던 것은 아니었습니다. 또 그가 물과 성령으로 세례를 베푸실 것이라는 사실을 알지 못했던 것도 아니었습니다. 정말이지, 그는 이러한 사실도 알았습니다. 하지만 그가 비둘기를 통해 알게 되었던 것은 이것이었습니다. 곧, 그가 권세 자체를 자기에게 유보하실 것이며, 그 어떤 섬김이에게도 넘기지 않을 것이라는 사실이었습니다. 이는, 그리스도만이 자기에게 유보하시는 이 권세를 통해, 그러니까, 비록 자기 섬김이들을 통해 세례를 베푸시기는 하지만, 그 어떤 섬김이에게도 양도하지 않으신 이 권세를 통해 교회의 일체성이 유지되고, 이 일체성이 비둘기를 통해 상징되기 때문입니다. 비둘기에 대해서는 이렇게 말씀하셨습니다.

나의 비둘기, 나의 완전한 자는 하나뿐이로구나! 그는 그 어미의 외딸이요. (아 6:9)

vi, 2. 나의 형제 여러분! 내가 이미 말한 대로, 만약 권세가 주님에게서 사역자에게로 양도된다면, 세례의 종류는 사역자들의 수(數)만큼 많아질 것입니다. 또 세례의 일체성이 유지되지 못할 것입니다.

vii, 1. 형제 여러분, 주목해 주십시오! 우리 주 예수 그리스도께서 세례 받으러 가시기 전에, 요한은, 주님이 성령으로 세례를 주는 분이심을 알았습니다. (왜냐하면, 세례 받으신 후에는, 비둘기가 내려왔고, 이를 통해 요한이 무슨 특별한 사항을 깨닫게 되었기 때문입니다. 당시 그에게는 이런 말씀이 들려왔습니다. "성령이 [비둘기 같이] 내려서, 누구 위에든지 머무는 것을 보거든, 그가 곧 성령으로 세례를 주는 이인 줄 알라".) 하지만 주님은 비록 사역자를 세우시기는 하지만, 권세는 타자(他者)에게 양도하지 않으실 만큼, 독특하게 세례를 주시는데, 이 사실을 요한은 나중에 깨닫게 되었습니다. 그런데, 우리는 어떻게, 주님이 성령으로 세례를 주실 것이라는 사실을 요한이 벌써 알고 있었는지를 증명할 수 있을까요? 또 주님이 성령으로 세례를 주실 것이지만, 그 권세는 그 어떤 타자에게도 주시지 않는다는 사실을 비둘기를 통해 알게 된 것을 어떻게 이해해야 할까요? 우리는 이것을 어떻게 증명할 수 있을까요?

vii, 2. Columba iam baptizātō Dominō dēscendit; ante autem quam venīret Dominus, ut baptizārētur ā Iohanne in Iordāne, dīximus, quia nōverat eum, illīs vōcibus, ubī ait:

> Tū ad mē venīs, baptizārī? Egō ā tē dēbeō baptizārī.

Sed ecce, Dominum nōverat, nōverat Fīlium Deī; unde probāmus, quod iam nōverat, quia ipse baptizāret in Spīritū Sānctō? Antequam venīret ad fluvium, cum multī ad Iohannem concurrerent baptizārī, ait illīs: *Egō quidem baptizō vōs in aquā; quī autem post mē venit, māior mē est, cuius nōn sum dīgnus corrigiam calceāmentī solvere; ipse vōs baptizābit in Spīritū Sānctō et ignī;* iam et hoc nōverat.

vii, 3. Quid ergō per columbam didicit, nē mendāx posteā inveniātur (quod āvertat ā nōbīs Deus opīnārī); nisī quandam proprietātem in Chrīstō tālem futūram, ut quamvīs multī ministrī baptizātūrī essent, sīve iūstī, sīve iniūstī, nōn tribuerētur Sānctitās Baptismī, nisī illī, super quem dēscendit columba, dē quō dictum est: *Hic est, quī baptizat in Spīritū Sānctō?* Petrus baptizet, hic est, quī baptizat; Paulus baptizet, hic est, quī baptizat; Iudas baptizet, hic est, quī baptizat.

vii, 2. 비둘기는, 주님이 이미 세례를 받으신 후에 내려왔습니다. 하지만 우리는, 주님이 요단 강에서 요한에게 세례를 받으시기 전이라고 말했습니다. 이는, [요한이] 그를 알았기 때문입니다. 그러니까, 요한은 이렇게 말했습니다.

> 내가 당신에게 세례를 받아야 할 터인데, 당신이 내게로 오시나이까? (마 3:14)

그러나 보십시오! 그는 주님을 알고 있었습니다. 하나님의 아들을 알고 있었습니다. 주님이 성령으로 세례 주신다는 사실을 [요한이] 벌써 알고 있었다는 것을 우리는 어떻게 증명합니까? 주님이 강으로 가시기 전, 많은 사람들이 세례 받기 위해 요한에게로 달려가고 있을 때, 요한은 사람들에게 말했습니다.

> 나는 물로 너희에게 세례를 주거니와, 나보다 능력이 많으신 이가 오시나니, 나는 그 신들메를 풀기도 감당치 못하겠노라. 그는 성령과 불로 너희에게 세례를 주실 것이요. (눅 3:16)

그는 이것도 이미 알고 있었습니다.

vii, 3. 그렇다면, 그가 비둘기한테서 무엇을 배웠기에, 나중에 거짓말쟁이로 판명나지 않았습니까? (우리가 그런 생각하는 것을, 하나님이 막아 주시기를 빕니다.) 그것은 바로, 그리스도께 다음과 같은, 모종(某種)의 특별한 성질이 있어서, 설사 의로운 자들이든, 불의한 자들이든, 많은 사역자들이 세례를 베푼다 하더라도, 세례의 거룩함이 오직 비둘기가 그 위로 내려온 분께만 돌아간다는 사실입니다. 그분에 대하여는 이런 말씀이 있습니다.

> 그가 곧 성령으로 세례를 주는 이인 줄 알라! (요 1:33)

베드로가 세례를 집전한다 해도, 세례를 주는 분은 그분입니다. 바울이 세례를 집전한다 해도, 세례를 주는 분은 그분입니다. 유다가 세례를 집전한다 해도, 세례를 주는 분은 그분입니다.

viii, 1. Nam sī prō dīversitāte meritōrum Baptisma Sānctum est, quia dīversa sunt merita, dīversa erunt baptismata; et tantō quisque aliquid melius putātur accipere, quantō ā meliōre vidētur accēpisse. Ipsī Sānctī, intellegite, frātrēs, bonī pertinentēs ad columbam, pertinentēs ad sortem cīvitātis illīus Ierusalem, ipsī bonī in Ecclēsiā, dē quibus dīcit Apostolus: *Nōvit Dominus, quī sunt eius*; dīversārum grātiārum sunt, nōn omnēs paria merita habent; sunt aliī aliīs Sānctiōrēs, sunt aliī aliīs meliōrēs. Quārē ergō sī ūnus ab illō, verbī grātiā, iūstō Sānctō baptizētur, alius ab aliō īnferiōris meritī apud Deum, īnferiōris gradūs, īnferiōris continentiae, īnferiōris vītae, ūnum tamen et pār et aequāle est, quod accēpērunt, nisī quia hic est, quī baptizat?

viii, 2. Quōmodo ergō cum baptizat bonus et melior, nōn ideō iste bonum accēpit, et ille melius; sed quamvīs bonus et meliōr fuerint ministrī, ūnum et aequāle est, quod accēpērunt, nōn est melius in illō, et īnferius in istō; sīc et cum baptizat malus ex aliquā vel īgnōrantiā Ecclēsiae, vel tolerantiā (aut enim īgnōrantur malī, aut tolerantur, tolerātur palea, quōūsque in ultimō ventilētur ārea), illud, quod datum est, ūnum est, nec impār propter imparēs ministrōs; sed pār et aequāle, propter: Hic est, quī baptizat.

viii, 1. 정말이지, 만약 세례의 거룩함이 공로의 다양성에 근거한다면, 공로는 다양하기 때문에, 세례는 다양해질 것입니다. 그리고 누구든지, 더 선한 자에게 세례를 받았을 경우, 더 선한 세례를 받은 것으로 여겨질 것입니다. 형제 여러분, 생각들 해 보십시오! 거룩한 자들, 비둘기에 속한, 선한 자들, 저 예루살렘 성에 분깃을 지닌 자들, 교회에 속한, 선한 자들 – 이들에 대해 사도는 이렇게 말합니다.

주께서 자기 백성을 아신다. (딤후 2:19)

이런 사람들이라 할지라도, 받은 은혜가 다양합니다. 모두가 똑같은 공로를 세우지 않았습니다. 이 사람은 저 사람보다 더 거룩하고, 이 사람은 저 사람보다 더 선합니다. 그러니까, 예를 들어, 이 사람은 의로운 성자에게서 세례를 받고, 저 사람은 하나님 앞에서 공로를 적게 세운 사람이나, 직급이 낮은 사람이나, 절제력이 부족한 사람이나, [영적으로] 더 낮은 수준의 삶을 산 사람에게 세례를 받는다 해도, 그들이 받는 세례가 어째서 하나의, 동일, 동등한 세례가 될 수 있는 것입니까? 그 이유는 단 하나입니다. 곧, 세례를 주는 분은 그분이기 때문입니다.

viii, 2. 그러니까, 선한 사람과 더 선한 사람이 세례를 준다 해서, 이 사람은 좋은 세례를 받고, 저 사람은 더 좋은 세례를 받는 것이 아니라, 사역자들 중 이 사람은 선하고, 저 사람은 더 선하다 해도, 수세자(受洗者)들이 받는 세례는 동일한 것은 아닙니다. 즉, 이 사람이 받는 세례가 더 낮고, 저 사람이 받는 세례가 더 못한 것이 아닙니다. 이와 마찬가지로, 교회의 무슨 무지나 용납으로 말미암아 악한 자가 세례를 집전한다 해도, 베풀어진 세례는 동일합니다. (정말이지, 악한 자들이 식별되지 못하거나, 용납됩니다. 쭉정이는 마지막 때에 타작 마당에서 키질을 당할 때까지, 용납됩니다.) 사역자가 다르다 해서, 달라지지 않습니다. 동일, 동등합니다. 그 이유는, 세례를 주는 분이 그분이기 때문입니다.

ix, 1. Ergō, dīlēctissimī, videāmus, quod vidēre illī nōlunt; nōn quod nōn videant, sed quod sē vidēre doleant; quasi clausum sit contrā illōs. Quō missī sunt discipulī, in nōmine Patris et Fīliī et Spīritūs Sānctī, ut baptizārent tamquam ministrī? Quō missī sunt? *Īte*, dīxit, *baptizāte gentēs.* Audīstis, frātrēs, quōmodo vēnit illa hērēditās:

Postulā ā mē, et dabō tibi gentēs hērēditātem tuam, et possessiōnem tuam terminōs terrae.

Audīstis, quōmodo ā Sion prōdiit lēx, et verbum Dominī ab Ierusalem; ibī enim audiērunt discipulī:

Īte, baptizāte gentēs in nōmine Patris et Fīliī et Spīritūs Sānctī.

ix, 2. Intentī factī sumus, cum audīrēmus:

Īte, baptizāte gentēs.

In cuius nōmine? In nōmine Patris et Fīliī et Spīritūs Sānctī. Iste ūnus Deus, quia nōn, in nōminibus Patris et Fīliī et Spīritūs Sānctī; sed, in nōmine Patris et Fīliī et Spīritūs Sānctī. Ubī ūnum nōmen audīs, ūnus est Deus; sīcut dē sēmine Abrahae dictum est, et expōnit Paulus apostolus: In *sēmine tuō benedīcentur omnēs gentēs*: nōn dīxit: *In sēminibus*, tamquam in multīs; sed tamquam in ūnō:

Et sēmine tuō, quod est Chrīstus.

Sīcut ergō quia ibī nōn dicit, *in sēminibus*, docēre tē voluit Apostolus, quia ūnus est Chrīstus; sīc et hīc cum dictum est, *in nōmine*, nōn, *in nōminibus*; quōmodo ibī, *in sēmine*, nōn, *in sēminibus*; probātur ūnus Deus Pater et Fīlius et Spīritus Sānctus.

ix, 1. 그러므로 지극히 사랑하는 여러분, 그들이 보기를 원하지 않는 것을 우리는 보십시다! 그들이 그것을 못 보는 것이 아닙니다. 그것을 보는 것을 괴로워합니다. 그것이 마치 그들에게는 막혀 있는 것처럼 말입니다. 제자들이 마치 섬김이들처럼 성부와, 성자와, 성령의 이름으로 세례를 주기 위해 어디로 보내심을 받았습니까? 어디로 보내심을 받았습니까? [주님이] 말씀하셨습니다.

> [그러므로] 너희는 가서, 모든 족속으로 [제자를 삼아,] 아버지와, 아들과, 성령의 이름으로 세례를 주고. (마 28:19)

형제 여러분! 이 유업이 어떻게 전해졌는지를, 여러분은 들었습니다.

> 내게 구하라! 내가 열방을 유업으로 주리니, 네 소유가 땅 끝까지 이르리로다. (시 2:8)

여러분은, 어떻게 '율법이 시온에서부터'(사 2:3) 나왔는지, 주의 '말씀이 예루살렘에서부터'(사 2:3) 나왔는지를 들었습니다. 그래서 제자들은 거기에서 이 말씀을 들었습니다.

> [그러므로] 너희는 가서, 모든 족속으로 [제자를 삼아,] 아버지와, 아들과, 성령의 이름으로 세례를 주고.

ix, 2. 우리는 다음과 같은 말씀을 듣고, 귀가 번쩍 띄었습니다.

> [그러므로] 너희는 가서, 모든 족속으로 [제자를 삼아, 아버지와, 아들과, 성령의 이름으로] 세례를 주고.

누구의 이름으로 세례를 줍니까? 아버지와, 아들과, 성령의 이름으로 세례를 줍니다. 이분은 유일하신 하나님이십니다. 그래서 '아버지와, 아들과, 성령의 이름들로'라 하지 않고, '아버지와, 아들과, 성령의 이름으로'라 하였습니다. 그대가 하나의 이름을 듣는 것은, 하나님이 한 분이시기 때문입니다. 이것은, 마치 사도 바울이 아브라함의 씨와 관련하여 "또 네 씨로 말미암아 천하 만민이 복을 얻으리니"(창 22:18)라는 말씀을 설명하면서, 이렇게 말한 것과 같습니다.

> 여럿을 가리켜 '그 자손들'이라 하지 아니하시고, 오직 하나를 가리켜 '네 자손'이라 하셨으니, 곧, 그리스도라. (갈 3:16)

사도는 그러니까, 창세기에 '네 씨들'이라 되어 있지 않은 것은, 그리스도 한 분을 가리키기 위한 것이라 해석한 것입니다. [그래서,] 마태복음에 '이름으로'라 되어 있지, '이름들로'라 되어 있지 않은 것은, 창세기에 '네 씨로'라 되어 있지, '네 씨들로'라 되어 있는 것과 마찬가지입니다. 성부, 성자, 성령이 한 하나님이신 것이 [이렇게] 증명됩니다.

x, 1. Sed: *Ecce*, inquiunt discipulī ad Dominum, *audīvimus, in quō nōmine baptizēmus, ministrōs nōs fēcistī, et dīxistī nōbīs:*

Īte, baptizāte in nōmine Patris et Fīliī et Spīritūs Sānctī.

Quō ībimus? Quō? Nōn audīstis? Ad hērēditātem meam. Interrogātis:

Quō ībimus?

Ad id, quod ēmī sanguine meō. Quō ergō? *Ad gentēs*, inquit. Putāvī, quia dīxit:

Īte, baptizāte Āfrōs in nōmine Patris et Fīliī et Spīritūs Sānctī.

Deō grātiās. Solvit Dominus quaestiōnem, docuit columba. Deō grātiās. Ad gentēs Apostolī missī sunt; sī ad gentēs, ad omnēs linguās. Hoc sīgnificāvit Spīritus Sānctus dīvīsus in linguīs, ūnītus in columbā. Hae linguae dīviduntur, hāc columbā cōpulat. Linguae gentium concordārunt, et ūna lingua Āfricae discordāvit? Quid ēvidentius, frātrēs meī? In columbā ūnitās, in linguīs gentium societās.

x, 2. Aliquandō enim et linguae per superbiam discordāvērunt, et tunc sunt factae linguae ex ūnā multae. Post dīluvium enim superbī quīdam hominēs, velut adversus Deum sē mūnīre cōnantēs, quasi aliquid esset excelsum Deō, aut aliquid tūtum superbiae, ērēxērunt turrim; quasi nē dīluviō. Sī posteā fieret, dēlērentur. Audierant enim et recēnsuerant, quia omnis inīquitās erat dēlēta dīluviō; ab inīquitāte temperāre nōlēbant; altitūdinem turris contrā dīluvium requīrēbant; aedificāvērunt turrim excelsam. Vīdit Deus superbiam ipsōrum, et hunc errōrem illīs immittī fēcit, ut nōn sē cōgnōscerent loquentēs; et factae sunt dīversae linguae per superbiam. Sī superbia fēcit dīversitātēs linguārum, humilitās Chrīstī congregāvit dīversitātēs linguārum.

x, 1. 그러나 제자들은 주님께 이렇게 아룁니다.

보소서! 우리가 무슨 이름으로 세례를 베풀어야 할지, 우리는 들었나이다. 당신은 우리를 사역자로 세우셨나이다. 또 우리에게 이렇게 말씀하셨나이다.

너희는 가서, 모든 족속으로 [제자를 삼아, 아버지와, 아들과, 성령의 이름으로] 세례를 주고. (마 28:19)

우리가 어디로 가야 합니까? 어디로 가야 합니까? 여러분은 듣지 못하였습니까?

나의 유업을 향해 가라!

여러분은 묻습니다.

우리가 어디로 가야 합니까?

"내가 내 피로 산 것에게로 가라!". 그렇다면, 어디로 가야 합니까? "열방을 향해 가라!"고 말씀하십니다. 나는, 주님이 이렇게 말씀하셨다고 생각했습니다.

너희는 가서, 아프리카 사람들을 아버지와, 아들과, 성령의 이름으로 세례를 주어라!

하나님! 감사합니다. 주님이 문제를 해결해 주셨습니다. 비둘기가 가르쳐 주었습니다. 하나님! 감사합니다. 사도들이 열방으로 보내심을 받았습니다. '열방으로'라는 것은 '모든 언어를 향해'라는 뜻입니다. 성령이 혀처럼 갈라지고, 비둘기 안에서 하나가 된 것은 이것을 의미합니다. 거기서 혀는 갈라졌습니다. 여기서 비둘기는 결합시켰습니다. 열방의 혀가 조화를 이루었습니다. 그런데 아프리카의 혀만 부조화를 이룬 것입니까? 나의 형제 여러분! 무엇이 더 명확합니까? 비둘기 속에는 일치가 있습니다. 열방의 혀에는 공통성이 있습니다.

x, 2. 정말이지, 혀들도 옛날에 교만으로 말미암아 부조화를 이루었습니다. 그래서 당시 언어가 하나였다가 여럿이 되었습니다. 이는, 대홍수 후에 어떤 교만한 사람들이, 흡사 하나님께 대항해 스스로를 방비하려는 것 같이, 마치 하나님만큼 높은 것이 있을 수 있다는 듯, 혹은, 교만해도 안전할 수 있다는 듯, 탑을 세웠습니다. 그것은 마치, 대홍수가 차후에 [다시] 발생한다 해도, 무너지지 않을 것처럼 보였습니다. 정말이지, 그들은 다음과 같은 이야기를 듣고, 기억했습니다.

모든 악이 대홍수에 의해 멸절되었다.

그들은 악을 삼가려고 하지 않았습니다. 대홍수에 맞설 높은 탑을 구했습니다. 아주 높은 탑을 건설했습니다. 하나님이 그들의 교만을 보셨습니다. 그리고 그들을 오류에 빠뜨리사, 그들로 하여금 서로의 말을 이해하지 못하게 하셨습니다. 그래서 교만으로 말미암아 다양한 언어가 생겼습니다. 교만이 언어의 다양성을 유발(誘發)했다면, 그리스도의 겸손은 언어의 다양성을 해소시켰습니다.

Iam quod illa turris dissociāverat, Ecclēsia colligit. Dē ūnā linguā factae sunt multae; nōlī mīrārī, superbia hoc fēcit; dē multīs linguīs fit ūna; nōlī mīrārī, cāritās hoc fēcit. Quia etsī sonī dīversī linguārum sunt, in corde ūnus Deus invocātur, ūna pāx custōdītur.

x, 3. Unde dēbuit ergō, cārissimī, dēmōnstrārī Spīritus Sānctus, ūnitātem quandam dēsīgnāns, nisī per columbam, ut pācātae Ecclēsiae dīcerētur: Ūna est columba mea? Unde dēbuit humilitās, nisī per avem simplicem et gementem, nōn per avem superbam et exaltantem sē sīcut corvus?

xi, 1. Et forte dīcent:

> Quia ergō columba, et ūna columba, praeter ūnam columbam Baptismus esse nōn potest; ergō sī apud tē est columba, vel tū es columba, quandō ad tē veniō, tū da mihī, quod nōn habeō.

Scītis hoc ipsōrum esse; modo vōbīs appārēbit nōn esse dē vōce columbae, sed dē clāmōre corvī. Nam paululum attendat, Caritās vestra, et timēte īnsidiās; immō cavēte, et excipite verba contrādīcentium respuenda, nōn trānsglūtienda et vīsceribus danda. Facite inde, quod fēcit Dominus, quandō illī obtulērunt amārum pōtum; gustāvit et respuit; sīc et vōs, audīte, et abicite! Quid enim dīcunt? Videāmus!

그때 바벨탑이 흩어 놓은 것을 교회는 모읍니다. 하나의 언어가 여럿이 되었습니다. 놀라지 마십시오! 교만이 이렇게 만들었습니다. 여러 언어가 하나로 됩니다. 놀라지 마십시오! 사랑이 이렇게 만들었습니다. 이는, 비록 혀에서 나는 소리가 여럿이라도, 마음속에서는 유일하신 하나님을 불러 모시기 때문입니다. 평화가 지켜지기 때문입니다.

x, 3. 지극히 사랑하는 여러분! 성령이 일체성 표현을 위해 어떻게 보여져야 했습니까? 비둘기를 통해서만 보여져야 했습니다. 화합을 이룬 교회를 향해 이렇게 말씀하셨기 때문입니다.

> 나의 비둘기[, 나의 완전한 자]는 하나뿐이로구나! (아 6:9)

겸손은 어떻게 보여져야 했습니까? 순결한 새, 탄식하는 새를 통해서만 보여져야 했습니다. 까마귀 같이 교만한 새, 스스로를 높이는 새를 통해서가 아닙니다.

xi, 1. 그런데, 필시 그들은 이렇게 말할 것입니다.

> 그러니까, 그게 비둘기이기 때문에, 즉, 비둘기가 하나뿐이기 때문에, [이] 한 비둘기를 두고는 세례란 없다. 그러므로 그대한테 비둘기가 있다면, 혹은, 그대가 비둘기라면, 내가 그대에게로 갈 때, 그대는 나에게, 내가 가지고 있지 않은 것을 다오!

여러분은, 이것이 그들의 말이라는 걸 압니다. 지금 여러분은, 이것이 비둘기의 소리가 아니라, 까마귀가 내는 소음이라는 걸 명확히 압니다. 사랑하는 여러분, 조금[만] 주의를 기울여 주십시오! 그리고 간계에 속을까 두려워하십시오! 아니, 조심하십시오! 반대자들의 말을 듣기는 해도, 뱉어 내시고, 삼키거나 섭취하지 마십시오! 그래서 주님이 하셨던 대로 하십시오! 그들은 주님께 쓴 잔을 내밀었지만, 주님은 '맛보시고 마시고자 아니'(마 27:34)하셨습니다. 주님은 맛을 보셨으나, 내뱉었습니다. 여러분도 그처럼 듣기는 해도, 거부하십시오! 그들은 도대체 무슨 말을 합니까? 살펴보십시다!

xi, 2. Ecce, inquit, tū es columba, ā Catholica, tibī dictum est:

> *Ūna est columba mea, ūna est mātrī suae.* Tibī certe dictum est.

Exspectā, nōlī mē interrogāre; si mihī dictum est, probā prīmum; sī mihī dictum est, citō volō audīre. Inquit:

> Tibī dictum est.

Respondeō vōce Catholicae: Mihī. Hoc autem, frātrēs, quod ōre meō sōlīus sonuit, sonuit, ut arbitror, et dē cordibus vestrīs, et omnēs pariter dīximus:

> Ecclēsiae catholicae dictum est: *Ūna est columba mea, ūna est mātrī suae.*

Praeter ipsam columbam, inquit: *Baptismus nōn est; egō praeter ipsam columbam sum baptizātus; ergō nōn habeō Baptismum; sī Baptismum nōn habeō, quārē mihī nōn dās, quandō ad tē veniō?*

xii, 1. Et egō interrogō: interim sequestrēmus, cui dictum sit: *Ūna est columba mea, ūna est mātrī suae*; adhūc quaerimus: aut mihī dictum est, aut tibī dictum est; sequestrēmus cui dictum sit.

xi, 2. 이렇게 말합니다.

> 보편교회여, 보라! 그대는 비둘기니라. 그대를 향해 이런 말씀을 하셨도다. "나의 비둘기[, 나의 완전한 자]는 하나뿐이로구나! 그는 그 어미의 외딸이요". (아 6:9) 이것은 분명히 그대를 향한 말씀이로다.

기다리세요! 나한테 묻지 마세요! 나를 향해 하신 말씀이라면, 먼저 증명을 하세요! 나를 향해 하신 말씀이라면, 빨리 듣고 싶네요. 그가 말합니다.

> 그대를 향한 말씀이로다.

나는 보편교회의 음성으로 대답합니다.

> 나를 향한 말씀입니다.

하지만, 형제 여러분! 이것이 오직 내 입에서만 울려 나오는 소리이긴 하지만, 내 생각에, 여러분의 마음속에서 울려 나오는 소리이기도 합니다. 그래서 우리는 한목소리로 말했습니다.

> 이 말씀은 보편교회를 향해 하신 말씀입니다. "나의 비둘기[, 나의 완전한 자]는 하나뿐이로구나! 그는 그 어미의 외딸이요".

그는 말합니다.

> 이 비둘기를 두고는 세례란 없도다. 나는 이 비둘기를 두고 세례를 받았도다. 그렇다면, 나는 세례를 받은 것이 아니라. 내가 세례를 받은 것이 아니라면, 내가 그대에게 갈 때, 어째서 그대는 나한테 [세례를] 주지 않느냐?

xii, 1. 나도 묻고 싶습니다. [그러나] 잠시 다음 말씀이 누구를 향한 말씀인지는 제쳐놓으십시다!

> 나의 비둘기[, 나의 완전한 자]는 하나뿐이로구나! 그는 그 어미의 외딸이요.

우리는 아직, 이 말씀이 나를 향한 말씀인지, 그대를 향한 말씀인지, 묻고 있습니다. [하지만] 누구를 향한 말씀인지는 제쳐놓으십시다!

xii, 2. Hoc ergō quaerō, *sī columba est simplex, innocēns, sine felle, pācāta in ōsculīs, nōn saeva in unguibus; quaerō, utrum ad huius columbae membra pertineant avārī, raptōrēs, subdolī, ēbriōsī, flāgitiōsī; membra sunt columbae huius? Absit*, inquit. Et rēvērā, frātrēs, quis hoc dīxerit? Ut nihil aliud dīcam, raptōrēs sōlōs sī dīcam, membra accipitris possunt esse, nōn membra columbae; mīlvī rapiunt, accipitrēs rapiunt, corvī rapiunt; columbae nōn rapiunt, nōn dīlaniant; ergō raptōrēs nōn sunt membra columbae.

xii, 3. Nōn apud vōs fuit vel ūnus raptor? Quārē manet Baptismus, quem dedit accipiter, nōn columba? Quārē nōn baptizātis apud vōs ipsōs post raptōrēs et adulterōs et ēbriōsōs, post avārōs apud vōs ipsōs? An istī omnēs membra columbae sunt? Sīc dēhonestātis columbam vestram, ut eī membra vultūrīna faciātis. Quid ergō, frātrēs, quid dīcimus? Mali et boni sunt in Ecclēsiā catholicā; ibī autem sōlī malī sunt. Sed forte inimīcō animō hoc dīcō; et hoc posteā requīrātur.

xii, 4. Et ibī certē dīcunt, quia sunt bonī et malī; nam sī dīxerint sōlōs bonōs sē habēre; crēdant illīs suī, et subscrībō. Nōn sunt apud nōs, dīcant, nisī Sānctī, iūstī, castī, sōbriī; nōn adulterī, nōn fēnerātōrēs, nōn fraudātōrēs, nōn periūrī, nōn vīnolentī. Dīcant; nōn enim attendō linguās ipsōrum, sed tangō corda ipsōrum. Cum autem nōtī sint nōbīs et vōbīs et suīs, sīcut et vōs et vōbīs in catholicā et illīs nōtī estis; nec nōs eōs reprehendāmus, nec illī sē palpent.

xii, 2. 그래서 내가 묻는 것은 이것입니다.

> 만약 비둘기가 순결하고, 무흠(無欠)하고, 독하지 않고, 평화롭게 키쓰하고, 사납게 발톱으로 할퀴지 않는다면, 내가 묻습니다. 이 비둘기의 지체 속에 탐욕스러운 자들, 강도들, 간악한 자들, 술꾼들, 탕아들이 포함되는 것입니까? 그들이 이 비둘기의 지체입니까?

그는 이렇게 말합니다.

> 절대 그렇지 않습니다.

정말이지, 형제 여러분! 누가 이런 말을 하겠습니까? 다른 것은 다 생략하고, 내가 강도들에 대해서만 말한다면, 그들은 매의 지체일 수 있지만, 비둘기의 지체는 아닙니다. 솔개들은 탈취하고, 매들은 탈취하고, 까마귀들은 탈취합니다. 비둘기들은 탈취하지 않습니다. 찢어발기지 않습니다. 그러므로 강도들은 비둘기의 지체가 아닙니다.

xii, 3. 그대들에게는 강도가 하나도 없었습니까? 비둘기가 아니라 매가 준 세례가 무엇 때문에 남아 있습니까? 그대들의 경우, 무엇 때문에 강도들, 간음한 자들, 술꾼들 다음에는, 또 탐욕스러운 자들 다음에는 세례를 주지 않습니까? 혹시 이들이 다 비둘기의 지체들입니까? 그대들은 비둘기에게 독수리에 속한 자들을 지체로 붙여 줌으로써 비둘기를 수치스럽게 만듭니다. 그렇다면, 형제들이여, 우리가 도대체 무슨 말을 하는 것입니까? 악한 자들과 선한 자들이 보편교회 안에 있습니다. 거기에는 오직 악한 자들만 있습니다. 그러나 혹시 내가 적의(敵意)를 가지고 이런 말을 할지 모릅니다. 이에 대해선 차후에 조사하도록 합시다!

xii, 4. 거기서도 그들은 분명히 말합니다. 선한 자들과 악한 자들이 있다고. 정말이지, 그들이 설령 우리한테는 오직 선한 자들만 있다고 말한다 해도, 그들 편 사람들은 그들 말을 믿을 것입니다. 그리고 나는 동의합니다. 그들은 말합니다.

> 우리한테는 오직 거룩한 자들, 의로운 자들, 정결한 자들, 단정한 자들만 있습니다. 간음자들, 고리대금업자들, 사기꾼들, 거짓 맹세하는 자들, 주정뱅이들은 없습니다.

그들은 [그렇게] 말할 수 있습니다. 나는 그들의 혀에는 관심을 두지 않습니다. 도리어 그들의 마음을 만집니다. 하지만 그들에 대해 우리와 여러분은 [잘] 알고 있습니다. 그들 편 사람들도 [잘] 알고 있습니다. 마치 여러분에 대해 보편교회 안에 있는 여러분이 [잘] 알고 있고, 그들도 [잘] 알고 있는 것처럼 말입니다. 때문에 우리는 그들을 책망하지 마십시다! 그리고 그들도 의기양양해서는 안 됩니다.

Nōs fatēmur in Ecclēsiā et bonōs et malōs esse, sed tamquam grāna et paleam. Aliquandō quī baptizātur ā grānō, palea est; et quī baptizātur ā paleā, grānum est. Aliōquīn sī quī baptizātur ā grānō, valet; et quī baptizātur ā paleā, nōn valet; falsum est:

  Hic est, quī baptizat.

Sī autem vērum est: Hic est, quī baptizat; et quod ab illō datur, valet; et quōmodo columba, baptizat. Nōn enim malus ille columba est, aut ad membra columbae pertinet; nec hīc potest dīcī in Catholicā, nec apud illōs, sī illī dīcunt, columbam esse Ecclēsiam suam.

xii, 5. Quid ergō intellegimus, frātrēs? Quoniam manifestum est, et omnibus nōtum, et sī nōlint convincuntur; quia et ibī quandō dant malī, nōn post illōs baptizātur; et hīc quandō dant malī, nōn post illōs baptizātur. Columba nōn baptizat post corvum; corvus quārē vult baptizāre post columbam?

xiii, 1. Intendat Caritās vestra; et quārē dēsīgnātum est, nesciō, quid per columbam, ut baptizātō Dominō venīret columba, id est, Spīritus Sānctus in speciē columbae, et manēret super eum, cum in adventū columbae hoc cōgnōsceret Iohannēs, propriam quandam potestātem in Dominō ad baptizandum? Quia per hanc propriam potestātem, sīcut dīxī, pāx Ecclēsiae firmāta est. Et potest fierī, ut habeat aliquis Baptismum praeter columbam; ut prōsit eī Baptismus praeter columbam, nōn potest.

xiii, 2. Intendat Cāritās vestra, et intellegat, quod dīcō; nam et istā circumventiōne saepe sēdūcunt frātrēs nostrōs, quī pigrī et frīgidī sunt. Sīmus simpliciōrēs et ferventiōrēs.

우리는, 교회 안에 선한 자들도 있고, 악한 자들도 있다는 걸 인정합니다. 마치 알곡과 쭉정이처럼 말입니다. 알곡에게 세례 받은 자가 쭉정이인 경우가 있습니다. 쭉정이에게 세례 받은 자가 알곡인 경우도 있습니다. 그렇지 않고 만약 알곡에게 받은 세례만 유효하고, 쭉정이에게 세례 받은 세례는 유효하지 않다면, 다음 말씀은 거짓일 것입니다.

그가 곧 성령으로 세례를 주는 이인 줄 알라! (요 1:33)

그러나 만약 "그가 곧 성령으로 세례를 주는 이인 줄 알라!"는 말씀이 참이라면, 쭉정이에게 받은 세례도 유효합니다. 즉, [쭉정이도] 비둘기처럼 세례를 준 것입니다. [그렇다고] 그 악한 자가 비둘기는 아닙니다. 또 비둘기의 지체에 속한 것도 아닙니다. 그를 보편교회 안에 있는 자라 말할 수도 없습니다. 그들[= 도나투스파]에게 속한 자라 할 수도 없습니다. 만약, 그들 말대로, 그들의 교회가 비둘기라면 말입니다.

xii, 5. 형제 여러분! 그래서, 우리가 무슨 생각을 하는 것입니까? 이는, 그것이 명확하여, 모든 사람들이 알고 있기 때문입니다. 또 그들이 원하지 않는다 할지라도, 인정할 수밖에 없기 때문입니다. 즉, 거기서도 악한 자들이 [세례를] 줄지라도, 재세례가 행해지지 않고, 여기서도 악한 자들이 [세례를] 줄지라도, 재세례가 행해지지 않습니다. 비둘기는 까마귀 다음에 세례를 주지 않습니다. 까마귀는 무엇 때문에 비둘기 다음에 세례를 주려 할까요?

xiii, 1. 사랑하는 여러분, 주목해 주십시오! 그러니까, 알 수 없는 그 무엇을 어째서 비둘기를 가지고 지칭했을까요? 세례 받으신 주님께 비둘기가 임했습니다. 다시 말해, 성령이 비둘기의 형체로 임했습니다. 그리고 그 위에 머물렀습니다. 비둘기가 임할 때 요한은 이것을 깨달았습니다. 곧, 주님께 세례와 관련된, 모종(某種)의 고유한 권세가 있다는 사실을 깨달았습니다. 정말이지, 이 고유한 권세로 말미암아, 내가 [앞에서] 말한 대로, 교회의 평화가 튼실해집니다. 그리고 누가 세례를 비둘기와 상관없이 받을 수가 있습니다. [그러나] 비둘기와 상관없는 세례가 그에게 유익이 될 수는 없습니다.

xiii, 2. 사랑하는 여러분, 주목해 주십시오! 그리고 내가 말하는 걸 이해해 주십시오! 정말이지, 그들은 이런 속임수를 가지고도 나태하고 냉랭한 우리 형제들을 오도(誤導)할 때가 자주 있습니다. 순결하면서도 뜨거워지십시다!

xiii, 3. *Ecce*, inquiunt, *egō accēpī, an nōn accēpī?* Respondeō:

Accēpistī.

Sī ergō accēpī, nōn est, quod mihī dēs; sēcūrus sum, etiam testimōniō tuō; et egō enim mē dīcō accēpisse, et tū mē fatēris accēpisse; utrīusque lingua sēcūrum mē facit; quid ergō mihī prōmittis? Quārē mē vīs catholicum facere, quandō nōn mihī aliquid datūrus es amplius, et mē iam accēpisse fatēris, quod tē habēre dīcis? Egō autem quandō dīcō: *Venī ad mē*, dīcō quia nōn habēs tū, quī fatēris, quia habeō; quārē dīcis: *Venī ad mē?*

xiv, 1. Docet nōs columba. Respondet enim dē capite Dominī, et dīcit: *Baptismum habēs, cāritātem autem, quā gemō, nōn habēs. Quid est hoc*, inquit: *Baptismum habeō, cāritātem nōn habeō? Sacrāmenta habeō, et cāritātem nōn?* Nōlī clāmāre; ostende mihī, quōmodo habeat cāritātem, quī dīvidit ūnitātem. *Egō*, inquit, *habeō Baptismum.* Habēs, sed Baptismus ille sine cāritāte nihil tibī prōdest; quia sine cāritāte tū nihil es. Nam Baptismus ille, etiam in illō, quī nihil est, nōn est nihil: Baptisma quippe illud aliquid est, et magnum aliquid est; propter illum, dē quō dictum est:

Hic est, quī baptizat.

xiii, 3. 그들은 말합니다.

보십시오! 나는 받았습니다. 혹시 내가 받지 못한 것입니까?

내가 대답합니다.

나는 받았습니다.

그러니까, 만약 내가 받았다면, 그대가 나한테 줄 것은 없습니다. 나는 안전합니다. 그대도 증거하는 대로 말입니다. 그래서 나도, 내가 받았다고 말하고, 그대도, 내가 받았다는 걸 인정합니다. 양쪽 말이 다 나에 대해 안전하다 합니다. 그런데 그대가 나에게 무슨 약속을 하는 겁니까? 무슨 까닭에 그대는 나를 보편교회 소속으로 만들려 합니까? 그대가 나한테 줄 것이 더 이상 없고, 그대가 인정하다시피, 그대가 지녔다 주장하는 걸, 나도 받았는데 말입니다. 그러나 내가 만약 "나한테 오라!"고 말한다면, 나는, 그대가 가지고 있지 않다고 말하는 것입니다. 그대는, 내가 가지고 있다는 걸 인정하면서, 무슨 까닭에 그대는 "나한테 오라!"고 말하는 것입니까?

xiv, 1. 비둘기가 우리를 가르칩니다. 주님의 머리로부터 [비둘기가] 대답합니다. 그리고 말합니다.

너는 세례는 받았다. 그러나 나로 하여금 탄식케 하는 사랑은 없다.

그는 묻습니다.

내가 세례를 받았는데, 나한테 사랑이 없다고요? 나한테 성례가 있는데, 나한테 사랑이 없다고요?

소리 지르지 마십시오! 하나된 것을 나누는 자한테 어찌 사랑이 있는지를 나에게 보여 주십시오! 그가 말합니다.

나는 세례를 받았습니다.

그대는 [세례를] 받았습니다. 그러나 사랑이 없는 세례는 그대에게 '아무 유익이'(고전 13:3) 없습니다. 이는, 사랑이 없으면, 그대가 '아무것도'(고전 13:2) 아니기 때문입니다. 정말이지, 세례는 '아무것도' 아닌 자에게도 있지만, 아무것도 아닌 것이 아닙니다. 정말이지, 세례는 그 무엇입니다. 대단한 그 무엇입니다. 주님 때문에 말이지요. 주님에 대해서는 이런 말씀이 있습니다.

그가 곧 성령으로 세례를 주는 이인 줄 알라! (요 1:33)

xiv, 2. Sed nē putārēs illud, quod magnum est, tibī aliquid prōdesse posse, sī nōn fueris in ūnitāte, super baptizātum columba dēscendit, tamquam dīcēns: Sī Baptismum habēs, estō in columbā, nē nōn tibī prōsit, quod habēs.

xiv, 3. Venī ergō ad columbam, dīcimus; nōn ut incipiās habēre, quod nōn habēbās, sed ut prōdesse tibī incipiat, quod habēbās. Forīs enim habēbās Baptismum ad perniciem; intus sī habueris, incipit prōdesse ad salūtem.

xv, 1. Nōn enim tantum tibī nōn prōderat Baptisma, et nōn etiam oberat. Et Sāncta possunt obesse; in bonīs enim Sāncta ad salūtem īnsunt; in malīs ad iūdicium. Certē enim, frātrēs, nōvimus, quid accipiāmus, et utique Sānctum est, quod accipimus, et nēmō dīcit, nōn esse Sānctum. Et quid ait Apostolus?

 Quī autem mandūcat et bibit indīgnē, iūdicium sibī mandūcat et bibit.

Nōn ait, quia illa rēs mala est; sed quia ille malus, male accipiendō, ad iūdicium accipit bonum, quod accipit. Num enim mala erat buccella, quae trādita est Iudae ā Dominō? Absit. Medicus nōn daret venēnum; salūtem medicus dedit; sed indīgnē accipiendō, ad perniciem accēpit, quī nōn pācātus accēpit.

xv, 2. Sīc ergō, et quī baptizātur. Habeō, inquit, mihī. Fateor, habēs: observā, quod habēs; eō ipsō, quod habēs, damnāberis. Quārē? Quia rem columbae praeter columbam habēs. Sī rem columbae in columbā habeās, sēcūrus habēs. Putā tē esse mīlitārem; sī charactērem imperātōris tuī intus habeās, sēcūrus mīlitās; sī extrā habeās, nōn sōlum tibī ad mīlitiam nōn prōdest charactēr ille, sed etiam prō dēsertōre pūniēris.

xiv, 2. 하지만, 대단한 이것이, 그대가 하나됨 가운데 있지 않으면, 그대에게 아무 유익이 없다는 것을 그대로 하여금 생각하게 하기 위해서, 수세자(受洗者) 위로 비둘기가 내려옵니다. 그리고 마치 이렇게 말하는 것 같습니다.

네가 세례를 받았으면, 비둘기 안에 있어라! 그래야 네가 받은 세례가 너에게 무익하지 않다.

xiv, 3. 그러므로 비둘기한테로 오십시오! 우리가 이렇게 말하는 것은, 그대가 지니지 않았던 것을 그대로 하여금 지니게 하기 위해서가 아닙니다. 도리어, 그대가 지니고 있었던 것이 그대에게 유익한 것이 되게 하기 위해서입니다. 이는, 그대가 겉으로 세례를 받은 것이 [그대를] 망하게 하는 것이고, 그것을 속으로 받을 때, 그것이 구원에 도움이 되기 때문입니다.

xv, 1. 정말이지, 세례가 그대에게 유익하지 않았을 뿐 아니라, 해롭기까지 했습니다. 그리고 거룩한 것이 해로울 수 있습니다. 왜냐하면, 선한 자들의 경우에는 거룩한 것이 구원으로 이끌지만, 악한 자들의 경우에는 심판으로 이끌기 때문입니다. 형제 여러분, 정말이지, 우리가 무엇을 받는지를, 우리가 분명히 알고 있습니다. 그리고 물론, 우리가 받는 것은 거룩한 것입니다. 그리고 아무도, 거룩한 것이 아니라고 하지 않습니다. 그리고 사도는 무슨 말을 합니까?

주의 몸을 분변치 못하고 먹고 마시는 자는 자기의 죄를 먹고 마시는 것이니라. (고전 11:29)

사도는 그것을 악하다고 하지 않습니다. 도리어, 악한 자가 악하게 받으면, 그가 받는 것이 선하다고 해도, 심판을 받게 된다고 합니다. 주님이 [가룟] 유다에게 주셨던 떡 조각이 정녕 악한 것이었습니까? 결코 아닙니다. 의사가 독을 주지 않을 것입니다. 의사는 건강을 주었습니다. 그러나 평화에 이르지 못한 자가 합당하지 않게 받음으로써, 멸망에 이르렀습니다.

xv, 2. 그래서 세례 받은 사람도 마찬가지입니다. 그는 말합니다.

나는 세례 받았습니다. 그건 나를 위한 것입니다.

나는, 그대가 세례 받은 걸 인정합니다. 그대가 무엇을 받았는지를 살피십시오! 그대가 받은 것 때문에, 그대는 정죄를 받을 것입니다. 무슨 까닭입니까? 그것은, 그대가 비둘기의 것을 비둘기와 상관없이 가지고 있기 때문입니다. 그대가 만약 비둘기의 것을 비둘기 안에서 가지고 있다면, 그대는 안전할 것입니다. 그대가 군병이라고 가정해 보십시오! 그대가 만약 그대 황제의 표를 속에 지니고 있다면, 그대는 안전하게 복무를 할 것입니다. 만약 겉으로[만] 지니고 있다면, 그 표는 그대의 군 복무에 아무런 도움이 되지 않을 뿐 아니라, 탈주병으로 벌을 받게 될 것입니다.

xv, 3. Venī ergō, venī, et nōlī dīcere:

Iam habeō, iam sufficit mihī.

Venī; columba tē vocat, gemendō tē vocat. Frātrēs meī, vōbīs dīcō; gemendō vocāte, nōn rixandō; vocāte ōrandō, vocāte invītandō, vocāte iēiūnandō; dē cāritāte intellegant, quia dolētis illōs. Nōn dubitō, frātrēs meī, quia sī videant dolōrem vestrum, cōnfundentur, et revīvīscent. Venī ergō, venī; nōlī timēre; time, sī nōn venīs; immō nōn time, sed plange. Venī, gaudēbis, sī vēneris; gemēs quidem in trībulātiōnibus peregrīnātiōnis; sed gaudēbis in spē. Venī, ubī est columba, cui dictum est:

Ūna est columba mea, ūna est mātrī suae.

xv, 4. Columbam ūnam vidēs super caput Chrīstī, linguās nōn vidēs in tōtō orbe terrārum? Īdem Spīritus per columbam, īdem et per linguās. Sī per columbam īdem Spīritus, et per linguās īdem Spīritus, Spīritus Sānctus orbī terrārum datus est, ā quō tē praecīdistī, ut clāmēs cum corvō, nōn ut gemās cum columbā. Venī ergō.

xvi. Sed sollicitus es forte, et dīcis:

Forīs baptizātus, timeō, nē inde sim reus, quia forīs accēpī.

Iam coepistī cōgnōscere, quid gemendum sit. Vērum dīcis, quia reus es; nōn quia accēpistī, sed quia forīs accēpistī. Tenē ergō, quod accēpistī, ēmenda, quod forīs accēpistī. Accēpistī rem columbae, praeter columbam. Duo sunt, quae audīs: Accēpistī, et: Praeter columbam accēpistī. Quod accēpistī, approbō; quia forīs accēpistī, improbō. Tenē ergō, quod accēpistī; nōn mūtātur, sed agnōscitur. Charactēr est Rēgis meī, nōn erō sacrilegus; corrigō dēsertōrem, nōn immūtō charactērem.

xv, 3. 그러니까, 오십시오! 오십시오! 그리고 이렇게 말하지 마십시오!

나는 벌써 [세례를] 받았습니다. 그것으로 벌써 충분합니다.

오십시오! 비둘기가 그대를 부릅니다. 탄식하면서 그대를 부릅니다. 나의 형제 여러분! 내가 여러분께 말씀 드립니다. 탄식하면서 부르십시오! 다투면서 부르지 마십시오! 기도하면서 부르십시오! 초청하면서 부르십시오! 금식하면서 부르십시오! 여러분이 그들로 인해 슬퍼한다는 사실을, 그들이 사랑으로 말미암아 깨닫게 하십시오! 나의 형제 여러분! 나는 의심하지 않습니다. 그들이 여러분의 슬픔을 깨닫는다면, 부끄러워할 것이고, 다시 살아날 것입니다. 그러니 오십시오! 오십시오! 두려워 마십시오! 그대가 오지 않는 것을 두려워하십시오! 아니, 두려워말고, 애곡하십시오! 오십시오! 오면, 그대는 기쁨을 누릴 것입니다. 그대는 물론, 순례 길의 환난 때문에 탄식합니다. 그러나 소망 중에 기뻐하십시오! 비둘기가 있는 곳으로 오십시오! 비둘기를 향해 이렇게 말씀하셨습니다.

나의 비둘기[, 나의 완전한 자]는 하나뿐이로구나! 그는 그 어미의 외딸이요. (아 6:9)

xv, 4. 그대는, 그리스도 머리 위의 비둘기 하나가 보이지 않나요? 혀들이 온 지구 상에 펼쳐지는 것이 보이지 않나요? 동일한 성령이 비둘기를 통해 보이고, 동일한 성령이 혀들을 통해 보입니다. 만약 비둘기를 통해 동일한 성령이 보인다면, 혀들을 통해서도 동일한 성령이 온 지구 상에 주어지는 것입니다. 그대는 이 성령으로부터 스스로 떨어져 나갔습니다. 그래서 까마귀와 더불어 소리치고 있지, 비둘기와 더불어 탄식하고 있지 않습니다. 그러니 오십시오!

xvi. 하지만 필시 그대는 불안할 것입니다. 그래서 이렇게 말합니다.

외적(外的)으로 세례를 받은 나로서 걱정되는 것은, 내가 외적으로 세례를 받았기 때문에, 죄가 있지 않느냐는 것입니다.

그대는 이미, 무엇을 탄식해야 할지를 깨닫기 시작했습니다. 그대가 스스로 죄 있다 말하는 것은 옳은 일입니다. 이는, 그대가 받았기 때문이 아니라, 외적으로 받았기 때문입니다. 그러니 그대가 받은 것을 붙드십시오! 그대가 외적으로 받은 것은 고치십시오! 그대는 비둘기의 것을 비둘기와 상관없이 받았습니다. 그대가 듣고 있는 말은 두 가지입니다. 그대가 받았다는 말과 그대가 비둘기와 상관없이 받았다는 말입니다. 그대가 받았다는 걸 나는 인정합니다. 그대가 외적으로 받은 것은 인정하지 않습니다. 그러니 그대가 받은 것을 붙드십시오! 그것은 바뀌지 않습니다. 인정을 받습니다. 그것은 나의 왕의 표입니다. 나는 신성모독자가 되지 않을 것입니다. 나는 탈주병을 책망할 뿐이지, 표를 바꾸지는 않습니다.

xvii, 1. Nōlī dē Baptismate glōriārī, quia dīcō, *ipsum est*; ecce, dīcō, *ipsum est*; tōta Catholica dīcit, *ipsum est.* Advertit columba, et agnōscit, et gemit, quia ipsum forīs habēs; videt ibī, quod agnōscat, videt et, quod corrigat. Ipsum est, venī. Glōriāris, quia ipsum est, et nōn vīs venīre? Quid ergō malī, quī nōn pertinent ad columbam? Ait tibī columba:

> Et malī, inter quōs gemō, quī nōn pertinent ad membra mea, et necesse est, ut inter illōs gemam, nōnne habent, quod tē habēre glōriāris?

Nōnne multī ēbriōsī habent Baptismum? Nōnne multī avārī? Nōnne multī īdōlolatrae, et quod est pēius, fūrtim? Nōnne Pāgānī ad īdōla eunt, vel ībant pūblicē?

xvii, 2. Nunc occultē Chrīstiānī sortilegōs quaerunt, mathēmaticōs cōnsulunt. Et istī habent Baptismum, sed columba gemit inter corvōs. Quid ergō gaudēs, quia habēs? Hoc habēs, quod habet et malus. Habētō humilitātem, cāritātem, pācem; habētō bonum, quod nōndum habēs, ut prōsit tibī bonum, quod habēs.

xviii, 1. Nam quod habēs, habuit et Simon magus. Āctūs Apostolōrum testēs sunt, ille liber canonicus omnī annō in Ecclēsiā recitandus. Anniversāriā sollemnitāte post passiōnem Dominī nōstis illum librum recitārī, ubī scrīptum est, quōmodo conversus sit Apostolus, et ex persecūtōre praedicātor factus; ubi etiam diē Pentēcostēs missus est Spīritus Sānctus in linguīs dīvīsīs velut ignis. Ibī legimus multōs crēdidisse in Samariā per praedicātiōnem Philippī; intellegitur autem sīve ūnus ex Apostolīs, sīve ex diāconīs; quia septem ibī diāconōs legimus ōrdinātōs, inter quōs est etiam nōmen Philippī.

xvii, 1. 세례를 자랑하지 마십시오! 이는, 내가 말하기를, "그건 [진짜] 세례다"라고 말하기 때문입니다. 보십시오! 나는, "그건 [진짜] 세례다"라고 말합니다. 보편교회 전체가 "그건 [진짜] 세례다"라고 말합니다. 비둘기는 그걸 알아차립니다. 그걸 인정합니다. 그리고 탄식합니다. 이는, 그대가 그걸 외적(外的)으로 지니고 있기 때문입니다. 비둘기는, 그가 인정하는 것을 곁에서 봅니다. 그가 고쳐야 할 것도 [거기서] 봅니다. 그건 [진짜] 세례입니다. 오십시오! 그것이 [진짜] 세례인 것을 그대가 자랑하면서도, 오고 싶지 않습니까? 그렇다면, 비둘기에 속하지 않는 악한 자들은 뭡니까? 비둘기는 그대에게 말합니다.

나의 지체에 속하지 않는 악한 자들 가운데서 내가 탄식하고 있고, 그들 가운데서 내가 탄식할 수밖에 없지만, 그들 역시, 네가 가졌다고 자랑하는 걸 가지고 있지 않느냐?

수많은 술꾼들이 세례를 받지 않았습니까? 수많은 탐욕스러운 자들이 세례를 받지 않았습니까? 수많은 우상숭배자들이 세례를 받지 않았습니까? 정말 나쁜 것은, 그들이 [우상숭배를] 몰래 한다는 것입니다. 이교도(異教徒)들은 우상한테 절하러 갑니다. 그래도 그들은 공개적으로 가지 않았습니까?

xvii, 2. 이제 은밀하게 크리스챤들이 점쟁이들을 찾습니다. 점성술사들하고 의논합니다. 그들도 세례를 받았습니다. 하지만, 비둘기가 그들 가운데서 탄식합니다. 그렇다면, 무엇 때문에 그대가 가졌다고 기뻐합니까? 그대가 가진 것은, 악한 자도 가진 것입니다. 겸손과, 사랑과, 평화를 가지십시오! 그대가 아직 가지지 못한 보화를 가지십시오! 그래야, 그대가 가진 보화가 그대에게 유익을 줍니다.

xviii, 1. 정말이지, 그대가 가진 것을, 마술사 시몬도 가졌습니다. 사도행전이 증거합니다. 정경에 속하는 이 책은 매년 교회에서 낭송하게 되어 있습니다. 여러분이 아는 대로, 매년 주님의 수난을 기념하는 주간 다음에 이 책이 낭송됩니다. 여기에는 사도 [바울]이 어떻게 회심했는지, [어떻게] 핍박자에서 전도자가 되었는지가 기록돼 있습니다. 여기에는 또 오순절 날 성령이 보내졌다는 것, 마치 불처럼 여러 혀로 갈라졌다는 것이 [기록돼 있습니다]. 여기에서 우리는, 빌립의 전도로 사마리아에서 많은 사람들이 믿게 되었다는 이야기도 읽습니다. 빌립은 사도 중 한 사람일 수도 있고, 집사들 중 한 사람일 수도 있습니다. 이는, 사도행전에서 일곱 집사가 안수받았다는 이야기를 우리가 읽기 때문입니다. 일곱 집사 중에는 빌립이라는 이름을 가진 사람이 있습니다.

xviii, 2. Per Philippī ergō praedicātiōnem crēdidērunt Samarītae; Samarīa coepit abundāre fidēlibus. Ibī erat iste Simon magus; per magicās factiōnēs suās dēmentāverat populum, ut eum virtūtem Deī putārent; commotus tamen sīgnīs, quae ā Philippō fiēbant, etiam ipse crēdidit; sed quōmodo ipse crēdiderit, posteriōra sequentia dēmōnstrāvērunt.

xviii, 3. Baptizātus est autem et Simon. Audiērunt hoc Apostolī, quī erant Ierusalem; missī sunt ad illōs Petrus et Iohannēs, invēnērunt multōs baptizātōs. Et quia nūllus ipsōrum adhūc accēperat Spīritum Sānctum, sīcut tunc dēscendēbat, ad ostendendam sīgnificātiōnem gentium crēditūrārum, ut linguīs loquerentur, in quōs dēscendēbat Spīritus Sānctus; imposuērunt illīs manūs ōrantēs prō eīs, et accēpērunt Spīritum Sānctum. Simon ille, quī nōn erat in Ecclēsiā columba, sed corvus, quia ea, quae sua sunt, quaerēbat, nōn quae Iēsū Chrīstī; unde in Chrīstiānīs potentiam magis amāverat quam iūstitiam, vīdit per impositiōnem manuum Apostolōrum darī Spīritum Sānctum (nōn quia ipsī dabant, sed quia ipsīs ōrantibus datus est), et ait Apostolīs:

> Quid vultis ā mē accipere pecūniae, ut et per impositiōnem manuum meārum dētur Spīritus Sānctus?

Et ait illī Petrus:

> Pecūnia tua tēcum sit in perditiōnem; quoniam dōnum Deī putāstī pecūniā comparandum.

xviii, 2. 여하간, 빌립의 전도를 통해 사마리아 사람들이 믿게 되었습니다. 사마리아에 신자들이 많아지게 되었습니다. 거기에 마술사 시몬이 있었습니다. 그는 마술로 백성을 미혹에 빠뜨려, 백성으로 하여금 그를 '하나님의 능력'(행 8:10)이라 믿게 만들었었습니다. 하지만 빌립에 의해 일어난 표적을 보고, 그도 믿게 되었습니다. 그러나 그가 어떤 식으로 믿었는지는, [사도행전의] 그 다음 대목이 보여 줍니다.

xviii, 3. 그런데 시몬도 세례를 받았습니다. '예루살렘에 있는 사도들'(행 8:14)이 이 사실을 들었습니다. 그들에게 베드로와 요한이 파송되었습니다. 세례 받은 사람들이 많다는 걸 알게 되었습니다. 그리고 그들 중 아무도 성령을 아직 받지 못했기 때문에. 당시 성령이 내려온 방식은, 성령을 받은 사람들이 방언을 하게 됨으로써, 열방이 믿게 된다는 표를 보여 주는 방식이었습니다. 이 때문에 사도들은 그들을 위해 기도하며 그들에게 안수해 주었습니다. 그러자 그들이 성령을 받았습니다. 예의 시몬은 교회 안의 비둘기가 아니었고, 까마귀였습니다. 이는, 그가 '자기 일을 구하고 그리스도 예수의 일을 구하지'(빌 2:21) 않았기 때문입니다. 그래서 그는 크리스챤들 중에서 의(義)보다는 권세를 더 사랑했습니다. 그는, 사도들의 안수로 성령이 임하는 걸 보았습니다. (사도들이 성령을 준 것이 아니고, 그들이 기도할 때 성령이 임했습니다.) 그는 사도들에게 이렇게 말했습니다.

내가 얼마의 돈을 사도님들께 드리면, 나도 안수를 통해 성령이 임하게 할 수 있겠습니까?

그러자 베드로가 그에게 말했습니다.

네가 하나님의 선물을 돈 주고 살 줄로 생각하였으니, 네 은과 네가 함께 망할지어다. (행 8:20)

xviii, 4. Cui dīcit: *Pecūnia tua tēcum sit in perditiōnem?* Utique baptizātō. Iam Baptisma habēbat; sed columbae vīsceribus nōn haerēbat. Audī, quia nōn haerēbat; verba ipsa Petrī apostolī adverte. Sequitur enim:

Nōn est tibī pars neque sors in hāc fidē; in felle enim amāritūdinis videō tē esse.

Columba fel nōn habet; Simon habēbat; ideō sēparātus erat ā columbae vīsceribus. Baptisma illī quid proderat?

xviii, 5. Nōlī ergō dē Baptismate glōriārī, quasi ex ipsō salūs tibī sufficiat. Nōlī īrāscī, dēpōne fel, venī ad columbam; hīc tibī prōderit, quod forīs nōn sōlum nōn prōderat, sed etiam oberat.

xix, 1. Neque dīcās: Nōn veniō, quia forīs sum baptizātus. Ecce, incipe habēre cāritātem, incipe habēre frūctum, inveniātur in tē frūctus, mittet tē columba intrō. Invenīmus hoc in Scrīptūrā. Imputribilibus lignīs arca fuerat fabricāta. Imputribilia ligna Sānctī sunt, fidēlēs pertinentēs ad Chrīstum. Quōmodo enim in templō lapidēs vīvī, dē quibus aedificātur templum, hominēs fidēlēs dictī sunt; sīc ligna imputribilia hominēs persevērantēs in fidē. In ipsā ergō arcā ligna imputribilia erant; arca enim Ecclēsia est.

xix, 2. Ibī baptizat columba; arca enim illa in aquā ferēbātur. Ligna imputribilia intus baptizāta sunt. Invenīmus quaedam ligna forīs baptizāta, omnēs arborēs, quae erant in mundō. Ipsa tamen aqua erat, nōn erat altera; omnis dē caelō vēnerat, et dē abyssīs fontium. Ipsa erat aqua, in quā baptizāta sunt ligna imputribilia, quae erant in arcā, in quā baptizāta sunt ligna forīs.

xviii, 4. [베드로가] 누구한데 이 말을 했습니까?

네 은과 네가 함께 망할지어다.

분명히 세례 받은 자한테 했습니다. 그는 이미 세례를 받았습니다. 그러나 비둘기 속에 포함돼 있지 못했습니다. 그가 포함돼 있지 않았다는 말을 들으십시오! 베드로의 말 자체를 들어 보십시오! 다음과 같이 이어집니다.

하나님 앞에서 네 마음이 바르지 못하니, 이 도에는 네가 관계도 없고, 분깃 될 것도 없느니라 (행 8:21)

비둘기한테는 독즙이 없습니다. 시몬한테는 있었습니다. 그래서 그는 비둘기한테서 분리해 나갔습니다. 세례가 그에게 무슨 유익이 되었습니까?

xviii, 5. 그러므로 세례를 자랑하지 마십시오! 마치 그것으로 구원을 충분히 얻을 수 있을 것 같이 말입니다. 분 내지 마십시오! 독즙을 치우십시오! 비둘기한테 오십시오! 여기에는 그대에게 유익한 것이 있습니다. 외적(外的)인 것은 그대에게 유익하지 않을 뿐 아니라, 해롭기까지 합니다.

xix, 1. 그리고 이렇게 말하지 마십시오!

나는 안 갑니다. 왜냐하면, 나는 외적으로 세례를 받았기 때문입니다.

보십시오! 사랑을 품기 시작하십시오! 열매를 맺기 시작하십시오! 그대 안에 열매가 있기 바랍니다. 비둘기가 그대를 속으로 보낼 것입니다. 우리는 이걸 성경에서 발견합니다. 방주는 썩지 않는 나무로 만들어졌습니다. 썩지 않는 나무는 성도들입니다. 그리스도께 속한, 믿는 자들입니다. 믿는 자들을 성전 속의 '산 돌들'이라 부르고, 그들이 성전의 건축 재료가 되는 것처럼, 끝까지 믿음을 지키는 자들이 썩지 않는 나무입니다. 그러므로 방주 속에는 썩지 않는 나무가 있었습니다. 이는, 방주가 교회이기 때문입니다.

xix, 2. 거기에서는 비둘기가 세례를 줍니다. 이는, 방주가 물에 떠다녔기 때문입니다. 썩지 않는 나무는 속으로 세례를 받았습니다. 우리는, 어떤 나무가 겉으로 세례 받은 것을 압니다. 세상의 모든 나무가 다 그렇습니다. 물론, 그건 똑같은 물이지, 다른 물이 아닙니다. 모두 하늘에서 내려 왔든지, 아니면, 무저갱이라는 샘에서 솟아 나왔습니다. 그 물은, 방주에 있던 썩지 않는 나무가 세례를 받은 바로 그 물입니다. 이 물로 그 나무가 겉으로 세례를 받았습니다.

Missa est columba, et prīmō nōn invēnit requiem pedibus suīs, rediit ad arcam; plēna enim erant aquīs omnia, et māluit redīre quam rebaptizārī. Corvus autem ille ēmissus est, antequam siccāret aqua; rebaptizātus redīre nōluit; mortuus est in hīs aquīs.

xix, 3. Āvertat Deus corvī illīus mortem. Nam quārē nōn est reversus, nisī quia aquīs interceptus est? At vērō columba nōn inveniēns requiem pedibus suīs, cum eī undique clāmāret aqua: *Venī, venī, hīc tingere*; quōmodo clāmānt istī haereticī: *Venī, venī, hīc habēs*; nōn inveniēns illa requiem pedibus suīs, reversa est ad arcam.

xix, 4. Et mīsit illam Noē iterum, sīcut vōs mittit arca, ut loquāminī illīs. Et quid fēcit posteā columba? Quia erant ligna forīs baptizāta, reportāvit ad arcam rāmum dē olīvā. Rāmus ille et folia et frūctum habēbat; nōn sint in tē sōla verba, nōn sint in tē sōla folia; sit frūctus, et redīs ad arcam, nōn per tē ipsum, columba tē revocat. Gemite forīs, ut illōs intrō revōcētis.

xx, 1. Etenim frūctus iste olīvae, sī discutiātur, inveniēs, quid erat. Olīvae frūctus, cāritātem sīgnificat. Unde hoc probāmus? Quōmodo enim oleum ā nūllō hūmōre premitur, sed disruptīs omnibus exsilit et superēminet; sīc et cāritās nōn potest premī in īma; necesse est, ut ad superna ēmineat. Proptereā dē illā dīcit Apostolus:

Adhūc superēminentiōrem viam vōbīs dēmōnstrō.

비둘기가 보냄을 받았습니다. 그리고 처음에는 '접족(接足)할 곳을 찾지 못하고 방주로'(창8:9) 돌아왔습니다. 이는, 온 지면에 물이 가득했기 때문입니다. 그리고 그는 재세례를 받기보다는 다시 돌아오기를 원했습니다. 반면, 까마귀는, 물이 마르기 전에 내보냄을 받았습니다. 까마귀는 재세례를 받은 다음, 돌아오려 하지 않았습니다. 그 물에서 죽었습니다.

xix, 3. 하나님이 까마귀를 죽음에서 건져 주시기를 빕니다. 까마귀가 물의 저지를 받지 않아서, 돌아오지 않은 것일까요? 아니면, 도대체 무엇 때문일까요? 그러나 비둘기는 정말이지, 접족할 곳을 찾지 못해 돌아왔습니다. 비둘기를 향해 도처에서 물이 외쳤을 것입니다.

　오라! 오라! 이 속으로 들어오라!

마치 저 이단들이 외치는 것처럼 말입니다.

　오라! 오라! 여기에 [진짜 세례가] 있다.

비둘기는 접족할 곳을 찾지 못해 방주로 돌아왔습니다.

xix, 4. 그리고 노아가 비둘기를 다시 보냈습니다. 마치 방주가 여러분을 보내어, 여러분으로 하여금 그들을 향해 말하게 하는 것처럼 말입니다. 그런데 비둘기는 나중에 무엇을 했습니까? 방주가 겉으로 세례를 받기 때문에, 올리브 나무 가지를 방주로 가지고 왔습니다. 그 나무에는 잎과 열매가 있었습니다. 그대한테 말만 있어서는 안 됩니다. 그대한테 잎사귀만 있어서는 안 됩니다. 열매가 있어야 합니다. 그때 그대는 방주로 돌아갑니다. 그대 자신으로 말미암아 비둘기가 그대를 다시 부르지 않습니다. 외적(外的)으로 탄식하십시오! 이는, 그들을 안으로 다시 불러들이기 위함입니다.

xx, 1. 정말이지, 이 올리브 열매에 대해 궁구(窮究)한다면, 그것이 무엇인지를, 그대는 알게 될 것입니다. 올리브 열매는 사랑을 의미합니다. 어떻게 이것을 우리가 증명합니까? 올리브 기름은 그 어떤 액즙을 압착(壓搾)해서 얻는 것이 아니라, 모든 것을 깨부술 때 튀어나와, 위로 솟구치는 것처럼, 사랑 역시 아래로 압착하는 것이 아니라, 반드시 위로 솟구쳐야 합니다. 그래서 사도는 사랑에 관해 이렇게 말했습니다.

　내가 또한 제일 좋은 길을 너희에게 보이리라. (고전 12:31)

Quia dīximus dē oleō, quia superēminet, nē forte nōn dē cāritāte dīxerit Apostolus: Superēminentiōrem viam vōbīs dēmōnstrō, audiāmus, quid sequitur:

> Sī linguīs hominum loquar et angelōrum, cāritātem autem nōn habeam, factus sum tamquam aerāmentum sonāns, aut cymbalum tinniēns.

xx, 2. Ī nunc, Dōnāte, et clāmā:

> Dīsertus sum.

Ī nunc, et clāmā:

> Doctus sum.

Quantum dīsertus? Quantum doctus? Numquid linguīs Angelōrum locūtus es? Et tamen sī linguīs Angelōrum loquerēris, cāritātem nōn habēns, audīrem aera sonantia et cymbala tinnientia.

Solidiātem aliquam quaerō, frūctum in foliīs inveniam. Nōn sint sōla verba, habeant olīvam, redeant ad arcam.

xxi, 1. *Sed*, inquiēs, *habeō sacrāmentum.* Vērum dīcis; Sacrāmentum dīvīnum est; habēs Baptisma, et egō cōnfiteor. Sed quid dīcit īdem apostolus?

> Sī scierō omnia sacrāmenta, et habuerō prophētiam et omnem fidem, ita ut montēs trānsferam.

Nē forte et hoc dīcerēs:

> Crēdidī, sufficit mihī.

Sed quid dīcit Iacobus?

> Et daemonēs crēdunt, et contremīscunt.

Magna est fidēs, sed nihil prōdest, sī nōn habeat cāritātem. Cōnfitēbantur et daemonēs Chrīstum. Ergō crēdendō, sed nōn dīligendō dīcēbant:

> Quid nōbīs et tibī?

우리는 사랑에 관해, 그것이 위로 솟구친다고 말했습니다. 그러므로 "내가 또한 제일 좋은 길을 너희에게 보이리라"는 사도의 말씀이, 혹시라도 사랑에 관한 말씀이 아닌 것이 [절대] 아니기 때문에, 이어지는 말씀을 들어 보십시다!

> 내가 사람의 방언과 천사의 말을 할지라도, 사랑이 없으면, 소리 나는 구리와 울리는 꽹과리가 되고. (고전 13:1)

xx, 2. 도나투스(Donatus)여, 이제 가라! 그리고 외치라!

> 나는 언변이 좋다.

이제 가라! 그리고 외치라!

> 나는 유식하다.

그대가 얼마나 언변이 좋은가? 얼마나 유식한가? 정녕 천사의 말을 했는가? 그렇지만 혹시 천사의 말을 했다 할지라도, 사랑이 없다면, 나한테는 '소리 나는 구리와 울리는 꽹과리'에 불과하다.

> 내가 구하는 것은 모종(某種)의 견실함입니다. 나는 잎사귀 가운데서 열매를 찾고 싶습니다. 말만 하면 안 됩니다. 올리브 열매가 있어야 합니다. 방주로 돌아와야 합니다.

xxi, 1. 그대는 말할 것입니다.

> 하지만 나한테는 성례가 있습니다.

그대 말이 옳습니다. 성례는 거룩합니다. 그대는 세례를 받았습니다. 나도 인정합니다. 그러나 예의 사도는 뭐라고 합니까?

> 내가 예언하는 능이 있어, 모든 비밀과, 모든 지식을 알고, 또 산을 옮길 만한 모든 믿음이 있을지라도. (고전 13:2)

혹시라도 그대가 이런 말을 하지 못하게 하기 위해서입니다.

> 나는 믿었다. 나는 그것으로 충분하다.

그런데 야고보는 뭐라고 합니까?

> 귀신들도 믿고 떠느니라. (약 2:19)

믿음은 엄청난 것입니다. 그러나 사랑이 없으면, '아무 유익이'(고전 13:3) 없습니다. 악령들도 그리스도를 인정했습니다. 그런데 다음 말은 믿으면서 한 말이지만, 사랑하면서 한 말은 아닙니다.

> [나사렛 예수여,] 우리가 당신과 무슨 상관이 있나이까? (막 1:24)

xxi, 2. Fidem habēbant, cāritātem nōn habēbant; ideō daemonēs erant. Nōlī dē fidē glōriārī; adhūc daemonibus comparandus es. Nōlī dīcere Chrīstō:

Mihī et tibī quid est?

Ūnitās enim Chrīstī tibī loquitur. Venī, cōgnōsce pācem, redī ad vīscera columbae. Forīs baptizātus es; habētō frūctum, et redīs ad arcam.

xxii. Et tū: *Quid nōs quaeritis, sī malī sumus?* Ut bonī sītis. Ideō vōs quaerimus, quia malī estis; nam sī malī nōn essētis, invēnissēmus vōs, nōn vōs quaererēmus. Quī bonus est, iam inventus est; quī malus est, adhūc quaeritur. Ideō vōs quaerimus; redīte ad arcam. Sed iam habeō Baptismum.

Sī omnia sacrāmenta scierō et habuerō prophētiam et omnem fidem, ita ut montēs trānsferam, cāritātem autem nōn habeam, nihil sum.

Frūctum ibī videam, olīvam ibī videam, et revocāris ad arcam.

xxiii, 1. Sed quid ais? Ecce, nōs multa mala patimur. Haec sī prō Chrīstō paterēminī, nōn prō honōribus vestrīs. Audīte, quod sequitur. Iactant sē enim aliquandō, quia eleēmosynās multās faciunt, dant pauperibus; quia patiuntur molestiās; sed pro Dōnātō nōn prō Chrīstō.

xxi, 2. 그들에게 믿음은 있었지만, 사랑은 없었습니다. 그러므로 그들은 악령들이었습니다. 믿음을 자랑하지 마십시오! 그대는 아직 악령과 비교될 수 있습니다. 그리스도께 이런 말을 하지 마십시오!

> 우리가 당신과 무슨 상관이 있나이까?

그리스도와의 연합이 그대에게 말합니다. 오십시오! 평화에 대해 인지(認知)하십시오! 비둘기 속으로 돌아오십시오! 그대는 겉으로 세례 받았습니다. 열매를 맺으십시오! 그러면, 그대는 방주로 돌아오게 됩니다.

xxii. 그런데 그대는 말합니다.

> 우리가 악한 자들이라면, 그대들이 우리를 찾는 것은 무엇 때문인가요?

그대들이 선한 자가 되게 하기 위해서입니다. 그러니까, 우리가 그대들을 찾는 것은, 그대들이 악하기 때문입니다. 정말이지, 그대들이 악하지 않다면, 우리는 그대들을 발견했을 것이고, 그대들을 찾지 않을 것입니다. 선한 자는 이미 발견되었습니다. 악한 자는, 아직 [우리가] 찾아 다닙니다. 그러니까, 우리는 그대들을 찾고 있습니다. 방주로 돌아오십시오! 하지만 나는 벌써 세례를 받았습니다.

> 내가 예언하는 능이 있어, 모든 비밀과, 모든 지식을 알고, 또 산을 옮길 만한 모든 믿음이 있을지라도. (고전 13:2)

나는 거기서 열매를 보고 싶습니다. 거기서 올리브를 보고 싶습니다. 그리고 그대는 방주로 다시 불러들여집니다.

xxiii, 1. 하지만 그대는 무슨 말을 하는 겁니까? 보십시오! 우리는 악한 일을 많이 겪었습니다. 이런 일을 그대들이 그리스도를 위해 겪은 것이지, 그대들 자신을 위해 겪은 것이 아닙니다. 이어지는 말씀을 들으십시오! 그들은 때때로 이렇게 자랑합니다.

> 우리는 구제를 많이 합니다. 가난한 사람들을 도와줍니다. 고난을 당합니다.

그러나 도나투스(Donatus)를 위해서지, 그리스도를 위해서가 아닙니다.

Vidē, quōmodo patiāris; nam sī prō Dōnātō pateris, prō superbō pateris; nōn es in columbā, sī prō Dōnātō pateris. Nōn erat ille amīcus spōnsī; nam sī amīcus esset spōnsī, glōriam spōnsī quaereret, nōn suam. Vidē amīcum spōnsī dīcentem:

> Hic est, quī baptizat.

Ille nōn erat amīcus spōnsī, prō quō pateris. Nōn habēs vestem nuptiālem; et sī ad convīvium vēnistī, forās habēs mittī.

xxiii, 2. Immō, quia forās missus es, ideō miser es; redī aliquandō, et nōlī glōriārī. Audī, quid dīcat Apostolus:

> Sī distribuerō omnia mea pauperibus, et trādiderō corpus meum ut ārdeam, cāritātem autem nōn habeam.

Ecce, quod nōn habēs. Sī trādiderō, inquit, corpus meum ut ārdeam; et utique prō nōmine Chrīstī; sed quia sunt multī, quī iactanter illud faciunt, nōn cum cāritāte, ideō: Sī trādiderō corpus meum, ut ārdeam, cāritātem autem nōn habeam, nihil mihī prōdest.

xxiii, 3. Cāritāte fēcērunt martyrēs illī, quī in tempore persecūtiōnis passī sunt; cāritāte fēcērunt; istī autem dē tumōre et dē superbiā faciunt; nam cum persecūtor dēsit, sē ipsōs praecipitant. Venī ergō, ut habeās cāritātem. Sed nōs habēmus martyrēs. Quōs martyrēs? Nōn sunt columbae, ideō volāre cōnātī sunt, et dē petrā cecidērunt.

보십시오! 그대가 어떻게 고난을 당하고 있는지. 정말이지, 그대가 도나투스를 위해 고난을 당한다면, 교만한 자를 위해 고난을 당한다면, 그대는 비둘기 속에 있지 않습니다. 도나투스를 위해 고난을 당한다면 말입니다. 도나투스는 신랑의 친구가 아니었습니다.[1] 이는, 그가 만약 신랑의 친구였다면, 신랑의 영광을 구하였지, 자기의 영광을 구하지 않았을 것이기 때문입니다. 신랑의 친구가 하는 말을 보십시오!

> 그가 곧 성령으로 세례를 주는 이인 줄 알라! (요 1:33)

도나투스는 신랑의 친구가 아니었습니다. 그는 친구를 위해 고난을 당하지 않습니다. 그대한테는 혼인 예복이 없습니다. 그래서 그대가 만약 연회에 오면, 밖으로 쫓겨남을 당할 것입니다.

xxiii, 2. 아닙니다. 그대는 벌써 밖으로 쫓겨났습니다. 그러므로 그대는 가련합니다. 제발 돌아오십시오! 그리고 자랑하지 마십시오! 사도가 하는 말씀을 들으십시오!

> 내가 내게 있는 모든 것으로 구제하고, 또 내 몸을 불사르게 내어 줄지라도, 사랑이 없으면. (고전 13:3)

그대에게 무엇이 없는지를 보십시오! [사도는] 이렇게 말씀합니다.

> 내가 내게 있는 모든 것으로 구제하고, 또 내 몸을 불사르게 내어 줄지라도.

당연히 그리스도의 이름으로 합니다. 그러나 많은 사람들이 이런 일을 자랑하기 위해서 하지, 사랑으로 하지 않습니다. 그래서 [사도는] 이렇게 말씀하는 것입니다.

> 내가 내게 있는 모든 것으로 구제하고, 또 내 몸을 불사르게 내어 줄지라도, 사랑이 없으면, 내게 아무 유익이 없느니라.

xxiii, 3. 박해 때에 고난을 당한 순교자들은 사랑 때문에 그렇게 했습니다. 그들은 사랑 때문에 그렇게 했습니다. 그런데 이 사람들은 허탄함 때문에, 교만 때문에 그렇게 합니다. 이는, 박해자가 없어도, 스스로 [죽음 속으로] 뛰어들기 때문입니다. 그러니 오십시오! 그래서 사랑을 품으십시오!

> 그러나 우리한테는 순교자들이 있습니다.

어떤 순교자들입니까? 그들은 비둘기가 아닙니다. 그래서 날으려고 시도했습니다. 그리고 바위에서 추락했습니다.

---

[1] 요 3:29-30 (= "29 신부를 취하는 자는 신랑이나 서서 신랑의 음성을 듣는 친구가 크게 기뻐하나니 나는 이러한 기쁨이 충만하였노라 30 그는 흥하여야 하겠고 나는 쇠하여야 하리라 하니라") 참조.

xxiv, 1. Omnia ergō, frātrēs meī, vidētis, quia clāmant adversus illōs, omnēs pāginae dīvīnae, omnis prophētia, tōtum Ēvangelium, omnēs apostolicae litterae, omnis gemitus columbae; et nōndum ēvigilant, nōndum expergīscuntur. Sed sī columba sumus, gemāmus, tolerēmus, spērēmus; aderit misericordia Deī, ut efferveat ignis Spīritūs Sānctī in simplicitāte vestrā; et venient. Nōn est dēspērandum.

xxiv, 2. Ōrāte, praedicāte, dīligite; prōrsus potēns est Dominus. Iam coepērunt cōgnōscere frontem suam; multī cōgnōvērunt, multī ērubuērunt; aderit Chrīstus, ut cōgnōscant et cēterī. Et certē, frātrēs meī, vel palea sōla ibī remaneat, omnia grāna colligantur; quidquid ibī frūctificāvit, redeat ad arcam per columbam.

xxv, 1. Modo dēficientēs ubique, quid nōbīs prōpōnunt, nōn invenientēs, quid dīcant? Vīllās nostrās tulērunt, fundōs nostrōs tulērunt. Prōferunt testāmenta hominum. Ecce, ubī Gāius Sēius dōnāvit fundum Ecclēsiae, cui praeerat Faustīnus. Cuius episcopus erat Faustīnus Ecclēsiae? Quid est Ecclēsia? Ecclēsiae, dīxit, cui praeerat Faustīnus; sed nōn Ecclēsiae praeerat Faustīnus, sed partī praeerat. Columba autem Ecclēsia est. Quid clāmās? Nōn dēvorāvimus vīllās, columba illās habeat; quaerātur, quae sit columba, et ipsa habeat. Nam nōstis, frātrēs meī, quia vīllae istae nōn sunt Augustīnī; et sī nōn nōstis, et putātis mē gaudēre in possessiōne vīllārum, Deus nōvit, ipse scit, quid ego dē illīs vīllīs sentiam, vel quid ibī sufferam; nōvit gemitūs meōs, sī mihī aliquid dē columbā impertīre dīgnātus est.

xxiv, 1. 그러므로 나의 형제 여러분! 여러분이 보고 있는 대로, 모든 것이 그들에 맞서 외치고 있습니다. 성경의 모든 대목이, 선지자들의 모든 말씀이, 복음서 전체가, 사도들의 서신 전체가, 비둘기의 모든 탄식이 그러합니다. 그런데 그들은 아직 깨어나지 않고 있습니다. 아직 일어나지 않고 있습니다. 그러나 우리가 비둘기라면, 탄식하십시다! 참으십시다! 바라십시다! 하나님의 자비가 함께할 것입니다. 그래서 성령의 불이 여러분의 순결함 속에서 타오를 것입니다. 그리고 임할 것입니다. 아직 낙심해서는 안 됩니다.

xxiv, 2. 기도하십시오! 전하십시오! 사랑하십시오! 주님은 진정 능력이 많으십니다. 그들의 이마가 벌써 뜨뜻해지기 시작했습니다. 많은 사람들이 깨달았습니다. 많은 사람들이 부끄러움을 느꼈습니다. 그리스도께서 함께 하실 것입니다. 그래서 다른 사람들도 깨달을 것입니다. 나의 형제 여러분! 그리고 확실한 것은, 쭉정이만 거기 머무를 것이라는 사실입니다. 알곡은 다 모아집니다. 거기서 열매를 맺는 것은 전부 다 비둘기로 말미암아 방주로 돌아올 것입니다.

xxv, 1. 지금 그들은 사방에서 곤경에 처해 있는데, 무엇을 우리에게 제시한단 말입니까? 그들은 할 말을 찾지 못하고 있지 않습니까? 그들은 우리의 농가를 취했습니다. 그들은 우리의 토지를 취했습니다. 그들은 사람의 유언장을 제시합니다. 보십시오! 가이우스 세이우스(Gaius Seius)가, 파우스티누스(Faustinus)가 담임하는 교회에 기증한 땅이 어디 있는지 말입니다. 파우스티누스가 어느 교회 감독이었습니까? 교회가 무엇입니까? 그는, '파우스티누스가 담임하는 교회'라고 말했습니다. 그러나 파우스티누스는 교회를 담임한 것이 아니라, 분파의 수장(首長)이었습니다. 그런데, 비둘기가 교회입니다. 그대는 무슨 이유로 소리칩니까? 우리는 농가를 삼키지 않았습니다. 비둘기가 그걸 가져야 합니다. 누가 비둘기인지 살피십시오! 비둘기가 가져야 합니다. 나의 형제 여러분, 정말이지, 여러분은 알고 있습니다. 이들 농가는 어거스틴의 것이 아닙니다. 그리고 만약 여러분이 모른다 해도, 또 내가 농가 소유를 좋아한다고 여러분이 믿는다 해도, 하나님은 아십니다. 정말이지, 하나님은, 내가 그 농가들에 대해 무슨 생각을 하는지, 내가 그것 때문에 어떤 고통을 당하는지를 아십니다. 하나님은 나의 탄식에 대해 알고 계십니다. 그가 만약 나에게 비둘기에 속한 무엇을 나눠주셨다면 말입니다.

xxv, 2. Ecce, sunt vīllae. Quō iūre dēfendis vīllās? Dīvīnō an hūmānō? Respondeant:

Dīvīnum iūs in Scrīptūrīs habēmus, hūmānum iūs in lēgibus rēgum.

Unde quisque possidet, quod possidet? Nōnne iūre hūmānō? Nam iūre dīvīnō, *Dominī est terra et plēnitūdō eius.* Pauperēs et dīvitēs Deus dē ūnō līmō fēcit, et pauperēs et dīvitēs ūna terra supportat. Iūre tamen hūmānō dīcit:

Haec vīlla mea est, haec domus mea, hic servus meus est.

Iūre ergō hūmānō, iūre imperātōrum. Quārē? Quia ipsa iūra hūmāna per imperātōrēs et rēgēs saeculī Deus distribuit generī hūmānō.

xxv, 3. Vultis, legāmus lēgēs imperātōrum, et secundum ipsās agāmus dē vīllīs? Sī iūre hūmānō vultis possidēre, recitēmus lēgēs imperātōrum; videāmus, sī voluērunt, aliquid ab haereticīs possidērī.

Sed quid mihī est imperātōr?

Secundum iūs ipsīus possidēs terram. Aut tolle iūra imperātōrum, et quis audet dīcere: *Mea est illa vīlla, aut meus est ille servus, aut domus haec mea est?*

xxv, 4. Sī autem ut teneantur ista ab hominibus, iūra accēpērunt rēgum, vultis, recitēmus lēgēs, ut gaudeātis, quia vel ūnum hortum habētis, et nōn imputētis nisī mānsuētūdinī columbae, quia vel ibī vōbīs permittitur permanēre? Leguntur enim lēgēs manifestae, ubī praecēpērunt imperātōrēs, eōs, quī praeter Ecclēsiae catholicae commūniōnem ūsurpant sibī nōmen Chrīstiānum, nec volunt in pāce colere pācis auctōrem, nihil nōmine Ecclēsiae audeant possidēre.

xxv, 2. 보십시오! 농가가 있습니다. 무슨 법에 근거해 그대는 그 농가 소유권을 주장합니까? 하나님의 법입니까? 아니면, 인간의 법입니까? 그들은 이렇게 대답할 수 있습니다.

우리한테는 성경에 기록된 하나님의 법이 있고, 국법(國法) 형태의 인간의 법이 있습니다.

무엇에 근거해 각 사람은 자기 소유를 소유합니까? 인간의 법에 근거한 것이 아닌가요? 정말이지, 하나님의 법에 근거한다면, '땅과 거기 충만한 것'(시 24:1)이 다 '여호와의 것'입니다. 가난한 자와 부자를 하나님이 동일한 흙으로 만들었습니다. 가난한 자들과 부자들을 다 동일한 지구가 지탱해 줍니다. 하지만, 그는 인간의 법에 근거해 이렇게 말합니다.

이 농가는 내 것입니다. 이 집은 내 것입니다. 이 노예는 내 것입니다.

그러니까, 인간의 법, 황제들의 법에 근거해 그렇게 말합니다. 무슨 까닭입니까? 그것은, 하나님이 인간의 법을 세상의 황제들 및 왕들을 통해 인류에게 반포하셨기 때문입니다.

xxv, 3. 그대들은, 우리가 황제들의 법을 낭독하고, 그 법에 따라 농가들에 대한 조치를 하기 바랍니까? 그대들이 인간의 법에 의해 소유하기를 원한다면, 황제들의 법을 낭독해 보도록 합시다! 이단자들이 뭘 소유할 수 있는지를, 그들이 원했다면, 살펴보도록 합시다!

하지만, 나하고 황제가 무슨 상관이란 말입니까?

그대는 황제의 법에 근거해 땅을 소유하고 있습니다. 아니면, 황제의 법을 폐지해 보십시오! 그리고 누가 감히 이런 말을 하는 것입니까?

저 농가는 내 것입니다. 저 노예는 내 것입니다. 저 집은 내 것입니다.

xxv, 4. 그러나 만약 그들이 이런 것들에 소유권을 지키기 위해 왕의 법을 받아들인다면, 그대들은, 우리가 왕들의 법을 낭독하길 바랍니까? 그래서 여러분이 동산 하나를 소유한 것 가지고 기뻐하고 싶습니까? 여러분은, 거기에 계속 머무를 수 있게 허락받은 것이 오직 비둘기의 온유함 덕분이라는 걸 인정해야 합니다. 정말이지, 법에는 분명하게 기록돼 있습니다. 황제들은, 보편 교회와 교통하지 않으면서 크리스챤이라는 이름을 도용하는 자들, 평화의 주님을 평화 속에서 섬기려 하지 않는 자들은 교회의 이름으로 감히 무엇을 소유해서는 안 된다고 규정하였습니다.

xxvi, 1. Sed quid nōbīs et imperātōrī? Sed iam dīxī, de iūre hūmānō agitur. Et tamen Apostolus voluit servīrī rēgibus, voluit honōrārī rēgēs, et dīxit:

Rēgem reverēminī.

Nōlī dīcere:

Quid mihī et rēgī?

Quid tibī ergō et possessiōnī? Per iūra rēgum possidentur possessiōnēs. Dīxistī:

Quid mihī et rēgī?

Nōlī dīcere possessiōnēs tuās; quia ad ipsa iūra hūmāna renūntiāstī, quibus possidentur possessiōnēs.

xxvi, 2. Sed dē dīvīnō iūre agō, ait. Ergō Ēvangelium recitēmus; videāmus, quō ūsque Ecclēsia catholica Chrīstī est, super quem vēnit columba, quae docuit:

Hic est, quī baptizāt.

Quōmodo ergō iūre dīvīnō possideat, quī dīcit: Egō baptizō; cum dīcat columba: *Hic est, quī baptizat*; cum dīcat Scrīptūra: *Ūna est columba mea, ūna est matri suae*? Quārē laniāstis columbam? Immō laniāstis vīscera vestra; nam vōbīs laniātis, columba integra persevērat.

xxvi, 3. Ergō, frātrēs meī, sī ubique nōn habent, quod dīcant, egō dīcō, quod faciant. Veniant ad Catholicam, et nōbīscum habēbunt nōn sōlum terram, sed etiam illum, quī fēcit caelum et terram.

xxvi, 1. 하지만, 우리하고 황제가 무슨 상관이란 말입니까? 그러나 내가 이미 말한 것처럼, 이건 인간의 법과 관련됩니다. 그리고 사도 [베드로]는 왕을 섬기라는 뜻으로, 왕을 존중하라는 뜻으로 말씀했습니다. 그는 이렇게 말씀했습니다.

왕을 공경하라! (벧전 2:17)

이렇게 말하지 마십시오!

나하고 왕이 무슨 상관이란 말입니까?

그렇다면, 그대하고 소유하고 무슨 상관입니까? 왕의 법에 근거해 소유가 인정됩니다. 그대는 말했습니다.

나하고 왕이 무슨 상관이란 말입니까?

그대의 소유라는 말을 하지 마십시오! 이는, 그대가 인간의 법을 부정했기 때문입니다. 그것에 의해 소유가 인정되는데도 말입니다.

xxvi, 2. 그는 말합니다.

하지만 나는 하나님의 법에 대해 말하고 있습니다.

그렇다면, 복음서를 읽어 봅시다! 보편교회가 어느 정도까지 그리스도께 속했는지를 살펴보십시다! 그리스도 위로 비둘기가 임했습니다. 비둘기는 이렇게 가르칩니다.

그가 곧 성령으로 세례를 주는 이인 줄 알라! (요 1:33)

그렇다면, "내가 세례를 준다"고 말하는 자는 어떻게 하나님의 법에 근거해 [무엇을] 소유한단 말입니까? 그런데, 비둘기는 이렇게 말합니다.

그가 곧 성령으로 세례를 주는 이인 줄 알라! (요 1:33)

성경은 이렇게 말씀합니다.

나의 비둘기[, 나의 완전한 자]는 하나뿐이로구나! 그는 그 어미의 외딸이요. (아 6:9)

무엇 때문에 그대들은 비둘기를 찢었습니까? 아니, 그대들은 그대들 자신의 속을 찢었습니다. 정말이지, 그대들이 그대들 자신을 찢는다 해도, 비둘기는 온전함을 유지합니다.

xxvi, 3. 그러므로 나의 형제 여러분! 그들에게 할 말이 전혀 없다 해도, 나는, 그들이 뭘 해야 할지를 말합니다. 그들은 보편교회로 돌아와야 합니다. 그러면 그들은 우리와 더불어 땅을 소유하게 될 뿐 아니라, 천지를 지으신 그분도 소유하게 될 것입니다.

TRACTATUS VII.

Ioh. 1, 34-51.

34 Et egō vīdī, et testimōnium perhibuī, quia hic est Fīlius Deī. 35 Alterā diē iterum stābat Iohannēs, et ex discipulīs eius duo. 36 Et respiciēns Iēsum ambulantem dīcit: Ecce, agnus Deī. 37 Et audiērunt eum duo discipulī loquentem, et secūtī sunt Iēsum. 38 Conversus autem Iēsus, et vidēns eōs sequentēs dīcit eīs: Quid quaeritis? Quī dīxērunt eī: Rabbi, (quod dīcitur interpretātum magister) ubī habitās? 39 Dīcit eīs: Venīte et vidēte! Vēnērunt et vīdērunt, ubī manēret, et apud eum mānsērunt diē illō; hōra autem erat quasi decima. 40 Erat autem Andreās frāter Simōnis Petrī ūnus ex duōbus, quī audierant ab Iohanne, et secūtī fuerant eum. 41 Invēnit hic prīmum frātrem suum Simōnem et dīcit eī invēnimus Messīam (quod est interpretātum Chrīstus). 42 Et addūxit eum ad Iēsum. Intuitus autem eum Iēsus dīxit: Tū es Simōn fīlius Iona; tū vocāberis Cephas. Quod interpretātur Petrus. 43 In crāstinum voluit exīre in Galilaeam et invēnit Philippum et dīcit eī Iēsūs: Sequere me! 44 Erat autem Philippus ā Bethsaidā, cīvitāte Andreae et Petrī. 45 Invēnit Philippus Nathanaël, et dīcit eī: Quem scrīpsit Mōsēs in lēge, et prophētae, invēnimus Iēsum fīlium Ioseph ā Nazareth. 46 Et dīxit eī Nathanaël: Ā Nazareth potest aliquid bonī esse? Dīcit eī Philippus: Venī et vidē! 47 Vīdit Iēsūs Nathanaël venientem ad sē, et dīcit dē eō: Ecce, vērē Israēlīta, in quō dolus nōn est. 48 Dīcit eī Nathanaël: Unde mē nōstī? Respondit Iēsūs, et dīxit eī: Priusquam tē Philippus vocāret, cum essēs sub ficū, vīdī tē. 49 Respondit eī Nathanaël, et ait: Rabbi, tū es Fīlius Deī, tū es rēx Israēl. 50 Respondit Iēsūs, et dīxit eī: Quia dīxī tibī: Vīdī tē sub ficū, crēdis? Māius hīs vidēbis. 51 Et dīcit eī: Āmēn, āmēn dīcō vōbīs vidēbitis caelum apertum et angelōs Deī ascendentēs et dēscendentēs suprā Fīlium hominis.

제7강

요 1:34-51

34 내가 보고 그가 하나님의 아들이심을 증거하였노라 하니라 35 또 이튿날 요한이 자기 제자 중 두 사람과 함께 섰다가 36 예수의 다니심을 보고 말하되 보라 하나님의 어린 양이로다 37 두 제자가 그의 말을 듣고 예수를 좇거늘 38 예수께서 돌이켜 그 좇는 것을 보시고 물어 가라사대 무엇을 구하느냐 가로되 랍비여 어디 계시오니이까 하니 (랍비는 번역하면 선생이라) 39 예수께서 가라사대 와 보라 그러므로 저희가 가서 계신 데를 보고 그 날 함께 거하니 때가 제십 시쯤 되었더라 40 요한의 말을 듣고 예수를 좇는 두 사람 중에 하나는 시몬 베드로의 형제 안드레라 41 그가 먼저 자기의 형제 시몬을 찾아 말하되 우리가 메시야를 만났다 하고 (메시야는 번역하면 그리스도라) 42 데리고 예수께로 오니 예수께서 보시고 가라사대 네가 요한의 아들 시몬이니 장차 게바라 하리라 하시니라 (게바는 번역하면 베드로라) 43 이튿날 예수께서 갈릴리로 나가려 하시다가 빌립을 만나 이르시되 나를 좇으라 하시니 44 빌립은 안드레와 베드로와 한 동네 벳새다 사람이라 45 빌립이 나다나엘을 찾아 이르되 모세가 율법에 기록하였고 여러 선지자가 기록한 그이를 우리가 만났으니 요셉의 아들 나사렛 예수니라 46 나다나엘이 가로되 나사렛에서 무슨 선한 것이 날 수 있느냐 빌립이 가로되 와 보라 하니라 47 예수께서 나다나엘이 자기에게 오는 것을 보시고 그를 가리켜 가라사대 보라 이는 참 이스라엘 사람이라 그 속에 간사한 것이 없도다 48 나다나엘이 가로되 어떻게 나를 아시나이까 예수께서 대답하여 가라사대 빌립이 너를 부르기 전에 네가 무화과나무 아래 있을 때에 보았노라 49 나다나엘이 대답하되 랍비여 당신은 하나님의 아들이시요 당신은 이스라엘의 임금이로소이다 50 예수께서 대답하여 가라사대 내가 너를 무화과나무 아래서 보았다 하므로 믿느냐 이보다 더 큰 일을 보리라 51 또 가라사대 진실로 진실로 너희에게 이르노니 하늘이 열리고 하나님의 사자들이 인자 위에 오르락내리락하는 것을 보리라 하시니라

i, 1. Congaudēmus frequentiae vestrae, quia ultrā quam spērāre potuimus, alacriter convēnistis. Hoc est, quod nōs laetificat, et cōnsōlātur in omnibus labōribus, et perīculīs vītae huius, amor vester in Deum, et pium studium, et certa spēs, et fervor spīritūs.

i, 2. Audīstis, cum Psalmus legerētur, quia inops et pauper clāmat ad Deum in hōc saeculō. Vōx enim est, ut saepius audīstis, et meminisse dēbētis, nōn ūnīus hominis, et tamen ūnīus hominis; nōn ūnīus, quia fidēlēs multī; multa grāna inter paleās gementia, diffūsa tōtō orbe terrārum; ūnīus autem, quia membra Chrīstī omnēs; ac per hoc ūnum corpus. Iste ergō populus inops et pauper, nōn nōvit gaudēre dē saeculō; et dolor eius intus est, et gaudium eius intus est, ubī nōn videt nisī ille, quī exaudit gementem, et corōnat spērantem.

i, 3. Laetitia saeculī, vānitās. Cum magnā exspectātiōne spērātur, ut veniat, et nōn potest tenērī, cum vēnerit. Iste enim diēs, quī laetus est, perditīs hodiē in istā cīvitāte, crās utique nōn erit; nec iīdem ipsī crās hoc erunt, quod hodiē sunt. Et trānseunt omnia, et ēvolant omnia, et sīcut fūmus vānēscunt.

i, 4. Et vae, quī amant tālia! Omnis enim anima sequitur, quod amat.

> Omnis carō fēnum, et omnis honor carnis quasi flōs fēnī; fēnum āruit, flōs dēcidit; Verbum autem Dominī manet in aeternum.

Ecce, quod amēs, sī vīs manēre in aeternum. Sed dīcere habēbās:

> Unde possum apprehendere Verbum Deī?
> Verbum carō factum est, et habitāvit in nōbīs.

i, 1. 여러분이 [이렇게] 많이 참석해 주셔서, 우리는 기쁩니다. 이는, 우리가 기대한 이상으로, 여러분이 모여 주셨기 때문입니다. 온갖 수고에도 불구하고, 이 세상의 위험에도 불구하고, 우리를 기쁘게 해 주고, 위로해 주는 것은 바로 이것입니다. 곧, 하나님 안에서의 여러분의 사랑, 경건한 열심, 확실한 소망, 영적인 뜨거움입니다.

i, 2. 여러분은 시편 낭독 소리를 들었습니다. '가난한 자와 궁핍한 자'(시 74:21)가 이 세상에서 하나님께 부르짖고 있습니다. 정말이지, 그 음성은, 여러분이 자주 들은 것처럼, 또 기억할 수 밖에 없는 것처럼, 한 사람만의 음성이 아니면서도, 또 한 사람만의 음성이기도 합니다. 한 사람만의 음성이 아닌 것은, 신자들이 많기 때문입니다. 많은 알곡들이 쭉정이 사이에서 탄식하고 있습니다. 그들은 온 세상에 퍼져 있습니다. 그런데 [그 음성이] 한 사람만의 음성이기도 한 것은, 모두가 다 그리스도의 지체이기 때문입니다. 그래서 한 몸입니다. 그러므로 이 가난하고 궁핍한 백성은 세상에 대해 즐거워할 줄 모릅니다. 그의 아픔은 내적(內的)입니다. 그의 기쁨도 내적입니다. 오직 거기에서만 탄식하는 자의 음성을 들으시는 분이 보고 계십니다. 그리고 바라는 자에게 면류관을 씌워 주십니다.

i, 3. 세상 즐거움은 헛된 것입니다. 큰 기대를 품고 그것이 이루어지기를 소원합니다. 그런데 그것이 이루어져도 [계속] 붙들고 있지 못합니다. 정말이지, 오늘 이 축제일은 우리 성읍에서 망하는 자들에게는 즐거운 날이지만, 내일은 당연히 아닙니다. 그들의 오늘 모습은, 내일은 더 이상 존재하지 않습니다. 그리고 모든 것이 지나갑니다. 모든 것이 날아가 버립니다. 마치 연기가 사라져 버리는 것처럼 말입니다.

i, 4. 그리고 이런 것을 사랑하는 자들에게 화(禍) 있을진저! 정말이지, 모든 영혼은, 자기가 사랑하는 것을 쫓아갑니다.

> 6 ⋯ 모든 육체는 풀이요, 그 모든 아름다움은 들의 꽃 같으니, 7 [풀은 마르고, 꽃은 시듦은, 여호와의 기운이 그 위에 붊이라. 이 백성은 실로 풀이로다.] 8 풀은 마르고, 꽃은 시드나, 우리 하나님의 말씀은 영영히 서리라. (사 40:6-8)

그대가 영원히 서기를 원한다면, 무엇을 사랑해야 할지를 살피십시오! 하지만 그대는 이런 말을 해야 했습니다.

> 내가 어떻게 하나님의 말씀을 붙들 수 있습니까?
> 말씀이 육신이 되어, 우리 가운데 거하시매. (요 1:14)

ii, 1. Quāpropter, cārissimī, ad inopiam nostram et paupertātem nostram pertineat, et quod illōs dolēmus, quī sibī abundāre videntur. Gaudium enim ipsōrum quasi phrenēticōrum est. Quōmodo autem phrenēticus gaudet in īnsāniā plērumque, et rīdet; et plangit illum, quī sānus est; sīc et nōs, cārissimī, sī recēpimus medicīnam dē caelō venientem, quia et nōs omnēs phrenēticī erāmus, tamquam salvī factī, quia ea, quae dīligēbāmus nōn dīligimus, gemāmus ad Deum dē iīs, qui adhūc īnsāniunt. Potēns est enim, ut et ipsōs salvōs faciat.

ii, 2. Et opus est, ut respiciant sē, et displiceant sibī. Spectāre volunt, et spectāre sē nōn nōvērunt. Nam sī aliquantum oculōs ad sē convertant, vident cōnfūsiōnem suam. Quod dōnec fiat, alia sint studia nostra, alia sint āvocāmenta animae nostrae. Plūs valet dolor noster, quam gaudium illōrum. Quantum pertinet ad numerum frātrum, difficile est, ut quisquam illa celebritāte raptus fuerit ex virīs; quantum autem ad sorōrum numerum, contrīstat nōs, et hoc magis dolendum est, quia nōn ipsae potius ad Ecclēsiam currunt, quās dēbuit sī nōn timor, certē verēcundia dē pūblicō revocāre.

ii, 3. Vīderit hoc, quī videt, et aderit misericordia eius, ut sānet omnēs. Nōs autem, quī convēnimus, pāscāmur epulīs Deī, et sit gaudium nostrum sermō ipsīus. Invītāvit enim nōs ad Ēvangelium suum; et ipse cibus noster est, quō nihil dulcius; sed sī quis habet palātum sānum in corde.

ii, 1. 지극히 사랑하는 여러분! 이런 이유로 우리의 궁핍함과 우리의 가난함에는, 스스로 부요하다 생각하는 자들 때문에 슬퍼하는 일이 포함됩니다. 이는, 그들의 기쁨이 정신병자들의 그것과 흡사하기 때문입니다. 그런데 정신병자는 보통 광기(狂氣)를 부리며 즐거워하고 웃습니다. 그래서 정상인이 그를 불쌍히 여깁니다. 지극히 사랑하는 여러분! 이처럼 우리도 모두 정신병자들이었다가, 건강하게 된 자들과 같기 때문에, 하늘에서 내려온 치료약을 받았다고 한다면, [그리고 이전에] 사랑하던 것들을 [더 이상] 사랑하지 않는다고 한다면, 아직 건강을 누리지 못하는 자들로 말미암아 하나님을 향해 탄식 소리를 내십시다! 왜냐하면 하나님은 그들까지 건강하게 하실 수 있기 때문입니다.

ii, 2. 그리고 그들에게 필요한 것은, 자기 자신을 돌아보는 것, 자기 자신을 싫어하는 것입니다. 그들은 바라보려고 합니다. 그러나 자기 자신을 바라보는 법을 알지 못합니다. 이는, 그들이 눈을 조금이라도 자신 자신에게로 돌리면, 자기 자신의 수치를 보게 되는 까닭입니다. 그렇게 되기까지, 우리의 노력과 우리 영혼의 소성(蘇醒)은 엇박자를 내개 됩니다. 우리의 고통은 그들의 기쁨보다 더 센 위력을 지닙니다. 형제들의 숫자를 생각해 보면, 남자들 중 어느 한 사람을 축제에서 빼내 오는 것은 어려운 일입니다. 한편, 자매들의 숫자를 생각해도, 우리 마음이 흐려지고, 더 큰 고통을 느끼게 됩니다. 왜냐하면, 그녀들이 교회로 달려오기가 어려운 것은, 두려운 마음도 있지만, 대중 앞에 서기가 확실히 부끄럽기 때문입니다.

ii, 3. [모든 것을] 보시는 분이 이것을 보시고, 그의 자비로 도우사, 모두를 치유해 주시길 빕니다. 그러나 [여기] 모인 우리는 하나님의 잔치에 참여하십시다! 그의 말씀이 우리 기쁨이 되기를 빕니다. 이는, 주님이 우리를 당신의 복음으로 초대하셨기 때문입니다. 주님 자신이 우리 양식이 되십니다. 이것보다 더 감미로운 것은 없습니다. 하지만 심령 속에 건강한 미각(味覺)을 지녀야만 합니다.

iii, 1. Bene autem arbitror meminisse Cāritātem vestram hoc Ēvangelium lēctiōnibus congruīs ex ōrdine recitārī; et putō vōbīs nōn excidisse, quae iam tractāta sunt, maximē recentiōra dē Iohanne et columbā. Dē Iohanne scīlicet, quid novum didicerit in Dominō per columbam, quī iam nōverat Dominum. Et hoc inventum est īnspīrante Spīritu Deī, quod iam quidem Iohannēs nōverat Dominum; sed quod ipse Dominus ita esset baptizātūrus, ut baptizandī potestātem ā sē in nēminem trānsfunderet, hoc didicit per columbam, quia dictum et erat:

> Super quem vīderis Spīritum dēscendentem velut columbam, et manentem super eum, hic est, quī baptizat in Spīritū Sānctō.

iii, 2. Quid est, *hic est*? Nōn alius, etsī per alium. Quārē autem per columbam? Multa dicta sunt, nec possum, nec opus est omnia retexere: praecipuē tamen propter pācem; quia et ligna, quae baptizāta sunt forīs, quia frūctum in eīs invēnit columba, ad arcam attulit. Sīcut meministis columbam ēmissam ā Noē dē arcā, quae dīluviō nātābat, et baptismō abluēbātur, nōn mergēbātur. Cum ergō esset ēmissa, attulit rāmum olīvae; sed nōn sōla folia habēbat, habēbat et frūctum. Itaque hoc optandum est frātribus nostrīs, quī forīs baptizantur, ut habeant frūctum; nōn illōs sinet columba forīs, nisī ad arcam redūxerit.

iii, 3. Frūctus autem est tōtus cāritās, sine quā nihil est homō, quidquid aliud habuerit. Et hoc ūberrimē ab Apostolō dictum commemorāvimus et recēnsuimus. Ait enim:

> Sī linguīs hominum loquar et Angelōrum, cāritātem autem nōn habeam, factus sum velut aerāmentum sonāns, aut cymbalum tinniēns; et sī habuerō omnem scientiam, et sciam omnia sacrāmenta, et habeam omnem prophētiam, et habuerō omnem fidem, (fidem autem quōmodo dīxit omnem?) ut montēs trānsferam, cāritātem autem nōn habeam, nihil sum. Et sī distribuerō omnia mea pauperibus, et sī trādiderō corpus meum, ut ārdeam, cāritātem autem nōn habeam, nihil mihī prōdest.

Nūllō modō autem possunt dīcere sē habere cāritātem, quī dīvidunt ūnitātem. Haec dicta sunt; sequentia videāmus.

iii, 1. 그런데 내 생각에, 사랑하는 여러분은, 이 복음서가 순서에 따라 적절하게 낭송(朗誦)되고 있다는 사실을 잘 기억하고 있을 것입니다. 그리고 여러분이, 내가 이미 취급한 부분, 특별히 최근 요한과 비둘기에 관해 취급한 부분에 대해 잊지 않았을 것으로, 나는 믿습니다. 그러니까, 요한과 관련해서는, 그가 이미 주님에 대해 알고 있었지만, 비둘기를 통해 주님에 대해 새로운 것을 알게 되었다는 사실이 [중요합니다]. 그리고 그가 이 사실을 알게 된 것은 하나님의 영의 감동으로 말미암은 것입니다. [그 내용은 이렇습니다.]

> 요한은 주님에 대해 이미 알고 있었습니다. 하지만, 주님이 친히 세례를 받게 되신 것은, 세례권을 아무에게도 양도하지 않기 위함이라는 것을 요한은 비둘기를 통해 알게 되었습니다. 이는, 이런 말씀이 있기 때문입니다.
> 성령이 내려서, 누구 위에든지 머무는 것을 보거든, 그가 곧 성령으로 세례를 주는 이인 줄 알라! (요 1:33)

iii, 2. '그가 곧'이라는 말이 무슨 뜻입니까? 설사 다른 이를 통한다 할지라도 다른 이가 아니라는 뜻입니다. 그러나 비둘기는 무엇 때문에 등장합니까? 많은 이야기를 했습니다. 하지만 그걸 내가 다 반복할 수도 없고, 또 그렇게 할 필요도 없습니다. 하지만, [비둘기의 등장은] 특별히 평화 때문이었습니다. 이는, 겉으로 세례를 받은 그 나무에서 비둘기가 열매를 발견한 관계로 그것을 방주로 가져왔기 때문입니다. 여러분은 노아가 방주에서 내보낸 비둘기를 기억하고 있습니다. 그 방주는 대홍수 때 물 위를 떠다녔고, 세례로 씻음을 받았지만, 침몰하지 않았습니다. 여하간, 비둘기는 내보냄을 받은 후에 올리브 나무 가지를 가져왔습니다. 그런데 그 올리브 나무 가지에는 잎사귀만 있었던 것이 아니라, 열매도 있었습니다. 그러므로 겉으로 세례를 받은 우리 형제들이 바라야 할 것은 이것입니다. 곧, 열매를 맺는 것입니다. 비둘기는 그것을 밖에다 두지 않을 것입니다. 도리어 방주로 도로 가져올 것입니다.

iii, 3. 그런데 열매란 다 사랑입니다. 이것 없이 사람은 아무것도 아닙니다. 이외의 그 어떤 것을 가지고 있다 해도 말입니다. 이것을 사도가 가장 자세하게 말씀해 주었다는 걸 우리는 이미 언급했고, 지적했습니다. 그러니까, 사도는 이렇게 말씀합니다.

> 1 내가 사람의 방언과 천사의 말을 할지라도, 사랑이 없으면, 소리나는 구리와 울리는 꽹과리가 되고, 2 내가 예언하는 능이 있어, 모든 비밀과 모든 지식을 알고, 또 산을 옮길 만한 모든 믿음이 있을지라도, 사랑이 없으면, 내가 아무것도 아니요, 3 내가 내게 있는 모든 것으로 구제하고, 또 내 몸을 불사르게 내어 줄지라도, 사랑이 없으면, 내게 아무 유익이 없느니라. (고전 13:1-3)

(모든 믿음을 내가 어떻게 이해해야 할까요?) 하나됨을 깨뜨리는 자가 "사랑을 가졌다"고 말하는 것은 절대 불가능합니다. 이에 대해서는 이미 이야기했습니다. 이어지는 말씀을 보십시다!

iv. Perhibuit Iohannēs testimōnium, quia vīdit. Quāle testimōnium perhibuit? Quia ipse est Fīlius Deī. Oportēbat ergō, ut ille baptizāret, quī est Fīlius Deī ūnicus, nōn adoptātus. Adoptātī fīliī, ministrī sunt Ūnicī; Ūnicus habet potestātem, adoptātī ministerium. Licet baptizet minister nōn pertinēns ad numerum fīliōrum, quia male vīvit et male agit, quid nōs cōnsōlātur?

Hic est, quī baptizat.

v, 1. *Alterā diē iterum stābat Iohannēs, et ex discipulīs eius duo, et respiciēns Iēsum ambulantem dīcit: Ecce, Agnus Deī.* Utique singulāriter iste Agnus; nam et discipulī dictī sunt agnī:

Ecce, egō mittō vōs sīcut agnōs in mediō lupōrum.

Dictī sunt et ipsī lūmen:

Vōs estis lūmen mundī.

Sed aliter ille, dē quō dictum est:

Erat lūmen vērum, quod illūminat omnem hominem venientem in hunc mundum.

Sīc et Agnus singulāriter, sōlus sine maculā, sine peccātō; nōn cuius maculae abstersae sint, sed cuius macula nūlla fuerit.

v, 2. Quid enim? Quia dīcēbat Iohannēs dē Dominō: *Ecce, Agnus Deī,* ipse Iohannēs nōn erat agnus? Nōn erat vir sānctus? Nōn erat amīcus spōnsī? Ergō singulāriter ille: *Hic est Agnus Deī;* quia singulāriter huius Agnī sanguine sōlō hominēs redimī potuērunt.

iv. 요한이 증거한 것은, 그가 보았기 때문입니다. 어떤 증거를 했습니까? 그가 하나님의 아들이심을 증거했습니다. 그러므로 양자가 아니라, 하나님의 독생자가 세례 주는 것이 필요했습니다. 양자들은 독생자를 섬기는 자들입니다. 독생자는 권세를 지녔고, 양자들은 섬기는 일을 맡았습니다. 악하게 살고, 악하게 행동하기 때문에, 자녀의 수(數)에 들지 않는 사역자들이 세례를 줄 수는 있지만, 그것이 우리에게 무슨 위로가 됩니까?

　　그가 곧 성령으로 세례를 주는 이인 줄 알라! (요 1:33)

v, 1. 또 이튿날 요한이 자기 제자 중 두 사람과 함께 섰다가, 예수의 다니심을 보고 말하되, 보라! 하나님의 어린 양이로다. (요 1:35-36) 정말이지, 그는 특별한 의미에서 '양'이었습니다. 이는, 제자들도 '양'이라 불렸기 때문입니다.

　　보라! 내가 너희를 보냄이, 양을 이리 가운데 보냄과 같도다. (마 10:16)

그들은 '빛'이라고도 불렸습니다.

　　너희는 세상의 빛이라. (마 5:14)

하지만 그에 대해서 다음과 같은 말씀을 한 것은 다른 의미였습니다.

　　참 빛, 곧, 세상에 와서 각 사람에게 비취는 빛이 있었나니. (요 1:9)

그러므로 그가 '양'이라 불린 것도 특별한 의미로 그렇게 불린 것입니다. 오직 그만이, 흠이 없었고, 죄가 없었습니다. 그에게는 털어낼 흠이 전혀 없었습니다. 그는 완전히 무흠(無欠)하였습니다.

v, 2. 도대체 무슨 이유로 요한은 주님에 대해 다음과 같이 말한 것입니까?

　　보라! 하나님의 어린 양이로다. (요 1:36)

요한 자신은 양이 아니었나요? 거룩한 사람이 아니었나요? '신랑의 친구'(요 3:29)가 아니었나요? 그러므로 주님은 특별한 의미에서 '하나님의 어린 양'이었습니다. 이는, 사람들이 특별하게 이 어린 양의 피로 구속(救贖)함을 받을 수 있었기 때문입니다.

vi, 1. Frātrēs meī, sī agnōscimus pretium nostrum, quia sanguis est Agnī; quī sunt illī, quī hodiē celebrant fēstīvitātem sanguinis, nesciō cuius mulieris? Et quam ingrātī sunt? Raptum est aurum, dīcunt, dē aure mulieris, et cucurrit sanguis, et positum est aurum in trutinā vel statērā, et praeponderāvit multum dē sanguine. Sī pondus ad inclīnandum aurum habuit sanguis mulieris, quāle pondus habet ad inclīnandum mundum sanguis Agnī, per quem factus est mundus?

vi, 2. Et quidem ille spīritus nesciō quis, ut premeret pondus, plācātus est sanguine. Immundī spīritūs nōverant ventūrum Iēsum Chrīstum, audierant ab Angelīs, audierant ex Prophētīs, et spērābant eum ventūrum. Nam sī nōn spērābant, unde clāmāvērunt: Quid nōbīs et tibi est? Vēnistī ante tempus perdere nōs? Scīmus, quī sīs, Sānctus Deī. Ventūrum sciēbant, sed tempus īgnōrābant.

vi, 3. Sed quid audīstis in Psalmō de Ierusalem?

Quoniam beneplacitum habuērunt servī tuī lapidēs eius, et pulveris eius miserēbuntur.

Tū exsurgēns, inquit, *miserēberis Sion, quoniam venit tempus, ut misereāris eius.* Quandō vēnit tempus, ut miserērētur Deus, vēnit Agnus. Quālis Agnus, quem lupī timent? Quālis Agnus est, quī leōnem occīsus occīdit? Dictus est enim diabolus *leō circumiēns et rugiēns, quaerēns, quem dēvoret*; sanguine Agnī victus est leō. Ecce, spectācula Chrīstiānōrum.

vi, 1. 나의 형제 여러분! 우리가 만약, 우리의 속상금(贖償金)이 어린 양의 피라는 사실을 안다면, 오늘 어떤 여자의 피의 축제를 거행하는 자들은 누구입니까? 그리고 그들은 얼마나 배은망덕합니까? 그들은 말합니다.

> 여자의 귀에서 금고리를 차갔습니다. 피가 흘렀습니다. 금을 저울에 놓았습니다. 핏값이 훨씬 더 나갔습니다.

여자의 피의 무게가 금의 무게보다 더하다면, 어린 양의 피의 무게는 세상의 무게보다 얼마나 더하겠습니까? 세상이 그로 말미암아 지음을 받았는데 말입니다.

vi, 2. 그리고 정말이지, 어떤 영인지는 모르지만, 그 영이 피로 화목하게 되어, 무게를 누를 수 있게 되었습니다. 더러운 영들이, 예수 그리스도께서 오실 것을 알았습니다. 그들은 그것을 천사들한테서 들었습니다. 선지자들한테서 들었습니다. 그리고 그의 강림을 대망(待望)하였습니다. 정말이지, 대망하지 않았다면, 그들이 어떻게 소리지를 수 있었겠습니까?

> [하나님의 아들이여,] 우리와 당신과 무슨 상관이 있나이까? 때가 이르기 전에 (마 8:29), 우리를 멸하러 왔나이까? 나는 당신이 누구인 줄 아노니, 하나님의 거룩한 자니이다. (막 1:24)

그들은, 그가 오실 것을 알았습니다. 그러나 때는 몰랐습니다.

vi, 3. 그런데 여러분은 예루살렘에 관해 무슨 말씀을 들었습니까?

> 주의 종들이 시온의 돌들을 즐거워하며, 그 티끌도 연휼(憐恤)히 여기나이다. (시 102:14)

[시편 기자는 이렇게] 말합니다.

> 주께서 일어나사, 시온을 긍휼히 여기시리니, 지금은 그를 긍휼히 여기실 때라. 정한 기한이 옴이니이다. (시 102:13)

하나님이 긍휼히 여기실 때가 오자, 어린 양이 왔습니다. 어떠한 어린 양이길래, 이리들이 두려워합니까? 어떠한 어린 양이길래, 죽임을 당하면서도, 사자를 죽인 것입니까? 마귀는 '우는 사자 같이 두루 다니며 삼킬 자를'(벧전 5:8) 찾는다 하였습니다. 어린 양의 피로 사자가 정복당했습니다. 보십시오, 크리스챤들의 스펙터클을!

vi, 4. Et quod est amplius, illī oculīs carnis vident vānitātem, nōs cōrdis oculīs vēritātem. Nē putētis, frātrēs, quod sine spectāculīs nōs dīmīsit Dominus Deus noster; nam sī nūlla sunt spectācula, cūr hodiē convēnistis? Ecce, quod dīximus, vīdistis, et exclāmāstis; nōn exclāmārētis, nisī vīdissētis. Et magnum est hoc spectāre per tōtum orbem terrārum, victum leōnem sanguine Agnī, ēducta dē dentibus leōnum membra Chrīstī, et adiūncta corporī Chrīstī.

vi, 5. Ergō nesciō, quid simile imitātus est quīdam spīritus, ut sanguine simulācrum suum emī vellet, quia nōverat pretiōsō sanguine quandōcumque redimendum esse genus hūmānum. Fingunt enim spīritūs malī umbrās quāsdam honōris sibimet ipsīs, ut sīc dēcipiant eōs, quī sequuntur Chrīstum. Ūsque adeō, frātrēs meī, ut illī ipsī, quī sēdūcunt per ligātūrās, per praecantātiōnēs, per māchināmenta inimīcī, misceant praecantātiōnibus suīs nōmen Chrīstī; quia iam nōn possunt sēdūcere Chrīstiānōs, ut dent venēnum, addunt mellis aliquid, ut per id, quod dulce est, lateat, quod amārum est, et bibātur ad perniciem. Ūsque adeō, ut egō nōverim aliquō tempore illīus Pilleātī sacerdōtem solēre dīcere:

Et ipse Pilleātus Chrīstiānus est.

Ut quid hoc, frātrēs, nisī quia aliter nōn possunt sēdūcī Chrīstiānī?

vii, 1. Nē quaerātis ergō alibī Chrīstum, quam ubī sē vōbīs voluit praedicārī Chrīstus; et quōmodo vōbīs voluit praedicārī, sīc illum tenēte, sīc in corde vestrō scrībite. Mūrus est adversus omnēs impetūs et adversus omnēs īnsidiās inimīcī. Nōlīte timēre, nec tentat ille, nisī permissus fuerit.

vi, 4. 그리고 이보다 더한 것은, 그들은 육신의 눈으로 허탄한 것을 보는 반면, 우리는 심령의 눈으로 진리를 보는 것입니다. 형제 여러분, 우리 주 하나님께서 스펙터클 없이 우리를 보내셨다고 여러분은 믿는 것입니까? 스펙터클이 전혀 없다면, 도대체 무엇 때문에 오늘 우리가 모였단 말입니까? 보십시오, 우리가 무슨 말을 하는지를! 여러분은 보았고, 탄성을 질렀습니다. 여러분이 보지 못했다면, 탄성을 지르지 않았을 것입니다. 그리고 이걸 온 세상에서 보는 것은 엄청난 일입니다. 어린 양의 피로 사자가 정복당했습니다. 그리스도의 지체들이 사자 이빨 사이에서 구출받았습니다. 그리고 그리스도의 몸과 연합하였습니다.

vi, 5. 그러니까, 모르긴 해도, 어떤 영이 핏값으로 자기 우상을 사게 할 요량으로 이와 비슷한 것을 만들었을 것 같습니다. 이는, 인류가 언젠가는 보혈로 구속함을 받게 된다는 사실을, 그가 알았을 것이기 때문입니다. 정말이지, 악한 영들이 자기 자신들을 위해 모종(某種)의 영광의 그림자를 만들어 내어, 그리스도를 따르는 자들을 그것으로 기만하려 하였습니다. 나의 형제 여러분! 그들은 이렇게까지 합니다. 곧, 부적으로, 주문(呪文)으로, 원수의 술수로 현혹시키는 자들은 자기네 주문 속에 그리스도의 이름을 섞습니다. 이는, 그들이 크리스챤들을 더 이상 속일 수 없기 때문입니다. 그들은 독을 주기 위해, 꿀을 좀 첨가합니다. 그래서 달콤한 것을 가지고 쓴 것을 숨깁니다. 그것을 마시고서 멸망하게 말입니다. 내가 알지만, 그들은 이렇게까지 합니다. 언젠가 필레아투스(Pilleātus)의 사제가 늘상 이런 말을 했습니다.

필레아투스 자신도 크리스챤이다.

형제 여러분! 무엇 때문에 이런 말을 하겠습니까? 다른 방법으로는 크리스챤을 현혹시킬 수가 없기 때문 아닙니까?

vii, 1. 그러므로 다른 데서 그리스도를 찾지 마십시오! 도리어 그리스도께서, 당신 자신이 여러분께 전해지기 원하신 곳에서 찾으십시오! 그리고 여러분께 전해지기 원하신 방식대로 그를 붙드십시오! 그 방식대로 여러분 마음속에 기록하십시오! 그는 모든 공격을 막는 방벽이고, 원수의 모든 간계에 맞서는 방벽입니다. 두려워들 마십시오! [원수는] 허락을 받고서만, 시험합니다.

vii, 2. Cōnstat illum nihil facere, nisī permissus fuerit aut missus. Mittitur tamquam angelus malus ā potestāte dominante; permittitur, quandō aliquid petit; et hoc, frātrēs, nōn fit, nisī ut probentur iūstī, puniantur iniūstī. Quid ergō timēs? Ambulā in Dominō Deō tuō, certus estō; quod te nōn vult patī, nōn pateris; quod tē permīserit patī, flagellum corrigentis est, nōn poena damnantis. Ad haereditātem sempiternam ērudīmur, et flagellārī dēdīgnāmur!

vii, 3. Frātrēs meī, sī recūsāret quisquam puer colaphīs aut flagellīs caedī ā patre suō, quōmodo dīcerētur superbus, dēspērātus, ingrātus paternae disciplīnae? Et utquid ērudit pater homō fīlium hominem? Ut possit nōn perdere temporālia, quae illī acquīsīvit, quae illī collēgit, quae nōn vult eum perdere, quae ipse, quī relinquit, nōn potuit in sempiternum tenēre. Nōn docet fīlium, cum quō possideat, sed quī post eum possideat. Frātrēs meī, sī fīlium docet pater successōrem, et quem docet et ipsum similiter per illa omnia trānsitūrum, quā et ille, quī monēbat, trānsitūrus est; quōmodo vultis ērudiat nōs Pater noster, cui nōn successūrī, sed ad quem accessūrī sumus, et cum quō in aeternum mānsūrī in hērēditāte, quae nōn marcēscit, nec moritur, nec grandinem nōvit? Et ipse hērēditās et ipse Pater est.

vii, 4. Hunc possidēbimus, et ērudīrī nōn dēbēmus? Sufferāmus ergō ērudītiōnem Patris. Nōn quandō nōbīs dolet caput, currāmus ad praecantātōrēs, ad sortilegōs et remedia vānitātis. Frātrēs meī, nōn vōs plangam? Cotīdiē inveniō ista; et quid faciam? Nōndum persuādeō Chrīstiānīs in Chrīsto spem esse pōnendam? Ecce, sī cui factum est remedium, moriātur, (quam multī enim cum remediīs mortuī sunt? Et quam multī sine remediīs vīxērunt?) Qua fronte exiit anima ad Deum? Perdidit sīgnum Chrīstī, accēpit sīgnum diabolī. An forte dīcat: Nōn perdidī sīgnum Chrīstī? Ergō sīgnum Chrīstī cum sīgnō diabolī habuistī.

vii, 2. 분명히 그는, 허락이나 보냄을 받지 않고서는, 아무것도 하지 않습니다. 그는 악한 천사처럼, [그를] 지배하는 권세에 의해 보냄을 받습니다. 무엇을 구하고, 허락을 받습니다. 형제 여러분! 이런 일은 오직, 의로운 자들을 시험하고, 불의한 자들을 징벌하기 위해 일어납니다. 그렇다면, 그대는 무엇을 두려워합니까? 그대의 주 하나님 안에서 행하십시오! 확신에 거하십시오! 그가 원하시지 않는 고난을, 그대가 당하는 일은 없습니다. 그가 그대의 고난을 허락하시는 것은, 교정(矯正)을 위한 채찍이지, 저주하기 위한 형벌이 아닙니다. 영원한 유업을 위해 우리가 교육을 받는 것입니다. 채찍을 거부하지 마십시오!

vii, 3. 나의 형제 여러분! 그 어떤 아이든, 자기 아버지한테서 손찌검이나 채찍질 당하는 것을 거부한다면, 어찌 '교만하다', '가망이 없다', '아버지가 훈육하는데, 배은망덕하다'는 소리를 듣지 않겠습니까? 그리고 아버지도 사람이고, 아들도 사람인데, 아버지가 아들을 훈육하는 것은 무엇 때문입니까? 그것은, 그가 아들을 위해서 취득하고, 아들 위해 모은, 시간적 보화를 잃지 않기 위해서입니다. 그는 그것을 잃는 것을 원하지 않습니다. 그것을 남기는 자는 그것을 영원히 간직할 수 없습니다. 그가 가르치는 아들은 그것을 그와 더불어 소유하는 것이 아니라, 그가 [죽은] 이후에 소유하게 될 것입니다. 나의 형제 여러분! 아버지가 상속자인 아들을 가르칠 때, 그 모든 것을 통해 그가 가르치는 아들도 지나갈 것이고, 가르치는 자기도 지나갈 것이라는 사실을 가르친다면, 우리의 [하늘] 아버지께서 우리를 가르치실 때, 어떤 방식으로 가르치실 것을 여러분은 원합니까? 우리는 그를 잊지 않을 것입니다. 도리어 그에게 나아갈 것입니다. 그와 더불어 영원토록 시들지 않고, 죽지 않고, [그 어떤] 우박도 맞지 않는 유업에 머무를 것입니다. 그분 자신이 우리의 유업이고, 그분 자신이 우리의 아버지이십니다.

vii, 4. 그분을 우리가 소유할 것이니까, 우리가 가르침을 받을 필요가 없는 것입니까? 그러므로 아버지의 가르침을 받으십시다! 우리는, 머리가 아플 때, 마술사나, 점쟁이나, 무익한 해결책을 향해 달려가지 마십시다! 나의 형제 여러분! 내가 여러분을 위해 통곡할까요? 매일같이 나는 이런 일을 경험합니다. 내가 어떻게 해야 할까요? 내가 아직 크리스챤들에게 그리스도께 소망을 두라는 권면을 하지 않는 것입니까? 보십시오! 만약 누가 [무익한] 해결책을 쓰다가 죽는다면, 그 영혼은 무슨 얼굴로 하나님 존전(尊前)에 나갈까요? (얼마나 많은 사람들이 그런 해결책을 쓰다가 죽었습니까? 그리고 얼마나 많은 사람들이 그런 해결책을 쓰지 않고서도 살았습니까?) 그런 사람은 그리스도의 표를 잃고, 마귀의 표를 얻었습니다. 그가 혹시 이런 말을 할까요?

　　나는 그리스도의 표를 잃지 않았습니다.

그렇다면, 그대는 그리스도의 표를 마귀의 표를 함께 가지고 있었습니다.

vii, 5. Nōn vult Chrīstus commūniōnem, sed sōlus vult possidēre, quod ēmit. Tantī ēmit, ut sōlus possideat. Tū facis eī cōnsortem diabolum, cui tē per peccātum vendiderās. Vae duplicī corde, quī in corde suō partem faciunt Deō, partem faciunt diabolō. Īrātus Deus, quia fit ibī pars diabolō, discēdit, et tōtum diabolus possidēbit. Nōn frūstrā itaque Apostolus dīcit:

Neque dētis locum diabolō.

Cōgnōscāmus ergō Agnum, frātrēs, cōgnōscāmus pretium nostrum.

viii. Stābat Iohannēs, et ex discipulīs eius duo. Ecce, duo dē discipulīs Iohannis; quia tālis erat Iohannēs amīcus spōnsī, nōn quaerēbat glōriam suam, sed testimōnium perhibēbat vēritātī. Numquid voluit apud sē remanēre discipulōs suōs, ut nōn sequerentur Dominum? Magis ipse ostendit discipulīs suīs, quem sequerentur. Habēbant enim illum tamquam Agnum; et ille:

Quid mē attenditis! Egō nōn sum Agnus.

Ecce, Agnus Deī, dē quō etiam superius dīxerat:

Ecce, Agnus Deī.

Et quid nōbīs prōdest Agnus Deī? *Ecce*, ait, *quī tollit peccātum mundī.* Secūtī sunt illum, hōc audītō, duo, quī erant cum Iohanne.

ix, 1. Videāmus sequentia.

Ecce, Agnus Deī.

Hoc Iohannēs.

Et audiērunt eum duo discipulī loquentem, et secūtī sunt Iēsum. Conversus autem Iēsus, et vidēns eōs sequentēs sē, dīcit eīs: Quid quaeritis? Quī dīxērunt: Rabbi (quod dīcitur interpretātum Magister), ubī habitās?

vii, 5. 그리스도는, 당신이 사신 것을 나누기를 원하시지 않습니다. 홀로 소유하기를 원하십니다. 그가 엄청난 대가를 지불하고 사신 것은, 홀로 소유하시기 위함이었습니다. 그대는 마귀를 그분하고 나란히 공동소유자로 만듭니다. 그대는 죄로 말미암아 마귀에게 그대 자신을 팔았습니다. 두 마음을 품은 자, 마음 한쪽은 하나님께 드리고, 다른 쪽은 마귀에게 주는 자는 화 있을진저! [마음] 저 한쪽이 마귀에게 갔기 때문에, 하나님이 진노하사, 떠나십니다. 그래서 마귀가 온통 소유하게 될 것입니다. 그러므로 사도가 다음과 같은 말씀을 하는 것은 공연한 일이 아닙니다.

　　마귀로 틈을 타지 못하게 하라! (엡 4:27)

그러므로 형제 여러분, 어린 양에 대해 깨달으십시다! 우리의 속상금(贖償金)에 대해 깨달으십시다!

viii. "요한이 자기 제자 중 두 사람과 함께 섰다가"(요 1:35). 보십시오! 요한의 제자 중 두 사람이 [그와 함께] 서 있었습니다. '신랑의 친구'(요 3:29)였던 요한은, 자기의 영광을 구하기보다는, 진리에 대해 증거하는, 그런 사람이었습니다. 그가 자기 제자들을 자기 곁에 붙들어 두려 했습니까? 그래서 그들로 하여금 주님을 따르지 못하도록 했습니까? 그는 오히려 자기 제자들에게 누구를 따라야 할지를 가르쳐 주었습니다. 이는, 그들이 그를 어린 양으로 생각했기 때문입니다. 그런데 그는 말했습니다.

　　어째서 나를 보느냐? 나는 어린 양이 아니다. 보라! '하나님의 어린 양'(요 1:36)이로다.

이에 대해서는 앞에서도 그가 말했습니다.

　　보라! 하나님의 어린 양이로다. (요 1:29)

그런데 '하나님의 어린 양'이 우리에게 무슨 유익이 됩니까? 요한이 말합니다.

　　보라! 세상 죄를 지고 가는 하나님의 어린 양이로다. (요 1:29)

이 말을 듣고 그들이 주님을 따랐습니다. 요한과 함께 있던 그 두 사람이 말입니다.

ix, 1. 이어지는 말씀을 살펴보십시다!

　　보라! 하나님의 어린 양이로다.

이 말을 요한이 했습니다.

　　37 두 제자가 그의 말을 듣고 예수를 좇거늘, 38 예수께서 돌이켜, 그 좇는 것을 보시고, 물어 가라사대, 무엇을 구하느냐? 가로되, 랍비여, 어디 계시오니이까? 하니. (랍비는 번역하면 선생이라).

ix, 2. Nōn sīc illum sequēbantur quasi, iam ut inhaerērent illī; nam manifestum est, quandō illī inhaesērunt, quia dē nāvī eōs vocāvit. In hīs enim duōbus erat Andreās, sīcut modo audīstis; Andreās autem frāter Petrī erat; et nōvimus in Ēvangeliō, quod Petrum et Andream Dominus dē nāvī vocāvit, dīcēns:

Venīte post mē, et faciam vōs piscātōrēs hominum.

Et ex illō iam inhaesērunt illī, ut nōn recēderent. Modo ergō quod illum sequuntur istī duo, nōn quasi nōn recessūrī sequuntur; sed vidēre voluērunt, ubī habitāret, et facere, quod scrīptum est:

Līmen ōstiōrum eius exterat pēs tuus; surge ad illum venīre assiduē et ērudīre praeceptīs eius.

ix, 3. Ostendit eīs ille, ubī manēret; vēnērunt et fuērunt cum illō. Quam beātum diem dūxērunt, quam beātam noctem! Quis est, quī nōbīs dīcat, quae audierint illī ā Dominō? Aedificēmus et nōsmet ipsī in corde nostrō, et faciāmus domum, quō veniat ille, et doceat nōs; colloquātur nōbīs.

x, 1. *Quid quaeritis? Quī dīxērunt eī: Rabbi, (quod interpretātum dīcitur Magister), ubī habitās? Dīcit eīs: Venīte, et vidēte. Et vēnērunt, et vīdērunt, ubī manēret, et apud eum mānsērunt diē illō; hōra autem erat quasi decima.* Nihilne arbitrāmur pertinuisse ad Ēvangelistam, dīcere nōbīs quota hōra erat? Potest fierī, ut nihil ibī nōs animadvertere, nihil quaerere voluerit? Decima erat hōra. Numerus iste lēgem sīgnificat, quia in decem praeceptīs data est lēx. Vēnerat autem tempus ut implērētur lēx per dīlēctiōnem; quia ā Iūdaeīs nōn poterat implērī per timōrem. Unde Dominus dīcit:

Nōn vēnī solvere lēgem, sed implēre.

Meritō ergō decima hōra eum secūtī sunt ad testimōnium amīcī spōnsī duo istī; et decimā hōrā audīvit: *Rabbi*, quod interpretātur Magister.

ix, 2. 그들이 그를 따르기는 했지만, 그를 붙좇을 정도는 아직 아니었습니다. 이는, 그들이 그를 붙좇게 된 것은, 그가 배에서 그들을 부르셨을 때의 일이었던 것이 분명하기 때문입니다. 이 두 사람 속에 안드레가 포함되었다는 것은, 방금 여러분이 들으신 바와 같습니다. 그런데 안드레는 베드로의 동생이었습니다. 그리고 우리가 복음서를 통해 아는 대로, 주님은 베드로와 안드레를 배에서 부르셨습니다. 주님은 말씀하셨습니다.

나를 따라오너라! 내가 너희로 사람을 낚는 어부가 되게 하리라. (마 4:19)

그리고 이때부터 그들은 그를 붙좇아, 더 이상 떠나지 않았습니다. 그러니까, 지금 이 두 사람은 그를 따르기는 하지만, 떠나지 않을 작정으로 따르는 것은 아닙니다. 그들은 도리어, 그가 어디 사시는지를 보고 싶어했습니다. 또 다음과 같이 기록된 말씀대로 하고 싶어했습니다.

36 [지혜자를 보거든, 이른 아침부터 그를 찾아다니되,] 네 발로 그의 집 문턱을 닳게 하라! 37 주의 명령을 깊이 생각하고, 그의 계명으로 항상 네 마음을 다잡으라! (칠십인경 집회서 6:36-37)

ix, 3. 주님은 그들에게, 당신이 어디 머무시는지를 보여 주셨습니다. 그들이 가서, 주님과 함께 있었습니다. 얼마나 복된 날을 그들이 보냈는지요! 얼마나 복된 밤을 그들이 보냈는지요! 그들이 주님께 들은 말이 무엇이었는지를 우리한테 말해 줄 사람이 누구인지요? 우리도 우리 마음속에 거처를 지으십시다! 집을 만드십시다! 주님이 오셔서, 우리를 가르치고, 우리와 대화를 나누시도록 말입니다.

x, 1. 가라사대, '무엇을 구하느냐?'. 가로되, 랍비여, '어디 계시오니이까?' 하니 (랍비는 번역하면 선생이라), 예수께서 가라사대, '와 보라!'. 그러므로 저희가 가서, 계신 데를 보고, 그날 함께 거하니, 때가 제 십시쯤 되었더라.

우리한테 몇 시였는지를 말해 주는 것이 복음서 기자한테 아무 중요한 일이 아니었다고 우리가 생각해야 할까요? 거기에서 우리가 아무것도 주목하지 않는 것, 아무것도 묻지 않는 것을 주님이 바라셨다는 것이 가능한 일일까요? 제 십시쯤이었습니다. 이 숫자는 율법을 표상(表象)합니다. 이는, 십계명으로 율법이 주어졌기 때문입니다. 그런데 사랑으로 말미암아 율법이 이루어지는 때가 왔습니다. 이는, 유대인들이 두려움으로 말미암아 율법을 이루지 못했기 때문입니다. 그래서 주님은 말씀하셨습니다.

내가 율법이나, 선지자나, 폐하러 온 줄로 생각지 말라! 폐하러 온 것이 아니요, 완전케 하려 함이로다. (마 5:17)

그러므로 이 두 사람이 제 십시에 신랑 친구의 증거에 따라 주님을 좇아간 것은 당연한 일입니다. 그리고 제 십시에 주님은 '랍비여'라는 말을 들었습니다. 랍비는, 번역하면, 선생입니다.

x, 2. Sī decimā hōrā Rabbi Dominus audīvit, et decimus numerus ad lēgem pertinet; magister lēgis nōn est nisī dator lēgis. Nēmō dīcat, quia alius dedit lēgem, et alius docet lēgem; ipse illam docet, quī illam dedit; ipse est magister lēgis suae, et docet illam. Et misericordia est in linguā ipsīus, ideō misericorditer docet lēgem, sīcut dictum est dē sapientiā:

> Lēgem autem et misericordiam in linguā portat.

Nōlī timēre, nē implēre lēgem nōn possīs, fuge ad misericordiam. Sī multum est ad tē lēgem implēre, ūtere pactū illō, ūtere chirographō, ūtere precibus, quās tibī cōnstituit et composuit iūrisperītus caelestis.

xi, 1. Quī enim habent causam, et volunt supplicāre imperātōrī, quaerunt aliquem scholasticum iūrisperītum, ā quō sibī precēs compōnantur; nē forte sī aliter petierint, quam oportet, nōn sōlum nōn impetrent, quod petunt, sed et poenam prō beneficiō cōnsequantur. Cum ergō quaererent supplicāre Apostolī, et nōn invenīrent, quōmodo adīrent imperātōrem Deum, dīxērunt Chrīstō: Domine, docē nōs ōrāre; hoc est: Iūrisperīte noster, assessor, immō cōnsessor Deī, compōne nōbīs precēs. Et docuit Dominus dē librō iūris caelestis, docuit, quōmodo ōrārent.

xi, 2. Et in ipsō, quod docuit, posuit quandam condiciōnem:

> Dīmitte nōbīs dēbita nostra, sīcut et nōs dīmittimus dēbitōribus nostrīs.

Sī nōn secundum lēgem petieris, reus eris. Contremīscis imperātōrem factus reus? Offer sacrificium humilitātis, offer sacrificium misericordiae, dīc in precibus:

> Dīmitte mihi, quoniam et egō dīmittō.

Sed sī dīcis, fac!

x, 2. 만약 제 십시에 주님이 '랍비'라는 말을 들으셨다면, 그리고 십이라는 수가 율법과 관련된다면, 율법의 선생은 율법 수여자와 동일할 수밖에 없습니다. 아무도, 율법을 수여하는 자와, 율법을 가르치는 자가 다르다고 말해서는 안 됩니다. 율법을 주신 분이 율법을 가르치십니다. 그분이 율법의 선생이시고, 율법을 가르치십니다. 그리고 자비가 그의 혀에 있습니다. 그래서 그는 자비롭게 율법을 가르치십니다. 이것은 지혜에 관해 다음과 같이 말씀하신 것과 같습니다.

[입을 열어 지혜를 베풀며,] 그 혀로 인애의 법을 말하며. (잠 31:26)

율법을 이루지 못할까 봐 두려워 마십시오! 자비로 피하십시오! 율법을 이루는 것이 그대에게 중요하다면, 언약을 사용하십시오! 필사본을 사용하십시오! 하늘의 율법사께서 만들어 주신, 지어 주신 기도문을 사용하십시오!

xi, 1. 그러니까, 소송을 하려는 사람, 황제께 탄원하려는 사람은 노련한 법률가를 찾아가, 자기를 위해 소장(訴狀)을 써 달라 합니다. 이는, 해서는 안 되는 방향으로 요청하는 경우, 자기가 구하는 것을 얻기는 고사하고, 은혜 대신 형벌을 받게 되는 까닭입니다. 그래서 사도들은 탄원하기를 권했지만, 황제이신 하나님께 어떻게 나아가야 할지를 알지 못했기 때문에, 그리스도께 말씀 이렇게 드렸습니다.

주여! [요한이 자기 제자들에게] 기도를 [가르친 것과 같이,] 우리에게[도] 가르쳐 주옵소서! (눅 11:1)

이 말은 이런 뜻입니다.

우리 율법사님! 배석판사님! 하나님의 동석판사님! 우리를 위해 기도문을 지어 주십시오!

이에 주님이 하늘 법전(法典)을 근거로 가르쳐 주셨습니다. 어떻게 기도해야 할지를 가르쳐 주셨습니다.

xi, 2. 그리고 주님은 가르치신 것 속에 어떤 조건을 포함시켰습니다.

우리가 우리에게 죄 지은 자를 사하여 준 것 같이, 우리 죄를 사하여 주옵시고. (마 6:12)

그대가 법에 따라 구하지 않으면, 죄를 얻게 됩니다. 죄를 얻고서 황제를 무서워하십니까? 겸손의 제사를 드리십시오! 긍휼의 제사를 드리십시오! 기도할 때 이렇게 아뢰십시오!

나도 죄를 사하여 주었사오니, 나의 죄를 사하여 주옵소서!

그러나 [이렇게] 아뢰신다면, [이렇게] 행하십시오!

xi, 3. Quid enim factūrus es, quō itūrus es, sī mentītus fueris in precibus? Nōn quōmodo dīcitur in forō, carēbis beneficiō rescrīptī; sed nec rescrīptum impetrābis. Iūris enim forēnsis est, ut quī in precibus mentītus fuerit, nōn illī prōsit, quod impetrāvit. Sed hoc inter hominēs, quia potest fallī homō; potuit fallī imperātor, quandō precēs mīsistī; dīxisti enim, quod voluistī, et cui dīxistī, nescit, an vērum sit.

xi, 4. Dīmīsit tē adversāriō tuō convincendum, ut sī ante iūdicem convictus fueris dē mendāciō, quia nōn potuit ille nisī praestāre, nesciēns, an fueris mentītus, ibī carēbis ipsō beneficiō rescrīptī, quō perdūxistī rescrīptum. Deus autem, quī nōvit, utrum mentiāris, an vērum dīcās, nōn facit, ut in iūdiciō tibī nōn prōsit; sed nec impetrāre tē permittit, quia ausus es mentīrī vēritātī.

xii, 1. Quid ergō factūrus es? Dīc mihī. Implēre lēgem ex omnī parte, ita ut in nūllō offendās, difficile est; reātus ergō certus est; remediō ūtī nōn vīs? Ecce, frātrēs meī, quāle remedium posuit Dominus contrā aegritūdinēs animae. Quod ergō? Cum caput tibī dolet, laudāmus, si Ēvangelium ad caput tibī posueris, et nōn ad ligātūram cucurreris. Ad hoc enim perducta est īnfirmitās hominum, et ita plangendī sunt hominēs, quī currunt ad ligātūrās, ut gaudeāmus, quandō vidēmus hominem in lectō suō cōnstitūtum, iactārī febribus et dolōribus, nec alicubī spem posuisse, nisī ut sibī Ēvangelium ad caput pōneret; nōn quia ad hoc factum est, sed quia praelātum est Ēvangelium ligātūrīs. Sī ergō ad caput pōnitur ut quiēscat dolor capitis, ad cor nōn pōnitur, ut sānētur ā peccātīs? Fiat ergō.

xi, 3. 그대가 기도할 때 거짓말을 해 놓고, 도대체 무슨 일을 하시렵니까? 어디로 가시렵니까? 법정에서 [보통] 듣는 말처럼, 그대는 사면의 혜택을 [전혀] 받지 못하게 될 뿐 아니라, 그대를 위한 사면 자체가 행해지지 않을 것입니다. 왜냐하면, 청원을 할 때 거짓말을 한 사람은, 그의 청원이 가납(嘉納)되었다 하더라도, 그 혜택을 받지 못하는 것이, 법정에서 통용되는 원칙이기 때문입니다. 그러나 이것은 사람들 사이에서의 일입니다. 왜냐하면, 사람은 속임을 당할 수 있기 때문입니다. 그대가 청원을 넣을 때, 황제는 속임을 당할 수 있습니다. 이는, 그대가 그대의 원하는 바를 말했고, 그대의 말을 듣는 사람은, 그대의 말이 참인지를 모르기 때문입니다.

xi, 4. 그는, 그대가 거짓말을 했는지를 모르기 때문에, 그대의 청을 들어줄 수밖에 없었지만, 그대를 그대의 대적(對敵)에게 보내, 그대를 고소하게 합니다. 그래서 그대가 만약 재판관에게 거짓말로 유죄 판결을 받으면, 그대가 받았던 사면의 혜택을 법정에서 잃게 됩니다. 그러나 그대가 거짓말을 하는지, 참말을 하는지 아시는 하나님은, 재판으로 그대가 유익을 얻지 못하게 하십니다. 도리어 그대가 승소(勝訴)하는 것을 허락하시지 않습니다. 이는, 그대가 감히 진리에 맞서 거짓을 말했기 때문입니다.

xii, 1. 그렇다면, 그대는 무엇을 하렵니까? 나한테 말해 주십시오! 율법을 철저히 지켜서, 아무런 죄를 짓지 않는 것은 어려운 일입니다. 그러니까, 유죄 판결을 받을 것이 분명합니다. 치료약을 사용하지 않겠습니까? 나의 형제 여러분, 보십시오! 주님이 영혼의 질병을 위해 어떤 치료약을 마련해 놓으셨지를 말입니다. 그럼, 어떤 치료약입니까? 그대에게 두통이 있을 때, 그대가 그대 머리에 복음서를 갖다 댄다면, 그리고 부적을 급히 찾지 않는다면, 우리는 [그대를] 칭찬합니다. 정말이지, 사람은 연약하기 때문에 부적을 찾게 됩니다. 부적을 급히 찾는 사람들이 매우 가련한 만큼, 자기 침상에 누워, 신열과 두통에 시달리면서도, 오직 자기 머리에 복음서를 갖다 대는 일에만 희망을 두는 사람을 볼 때 우리는 기뻐합니다. 이는, 복음서가 이를 위해 만들어져서가 아닙니다. 도리어 이 사람이 부적 대신 복음서를 선택했기 때문입니다. 그럼, 복음서를 머리에 갖다 대는 것이 두통을 가라앉히기 위해서라면, 마음에 갖다 대는 것은 죄에서 치유되기 위함이 아닌 것입니까? 그렇게 되어야 할 것입니다.

xii, 2. Quid fiat? Pōnātur ad cor, sānētur cor. Bonum est, bonum, ut dē salūte corporis nōn satagās, nisī ut ā Deō illam petās. Sī scit tibī prōdesse, dabit illam; sī nōn tibī dederit, nōn prōderat habēre illam. Quam multī aegrōtant in lectō innocentēs; et sī sānī fuerint, prōcēdunt ad scelera committenda? Quam multīs obest sānitās? Latrō, quī prōcēdit ad faucem occīdere hominem, quantō illī melius erat, ut aegrōtāret? Quī noctū surgit ad fodiendum parietem aliēnum, quantō illī melius, sī febribus iactārētur? Innocentius aegrōtāret, scelerātē sānus est.

xii, 3. Nōvit ergō Deus, quid nōbīs expediat; id agāmus tantum, ut cor nostrum sānum sit ā peccātīs; et quandō forte flagellāmur in corpore, ipsum dēprecēmur. Rogāvit eum Paulus apostolus, ut auferret stimulum carnis, et nōluit auferre. Numquid perturbātus est? Numquid contrīstātus dīxit sē desertum? Magis sē dīxit nōn dēsertum, quia nōn ablātum est, quod volēbat auferrī, ut illa īnfirmitās sānārētur. Hoc enim invēnit in vōce medicī:

> Sufficit tibī grātia mea; nam virtūs in īnfirmitāte perficitur.

xii, 4. Unde ergō scīs, quod nōn vult tē sānāre Deus? Adhūc tibī expedit flagellārī. Unde scīs, quam putre est, quod secat medicus, agēns ferrum per putria? Nōnne nōvit modum, quid faciat, quō ūsque faciat? Numquid ululātus eius, quī secātur, retrahit manūs medicī artificiōsē secantis? Ille clāmat; ille secat. Crūdēlis quī nōn audit clāmantem, an potius misericors, quī vulnus persequitur, ut sānet aegrōtum?

xii, 5. Haec, frātrēs meī, ideō dīxī, nē quis quaerat aliquid praeter auxilium Deī, quandō forte in aliquā correptiōne Dominī sumus. Vidēte, nē pereātis, vidēte, nē ab Agnō recēdātis, et ā leōne dēvorēminī.

xii, 2. 어떻게 되어야 할까요? 마음에 갖다 대야 할 것입니다. 마음이 치유되어야 할 것입니다. 육신의 건강을 위해 하나님께 기도하는 것은 좋은 일, 좋은 일입니다. 그것이 그대에게 유익하다 여기신다면, 그걸 주실 것입니다. 그대에게 주시지 않았다면, 그것이 유익하지 않았기 때문입니다. 얼마나 많은 사람들이 무흠(無欠)하면서도 병상에서 신음하고 있습니까? 그런데, 만약 그들이 건강하게 되면, 죄 짓는 일에 나서게 될까요? 얼마나 많은 사람들이 건강 때문에 죄를 짓습니까? 사람을 죽이러 협로(峽路)로 향하는 강도는, 병에 걸리는 것이 그에게 얼마나 더 좋은 일이었겠습니까? 다른 사람 집의 벽을 뚫기 위해 밤중에 일어나는 자는 열병에 걸려 드러눕는 것이 그에게 얼마나 더 좋은 일입니까? 병들었으면, 그는 더 무흠했겠지만, 건강한 상태이니, 범죄자가 되는 것입니다.

xii, 3. 하나님은 그러므로, 우리한테 무엇이 유익한지를 아십니다. 우리 마음이 죄에서 치유되는 데에만 관심을 가집시다! 그리고 우리가 혹시라도 육신에 채찍을 맞게 되면, 은혜를 베풀어 달라고 간구하십시다! 사도 바울은 육체의 '가시'(고후 12:7)를 떠나게 해달라고 간구했지만, 하나님은 그것을 원하시지 않았습니다. 바울이 요동했나요? 침울해하면서, '나는 버림 받았다'고 말했나요? 아닙니다. 그는, 연약함을 치유받기 위해 떠나기를 바랐던 것이 떠나지 않았다 해서, 자기에 대해 '버림 받았다'는 말을 하지 않았습니다. 이는, 그가 의사의 음성을 통해 다음과 같은 사실을 발견했기 때문입니다.

   내 은혜가 네게 족하도다. 이는, 내 능력이 약한 데서 온전하여짐이라. (고후 12:9)

xii, 4. 그렇다면, 하나님이 그대를 치유하길 원하시지 않는다는 걸 그대는 어떻게 압니까? 아직 그대에게는 채찍에 맞는 것이 유익하지 않습니다. 의사가 썩은 부위에 칼을 대서 수술을 하는데, 그 부위가 얼마나 썩었는지를, 그대는 어떻게 압니까? 자기가 무엇을 해야 할지, 어느 정도까지 해야 할지를 의사가 모를까요? 수술받는 자의 비명 소리 때문에 솜씨 있게 수술하는 그 의사의 손길이 멈출까요? 환자는 비명을 지릅니다. 의사는 수술합니다. 비명 지르는 자의 소리를 듣지 않는 자가 잔인할까요? 아니면, 환자를 치료하기 위해 상처를 만지는 자가 오히려 자비로운 것 아닌가요?

xii, 5. 나의 형제 여러분! 내가 이걸 말하는 건, 우리가 혹시라도 하나님의 징계를 받고 있을 때, 하나님의 도우심 이외의 것을 구하지 않아도 된다는 뜻이 아닙니다. 멸망 길로 가지 않게 유의하십시오! 어린 양한테서 떠나지 않도록, 사자한테 먹히지 않도록, 유의하십시오!

xiii, 1. Dīximus ergō, quārē hōra decima; sequentia videāmus.

> Erat Andreās frāter Simōnis Petrī ūnus ex duōbus, quī audierant ab Iohanne, et secūtī fuerant eum. Invenit hic Simōnem frātrem suum, et dīcit eī: Invēnimus Messīam; quod est interpretātum Chrīstus.

Messīās Hebraicē, Chrīstus Graecē est, Latīnē Ūnctus. Ab ūnctiōne enim dīcitur Chrīstus. Χρίσμα Ūnctiō est Graecē; ergō Chrīstus, ūnctus. Ille singulāriter ūnctus, praecipuē ūnctus; unde omnēs Chrīstiānī unguntur, ille praecipuē.

xiii, 2. Quōmodo in Psalmō dīcit, audī:

> Proptereā ūnxit tē, Deus, Deus tuus oleō exsultātiōnis, prae participibus tuīs.

Participēs enim eius omnēs sānctī; sed ille singulāriter Sānctus sānctōrum, singulāriter ūnctus, singulāriter Chrīstus.

xiv, 1. *Et dūxit eum ad Iēsum. Intuitus autem eum, Iēsus dīxit: Tū es Simon filius Iohannis, tū vocāberis Cephas; quod interpretātur Petrus.* Nōn magnum, quia Dominus dīxit, cuius filius esset iste. Quid magnum Dominō? Omnia nōmina sānctōrum suōrum sciēbat, quōs ante cōnstitūtiōnem mundī praedēstināvit; et mīrāris, quia dīxit ūnī hominī:

> Tū es filius illīus, et tū vocāberis illud?

Magnum, quia mūtāvit eī nōmen; et fēcit dē Simōne Petrum? Petrus autem ā petrā, petrā vērō Ecclēsia; ergō in Petrī nōmine figūrāta est Ecclēsia. Et quis sēcūrus, nisī quī aedificat super petram? Et quid ait ipse Dominus?

xiii, 1. 그런데 우리는, 무슨 까닭에 제 십시였는지에 대해 이야기했습니다. 그 다음 이야기를 살펴보십시다!

> 40 요한의 말을 듣고 예수를 좇는 두 사람 중에 하나는 시몬 베드로의 형제 안드레라. 41 그가 먼저 자기의 형제 시몬을 찾아 말하되, '우리가 메시야를 만났다' 하고 (메시야는 번역하면 그리스도라). (요 1:40-41)

메시야는 히브리어이고, 그리스도는 헬라어입니다. 라틴어로는 ūnctus라 합니다. 이는, ūnctiō(= '기름 부음')에서 '그리스도'라는 말이 나왔기 때문입니다. χρίσμα(= '기름 부음')는 헬라어입니다. 그러므로 그리스도는 '기름 부음 받은 자'입니다. 그는 독특한 의미에서 '기름 부음 받은 자'입니다. 그는 특별한 의미에서 '기름 부음 받은 자'입니다. 그러므로 모든 크리스챤이 다 기름 부음을 받았지만, 그는 특별한 의미에서 '기름 부음 받은 자'입니다.

xiii, 2. 시편 말씀을 들어 보십시오!

> 그러므로 하나님, 곧, 왕의 하나님이 즐거움의 기름으로 왕에게 부어, 왕의 동류보다 승하게 하셨나이다. (시 45:7)

정말이지, 모든 성도들이 다 그의 동류입니다. 하지만 그가 특별한 의미에서 '가장 거룩한 자'이십니다. 특별한 의미에서 '기름 부음 받은 자'이십니다. 특별한 의미에서 '그리스도'이십니다.

xiv, 1. 데리고 예수께로 오니, 예수께서 보시고 가라사대, '네가 요한의 아들 시몬이니, 장차 게바라 하리라' 하시니라. (게바는 번역하면 베드로라) (요 1:42).

베드로에 대해 누구의 아들인지를 주님이 말씀하신 것은 중요한 일이 아닙니다. 주님께는 무엇이 중요한 일입니까? 주님은 당신의 성도들의 이름을 다 아셨습니다. 주님은 그들을 창세 전에 예정하셨습니다. 어느 한 사람에게 다음과 같이 말씀하셨다 해서, 놀라운 일로 생각됩니까?

> 너는 아무개의 아들이다. 너는 장차 이런 이름으로 불릴 것이다.

주님이 그의 이름을 바꾸어 주신 것, 시몬을 베드로로 만들어 주신 것 – 이것은 엄청난 일입니다. 그런데 베드로는 petra(= '반석')에서 왔고, 반석은 교회를 의미합니다. 그러므로 '베드로'라는 이름은 교회를 표상(表象)합니다. '반석 위에'(마 7:24) 집을 지은 자 외에 누가 안전합니까? 주님 자신은 뭐라고 말씀하십니까?

xiv, 2. Quī audit verba mea haec et facit ea, similābō eum virō prūdentī, aedificantī super petram (nōn cēdit tentātiōnibus); dēscendit pluvia, vēnērunt flūmina, flāvērunt ventī, et impēgērunt in domum illam, et nōn cecidit; fundāta enim erat super petram. Quī audit verba mea et nōn facit ea (iam ūnusquisque nostrum timeat et caveat), similābō eum virō stultō, quī aedificāvit domum suam super arēnam; dēscendit pluvia, vēnērunt flūmina, flāvērunt ventī, et impēgērunt in domum illam, et cecidit; et facta est ruīna eius magna.

Quid prōdest, quia intrat Ecclēsiam, quī vult super arēnam aedificāre? Audiendō enim et nōn faciendō, aedificat quidem, sed super arēnam. Sī enim nihil audit, nihil aedificat; sī autem audit, aedificat. Sed quaerimus, ubī. Sī enim audit et facit, super petram; sī audit et nōn facit, super arēnam. Duo sunt genera aedificantium; aut super petram, aut super arēnam.

xiv, 3. Quid ergō illī, quī nōn audiunt? Sēcūrī sunt? Sēcūrōs eōs dīcit, quia nihil aedificant? Nūdī sunt sub pluviā, ante ventōs, ante flūmina; cum vēnerint ista, ante illōs tollunt, quam domōs dēiciant. Ergō ūna est sēcūritās, et aedificāre, et super petram aedificāre. Sī audīre vīs et nōn facere, aedificās; sed ruīnam aedificās; cum autem vēnerit tentātiō, dēicit domum, et cum ipsa ruīna tua tē tollit. Sī autem nōn audīs, nūdus es, illīs tentātiōnibus tū ipse traheris. Audī ergō et fac; ūnum est remedium.

xiv, 4. Quantī forte hodiē audiendō et nōn faciendō raptī sunt fluviō celebritātis huius? Audiendō enim et nōn faciendō, venit fluvius ipsa celebritās anniversāria, implētus est torrēns, trānsitūrus est et siccātūrus. Sed vae illī, quem tulerit! Illud ergō nōverit Cāritās vestra, quia nisī quis et audiat et faciat, nōn aedificat super petram; et nōn pertinet ad nōmen tam magnum, quod sīc commendāvit Dominus.

xiv, 2. 그러므로 누구든지 나의 이 말을 듣고 행하는 자는 그 집을 반석 위에 지은 지혜로운 사람 같으리니. (마 7:24) (지혜자는 시험에 들지 않습니다.) 비가 내리고, 창수가 나고, 바람이 불어, 그 집에 부딪히되, 무너지지 아니하나니, 이는, 주초를 반석 위에 놓은 연고요, 나의 이 말을 듣고 행치 아니하는 자는 그 집을 모래 위에 지은 어리석은 사람 같으리니. (마 7:25-26) (우리 각자는 두려워하고 조심해야 합니다.) 비가 내리고, 창수가 나고, 바람이 불어, 그 집에 부딪히매, 무너져, 그 무너짐이 심하니라. (마 7:27)

　모래 위에 집을 지으려 한다면, 교회에 다닌들, 무슨 유익이 있습니까? 듣기는 해도, 행하지 않으면, 짓기는 지어도, 모래 위에 짓는 것입니다. 물론, 아무것도 듣지 않으면, 아무것도 짓지 않습니다. 반면, 들으면, 짓기는 합니다. 그러나 어디에 짓는지를 물어 보십시오! 정말이지, 듣고 행해야, 반석 위에 짓게 됩니다. 듣고도 행하지 않으면, 모래 위에 짓게 됩니다. 짓는 자에는 두 종류가 있습니다. 반석 위에 짓는 자, 또는, 모래 위에 짓는 자입니다.

xiv, 3. 그러면, 듣지 않는 자들은 어떻습니까? 그들은 안전합니까? 아무것도 짓지 않으니까, 그들이 안전하다고 말씀하십니까? 그들은 비와, 바람과, 강물에 노출돼 있습니다. 이런 것들이 오면, 집을 무너뜨리기 전에 사람들을 먼저 채 갑니다. 그러므로 안전한 것은 단 하나뿐입니다. 곧, 집을 짓되, 반석 위에 집을 짓는 것 – 이 하나뿐입니다. 그대가 듣기는 원하지만, 행하지 않는다 해도, 집을 짓는 것입니다. 그러나, 무너질 집을 짓는 것입니다. 시험이 올 때, 집이 무너집니다. 그리고 그대의 집 폐허와 더불어 그대 자신도 휩쓸려 갑니다. 반면, 그대가 듣지 않으면, 그대는 벌거숭이입니다. 그 시험으로 말미암아 그대 자신이 허물어집니다. 그러니까, 듣고 행하십시오! 그것이 유일한 해결책입니다.

xiv, 4. 얼마나 많은 사람들이 오늘 필시 듣기만 하고 행하지 않음으로써, 이 축제라고 하는 강물에 휩쓸려 갔습니까? 정말이지, 듣기만 하고 행하지 않을 때, 이 연례 행사가 강물처럼 다가옵니다. 강물이 불어납니다. 휩쓸고 지나갑니다. 물이 마릅니다. 하지만, 그것에 휩쓸려 간 자는 불행합니다. 그러므로 사랑하는 여러분! 여러분은 이걸 잘 압니다. 오직 듣고 행하는 자만 반석 위에 집을 짓는 자라는 사실을 말입니다. 오직 그런 사람만 ['반석'이라는] 참으로 훌륭한 이름에 합당하게 됩니다. 주님은 그 이름을 매우 높이 평가하셨습니다.

xiv, 5. Intentum enim tē fēcit. Nam sī hoc ante Petrus vocārētur, nōn ita vidērēs mystērium petrae; et putārēs cāsū eum, sīc vocārī, nōn prōvidentiā Deī. Ideō voluit eum aliud prius vocārī, ut ex ipsā commūtātiōne nōminis, sacrāmentī vīvācitās commendārētur.

xv, 1. *Et in crāstinum voluit exīre in Galilaeam, et invenit Philippum. Dīcit eī: Sequere mē. Erat autem dē cīvitāte Andreae et Petrī. Et invenit Philippus Nathanaēlem; iam vocātus ā Dominō Philippus. Et dīxit eī: Quem scrīpsit Mōysēs in Lēge, et Prophētae, invēnimus Iēsum fīlium Ioseph.*

Eius fīlius dīcēbātur, cui dēspōnsāta erat māter eius. Nam quod eā intāctā conceptus et nātus sit, bene nōvērunt omnēs Chrīstiānī ex Ēvangeliō. Hoc Philippus dīxit Nathanaēlī; addidit et locum, ā Nazareth. Et dīxit eī Nathanaēl:

Ā Nazareth potest aliquid bonī esse.

Quid intellegitur, frātrēs? Nōn quōmodo aliquī prōnūntiant; nam et sīc solet prōnūntiārī:

Ā Nazareth potest aliquid bonī esse?

Sequitur enim vōx Philippī, et dīcit:

Venī et vidē!

xv, 2. Ambās autem prōnūntiātiōnēs potest ista vōx sequī, sīve sīc prōnūntiēs tamquam cōnfirmāns: Ā Nazareth potest aliquid bonī esse; et ille: Venī et vidē; sīve sīc dubitāns et tōtum interrogāns: Ā Nazareth potest aliquid bonī esse? Venī et vidē. Cum ergō sīve illō modō, sīve istō prōnūntiētur, nōn repūgnent verba sequentia; nostrum est quaerere, quid potius intellegāmus in hīs verbīs.

xiv, 5. 정말이지, 주님은 그대로 하여금 주목하게 하셨습니다. 베드로가 만약 이 이름을 그전부터 가지고 있었더라면, 그대는 반석의 비밀을 제대로 파악하지 못했을 것입니다. 그대는, 그가 우연히 그런 이름을 가지게 되었다고, 그것은 하나님의 섭리에 의한 것이 아니었다고 생각했을 것입니다. 그래서 베드로가 전에 다른 이름을 가지도록, 하나님이 뜻하셨던 것은, 이 개명(改名)으로 말미암아 그 비밀이 생생하게 드러나게 하시기 위해서였습니다.

xv, 1. 데리고 예수께로 오니, 예수께서 보시고, 가라사대, '네가 요한의 아들 시몬이니, 장차 게바라 하리라' 하시니라. (게바는 번역하면 베드로라.) 이튿날 예수께서 갈릴리로 나가려 하시다가, 빌립을 만나, 이르시되, '나를 좇으라' 하시니, 빌립은 안드레와 베드로와 한 동네 벳새다 사람이라. 빌립이 나다나엘을 찾아 이르되, '모세가 율법에 기록하였고, 여러 선지자가 기록한 그이를 우리가 만났으니, 요셉의 아들 나사렛 예수라'. (요 1:42-45)

그는 그의 어머니와 결혼한 요셉의 아들이라 불렸습니다. 이는, 그녀의 동정이 상하지 않은 채 잉태되어, 태어났다는 사실을 모든 크리스챤들이 복음서를 통해 잘 알고 있기 때문입니다. 빌립은 이 말을 나다나엘에게 했습니다. 빌립은 '나사렛'이라고 장소를 덧붙였습니다. 그러자 그에게 나다나엘이 말했습니다.

나사렛에서 선한 것이 날 수 있구나.

형제 여러분! 무슨 뜻입니까? 이것은, 어떤 사람들이 말하는 것과는 다릅니다. 정말이지, 어떤 사람들은 이렇게도 말합니다.

나사렛에서 무슨 선한 것이 날 수 있느냐? (개역성경 요 1:46)

빌립의 음성이 이어집니다. 빌립은 이렇게 말합니다.

와 보라! (요 1:46)

xv, 2. 그런데 '와 보라'는 말이 '나사렛에서 선한 것이 날 수 있구나'라는 긍정문 다음에 올 수도 있고, '나사렛에서 무슨 선한 것이 날 수 있느냐?'라는 의문문 다음에 올 수도 있습니다. 어떤 문장 뒤에 오든, 의미상의 모순은 발생하지 않습니다. 우리가 질문하는 것은, '어떤 문장을 선택해야 더 정확한 해석이 되느냐?' 하는 것입니다.

xvi, 1. Quālis fuerit Nathanaēl iste, in sequentibus probāmus. Audīte, quālis fuerit; Dominus ipse perhibet testimōnium. Magnus Dominus cōgnitus testimōniō Iohannis; beātus Nathanaēl cōgnitus testimōniō vēritātis. Quia Dominus etsī testimōniō Iohannis nōn commendārētur, ipse sibī perhibēbat testimōnium; quia sufficit sibī ad testimōnium suum vēritās. Sed quia vēritātem nōn poterant capere hominēs, per lucernam quaerēbant vēritātem; et ideō Iohannēs, per quem Dominus ostenderētur, missus est.

xvi, 2. Audī Dominum Nathanaēlī testimōnium perhibentem.

> Et dīxit eī Nathanaēl: Ā Nazareth potest aliquid bonī esse. Dīcit eī Philippus: Venī et vidē. Et vīdit Iēsus Nathanaēlem venientem ad sē, et dīcit dē eō: Ecce, vērē Israēlīta, in quō dolus nōn est.

Magnum testimōnium! Hoc nec Andreae dictum, nec Petrō dictum, nec Philippō, quod dictum est dē Nathanaēle:

> Ecce, vērē Israēlīta, in quō dolus nōn est.

xvii, 1. Quid ergō facimus, frātrēs? Dēbēret iste prīmus esse in Apostolīs? Nōn sōlum prīmus nōn invenītur in Apostolīs, sed nec medius, nec ultimus inter duodecim Nathanaēl est, cui tantum testimōnium perhibuit Fīlius Deī, dīcēns:

> Ecce, vērē Israēlīta, in quō dolus nōn est.

xvii, 2. Quaeritur causa? Quantum Dominus intimat, probābiliter invenīmus. Intellegere enim dēbēmus ipsum Nathanaēlem ērudītum et perītum Lēgis fuisse; proptereā nōluit illum Dominus inter discipulōs pōnere; quia idiōtās ēlēgit, unde cōnfunderet mundum. Audī Apostolum dīcentem ista: *Videte enim, inquit, vocātiōnem vestram, frātrēs, quia nōn multī potentēs, nōn multī nōbilēs; sed īnfirma mundī ēlēgit Deus, ut cōnfundat fortia; et īgnōbilia mundī et contemptibilia ēlēgit Deus, et ea, quae nōn sunt, tamquam quae sunt, ut ea, quae sunt, ēvacuentur.*

xvi, 1. 이 나다나엘이 어떤 사람이었는지를, 우리는 다음 대목을 통해 확인하게 됩니다. 그가 어떤 사람이었는지를 들어 보십시오! 주님이 친히 증거하십니다. 요한의 증거로 말미암아 주님의 위대하심이 인식되었습니다. 나다나엘의 복됨은 진리의 증거로 말미암아 인식되었습니다. 정말이지, 주님은 비록 요한의 증거로 [제대로] 전해지지 않으셨지만, 주님이 친히 자기 자신에 대해 증거하셨습니다. 왜냐하면, 진리 입장에서는 자기 자신의 증거로 충분하기 때문입니다. 그러나 사람들은 진리를 파지(把持)할 수 없었던 관계로, 등불을 가지고 진리를 찾아야 했습니다. 그리고 바로 이 때문에 요한이 파송되었고, 그를 통해 주님이 전해지셨습니다.

xvi, 2. 주님께서 나다나엘에 대해 하신 증거를 들어 보십시오!

> 46 나다나엘이 가로되, '나사렛에서 무슨 선한 것이 날 수 있느냐?'. 빌립이 가로되, '와 보라!' 하니라. 47 예수께서 나다나엘이 자기에게 오는 것을 보시고, 그를 가리켜 가라사대, '보라! 이는 참 이스라엘 사람이라. 그 속에 간사한 것이 없도다'. (요 1:46-47)

대단한 증거입니다. 이런 말씀을 안드레한테 하시지 않았습니다. 베드로한테도 안 하셨습니다. 빌립한테도 안 하셨습니다. 나다나엘한테[만] 하셨습니다.

> 보라! 이는 참 이스라엘 사람이라. 그 속에 간사한 것이 없도다.

xvii, 1. 형제 여러분! 그러면, 우리가 뭘 합니까? 이 사람이 사도들 중 첫째가 돼야 합니까? 나다나엘은 사도들 중 첫째가 아닐 뿐 아니라, 중간도 아닙니다. 열둘 중 말째도 아닙니다. 하나님의 아들이 그에게 엄청난 증거를 하셨습니다. 즉, 이렇게 말씀하셨습니다.

> 보라! 이는 참 이스라엘 사람이라. 그 속에 간사한 것이 없도다.

xvii, 2. 이유를 묻습니까? 주님이 가르쳐 주시는 범위 안에서, 우리는 개연성(蓋然性) 있는 답을 얻게 됩니다. 정말이지, 우리가 알아야 할 것은, 나다나엘이 교육을 받은 사람이고, 율법에 정통한 사람이었다는 사실입니다. 이 때문에 주님은 그를 제자로 받아 주시려 하지 않았습니다. 왜냐하면, 주님은 무식한 사람들을 택하사, 세상으로 하여금 수치를 당하게 하려 하셨기 때문입니다. 사도가 한 다음과 같은 말씀을 들어 보십시오!

> 26 형제들아, 너희를 부르심을 보라! 육체를 따라 지혜 있는 자가 많지 아니하며, 능한 자가 많지 아니하며, 문벌 좋은 자가 많지 아니하도다. 27 그러나 하나님께서 세상의 미련한 것들을 택하사, 지혜 있는 자들을 부끄럽게 하려 하시고, 세상의 약한 것들을 택하사, 강한 것들을 부끄럽게 하려 하시며, 28 하나님께서 세상의 천한 것들과, 멸시받는 것들과, 없는 것들을 택하사, 있는 것들을 폐하려 하시나니. (고전 1:26-28)

xvii, 3. Sī doctus ēligerētur, fortasse ideō sē dīceret ēlēctum, quia doctrīna eius meruit ēligī. Dominus noster Iēsus Chrīstus volēns superbōrum frangere cervīcēs, nōn quaesīvit per ōrātōrem piscātōrem; sed dē piscātōre lucrātus est imperātōrem. Magnus Cypriānus orātor, sed prior Petrus piscātor, per quem posteā crēderet nōn tantum ōrātor, sed et imperātor. Nūllus nōbilis prīmō ēlēctus est, nūllus doctus; quia īnfirma mundī ēlēgit Deus, ut cōnfunderet fortia. Erat ergō iste magnus et sine dolō; hōc sōlō nōn ēlēctus, nē cuiquam vidērētur Dominus doctōs ēlēgisse.

xvii, 4. Et ex ipsā doctrīnā Lēgis veniēbat, quod cum audīsset ā Nazareth; scrūtātus enim erat Scrīptūrās, et sciēbat, quia inde erat exspectandus Salvātor, quod nōn facile aliī Scrībae et Pharisaeī nōverant; iste ergō doctissimus Lēgis, cum audīsset Philippum dīcentem: *Invēnimus Iēsum, quem scrīpsit Mōysēs in Lege, et Prophētae, ā Nazareth, filium Ioseph*; ille, quī optime Scrīptūrās nōverat, audītō nōmine Nazareth, ērēctus est in spem, et dīxit:

A Nazareth potest aliquid bonī esse.

xviii, 1. Iam cētera dē ipsō videāmus:

Ecce, vērē Israēlīta, in quō dolus nōn est.

Quid est, in quō dolus nōn est? Forte nōn habēbat peccātum? Forte nōn erat aeger? Forte illī medicus nōn erat necessārius? Absit. Nēmō hīc sīc nātus est, ut illō medicō nōn egēret. Quid sibī ergō vult, in quō dolus nōn est? Aliquantō intentius quaerāmus; appārēbit modo in nōmine Dominī.

xvii, 3. 만약 유식자(有識者)가 선택을 받았다면, 그는 필시, 그의 학식이 선택받을 만하기 때문에, 자기가 선택을 받은 것이라고 말할 것입니다. 우리 주 예수 그리스도는 교만한 자들의 목을 꺾기 원하셨기 때문에, 변사(辯士)를 통해 어부를 찾지 않으시고, 어부를 통해 황제를 얻으셨습니다. 변사 퀴프리안(Cyprian)은 위대했습니다. 하지만 그 이전에 어부 베드로가 있었습니다. 베드로를 통해 나중에 변사뿐 아니라, 황제도 믿게 되었습니다. 귀족이 처음에 택함을 받은 일이 전혀 없습니다. 학자도 아닙니다. 이는, 하나님이 '세상의 약한 것들을 택하사, 강한 것들을 부끄럽게 하려' 하셨기 때문입니다. 그러므로 나다나엘이 위대하고, '그 속에 간사한 것이' (요 1:47) 없는 사람이었지만, 그가 택함을 받지 못한 것은 오직 이것 때문입니다. 곧, 주님이 학자들을 택하셨다는 생각을 하는 사람이 아무도 없게 하기 위해서였습니다.

xvii, 4. 그리고 그가 '나사렛'이라는 말을 들었을 때 [긍정적 반응을 보인 것은,] 그의 율법 지식 때문이었습니다. 그는 율법을 궁구(窮究)하였고, 나사렛에서 구세주가 출현하실 것을 알았습니다. 다른 서기관들과 바리새인들은 이 사실을 알기가 쉽지 않았지만 말입니다. 여하간, 나다나엘은 율법에 정통하였는데, 빌립의 다음과 같은 말을 들었습니다.

> 모세가 율법에 기록하였고, 여러 선지자가 기록한 그이를 우리가 만났으니, 요셉의 아들 나사렛 예수니라. (요 1:46)

율법을 매우 잘 알았던 나다나엘은 '나사렛'이라는 지명을 듣자, 희망을 가지고 일어섰습니다. 그리고 말했습니다.

> 나사렛에서 선한 것이 날 수 있구나.

xviii, 1. 이제 나다나엘의 다른 면을 살펴보십시다!

> 보라! 이는 참 이스라엘 사람이라. 그 속에 간사한 것이 없도다. (요 1:47)

'그 속에 간사한 것이 없다'는 말이 무슨 뜻입니까? 혹시 죄가 없다는 뜻일까요? 혹시 병들지 않았다는 뜻일까요? 혹시 그에게는 의사가 필요 없다는 뜻일까요? 전혀 그렇지 않습니다. 이 세상에 태어난 사람 중에는 아무도, 의사가 필요 없는 사람이 없습니다. 그러면, '그 속에 간사한 것이 없다'는 말이 무슨 뜻일까요? 좀 더 면밀하게 살펴보십시다! 이제 주님의 이름에서 밝혀질 것 같습니다.

xviii, 2. Dolum dīcit Dominus; et omnis, quī verba Latīna intellegit, scit, quia dolus est, cum aliud agitur et aliud fingitur. Intendat Cāritās vestra. Nōn dolus dolor est; propterea dīcō, quia multī frātrēs imperītiōrēs latīnitātis loquuntur sīc, ut dīcant: Dolus illum torquet, pro eō, quod est dolor. Dolus fraus est, simulātiō est. Quandō aliquis aliquid in corde tegit, et aliud loquitur, dolus est, et tamquam duo corda habet; ūnum quasi sinum cordis habet, ubī videt vēritātem; et alterum sinum, ubī concipit mendācium. Et ut nōveritis hunc esse dolum, dictum est in Psalmīs: *Labia dolōsa*. Quid est: *Labia dolōsa*? Sequitur:

In corde et corde locuti sunt mala.

Quid est: *In corde et corde*; nisī duplicī corde?

xviii, 3. Sī ergō dolus in istō nōn erat, sānābilem illum medicus iūdicāvit, nōn sānum. Aliud est enim sānus, aliud sānābilis, aliud īnsānābilis; quī aegrōtat cum spē, sānābilis dīcitur; quī aegrōtat cum dēspērātiōne, īnsānābilis; quī autem iam sānus est, nōn eget medicō. Medicus ergō, quī vēnerat sānāre, vīdit istum sānābilem, quia dolus in illō nōn erat.

xviii, 4. Quōmodo dolus in illō nōn erat? Sī peccātor est, fatētur sē peccātōrem. Sī enim peccātor est, et iūstum sē dīcit; dolus est in ōre ipsīus. Ergō in Nathanaēle cōnfessiōnem peccātī laudāvit, nōn iūdicāvit nōn esse peccātōrem.

xviii, 2. 주님은 dolus(= '간사한')라는 단어를 사용하셨습니다. 라틴어를 아는 사람이라면, 누구나, 체하는 것과 다르게 행동하는 것에 대해 dolus라는 단어를 사용한다는 걸 압니다. 사랑하는 여러분, 주목해 주십시오! dolus는 dolor(= '고통')가 아닙니다. 내가 이런 말을 하는 것은, 라틴어에 익숙하지 않은 형제들이 dolus를 고통을 주는 것이라고 말합니다. 고통은 dolor인데 말입니다. dolus는 기만이고, 위장입니다. 누가 마음속에 감추고 있는 것과 다른 것을 말하는 것이 dolus입니다. 그 사람은 마치 두 마음을 가진 것과 같습니다. 마음에 마치 구석 같은 것이 하나 있어서, 거기에서는 진리를 봅니다. 그리고 다른 구석에서는 거짓을 지어냅니다. 그리고 이것이 dolus라는 걸 여러분으로 하여금 알게 하기 위해서 시 12:2에 labia dolosa(= '간사한 입술')이라는 말이 나옵니다. labia dolosa가 무엇입니까? 다음과 같은 말이 이어집니다.

두 마음으로 말하는도다.

'두 마음으로'라는 말이 무엇입니까? '갈라진 마음' 아닙니까?

xviii, 3. 그러므로 나다나엘 속에 간사한 것이 없었다면, 의사는 그를 치유 가능하다 판단한 것이지, 건강하다 판단한 것이 아닙니다. 이는, 건강한 것과 치유 가능한 것이 다르기 때문입니다. 병들었지만, 가망이 있는 자를 치유 가능하다고 합니다. 병들었는데, 가망이 없는 자는 치유 불가능하다고 합니다. 하지만 이미 건강한 자에게는 의사가 필요하지 않습니다. 그러므로 치유하려고 온 의사가 그를 치유 가능하다고 본 것은, 그에게 간사한 것이 없었기 때문입니다.

xviii, 4. 어떻게 그에게 간사한 것이 없었습니까? 죄인이라면, 자기가 죄인인 것을 고백합니다. 죄인인데, 자기를 의롭다고 말한다면, 그의 입술에 간사함이 있습니다. 그러므로 [주님은,] 나다나엘이 죄를 고백한 것을 칭찬하신 것이지, 그가 죄인이 아니라고 판단하신 것이 아닙니다.

xix, 1. Proptereā cum Pharisaeī, quī sibī vidēbantur iūstī, reprehenderent Dominum, quia miscēbātur aegrōtīs medicus, et dīcerent: *Ecce, cum quibus mandūcat, cum pūblicānīs et peccātōribus*; respondit medicus phrenēticīs:

Nōn est opus sānīs medicus, sed male habentibus; nōn vēnī vocāre iūstōs, sed peccātōrēs.

Hoc est dīcere:

Quia vōs iūstōs dīcitis, cum sītis peccātōrēs, sānōs vōs iūdicātis, cum langueātis, medicīnam repellitis, nōn sānitātem tenētis.

Unde ille Pharisaeus, quī vocāverat Dominum ad prandium, sānus sibī vidēbātur; aegrōta autem illa mulier irrūpit in domum, quō nōn erat invītāta, et dēsīderiō salūtis facta impudēns, accessit, nōn ad caput Dominī, nōn ad manūs, sed ad pedēs; lāvit eōs lacrymīs, tersit capillīs, ōsculāta est eōs, ūnxit unguentō, pācem fēcit cum vestīgiīs Dominī peccātrīx.

xix, 2. Reprehendit ille tamquam sānus medicum, ille Pharisaeus, quī illīc discumbēbat; et ait apud se:

Hic sī esset prophēta, scīret, quae mulier illī pedēs tetigisset.

Ideō autem suspicātus erat eum īgnōrāsse, quia nōn illam repulit, quasi nē immundīs manibus tangerētur; nōverat autem ille, permīsit sē tangī, ut tāctus ipse sānāret.

xix, 1. 자기를 의롭다고 여긴 바리새인들이 주님을 비난한 이유는, 주님이 의사로서 병자들과 상종하셨기 때문입니다. 그들은 이렇게 말했습니다.

어찌하여 세리와 죄인들과 함께 먹는가? (막 2:16)

주님은 의사로서 그 미치광이들에게 이렇게 대답하셨습니다.

건강한 자에게는 의원이 쓸데없고, 병든 자에게라야 쓸데있느니라. 내가 의인을 부르러 온 것이 아니요, 죄인을 부르러 왔노라. (막 2:17)

이 말씀은 이런 뜻입니다.

너희는 죄인이면서도, 너희 자신을 의인이라고 한다. 너희는 병약하면서도, 너희 자신을 건강하다고 생각한다. 너희는 의사를 거부하는데, 건강을 유지하지 못한다.

그래서 주님을 식사에 초대했던 바인새인은 자기 자신을 건강하다 생각했습니다. 그런데 병든 여인이 그 집으로 뛰어 들어왔습니다. 그녀는 초대를 받지 않았지만, 구원받을 욕심에 부끄러움을 잊었습니다. 그녀는 머리 쪽으로 다가가지 않았습니다. 손 쪽으로[도] 다가가지 않았습니다. 도리어 발 쪽으로 다가갔습니다. 발을 눈물로 씻겨 드렸습니다. 머리털로 닦아 드렸습니다. 기름을 발라 드렸습니다. 주님의 발자국과 평화를 맺었습니다. 죄인이었던 여인이 말입니다.

xix, 2. 그 바리새인은, 자기가 건강한 자라도 되는 것처럼, 의사를 비난했습니다. 거기 식탁에 [함께] 앉아 있던 자 말입니다. 그는 속으로 이렇게 말했습니다.

이 사람이 만일 선지자더면, 자기를 만지는 이 여자가 누구며, 어떠한 자, 곧, 죄인인 줄을 알았으리라. (눅 7:39)

그는, 주님이 자기 생각을 모르실 거라 생각했습니다. 이는, 주님이, 당신을 만지는 그녀의 손이, 흡사 더러운 손이라도 되는 것처럼, 그녀를 물리치지 않으셨기 때문입니다. 그러나 주님은 아셨습니다. 그녀가 당신을 만지는 걸 허락하셨습니다. 이는, 바로 그 만짐으로 말미암아 그녀가 치유되게 하기 위함이었습니다.

xix, 3. Dominus vidēns cor Pharisaeī, prōposuit similitūdinem:

> Duo dēbitōrēs erant cuidam fēnerātōrī; ūnus eī dēbēbat quīnquāgintā dēnāriōs, alter quīngentōs; cum nōn habērent, unde redderent, dōnāvit ambōbus; quis eum plūs dīlēxit? Et ille: Crēdō, Domine, cui plūs dōnāvit. Et conversus ad mulierem, dīxit Simōnī: Vidēs istam mulierem? Intrāvī in domum tuam, aquam mihī ad pedēs nōn dedistī; illa autem lacrymīs lāvit pedēs meōs, et capillīs suīs tersit; ōsculum mihī nōn dedistī; illa nōn dēstitit pedēs meōs ōsculārī; oleum mihī nōn dedistī; illa pedēs meōs ūnxit unguentō. Proptereā dīcō tibī; dīmittuntur eī peccāta multa, quoniam dīlēxit multum; cui autem modicum dīmittitur, modicum dīligit.

Hoc est dīcere:

> Plūs aegrōtās, sed sānum tē putās; modicum putās tibī dīmittī, cum plūs dēbitor sīs. Bene ista, quia dolus in illa nōn erat, meruit medicīnam.

Quid est, dolus in illā nōn erat? Cōnfitēbātur peccāta.

xix, 4. Hoc et laudat in Nathanaēle, quod dolus in illō nōn erat; quia multī Pharisaeī, quī abundābant peccātīs, iūstōs sē dīcēbant, et dolum afferēbant, per quem sānārī nōn poterant.

xx, 1. Vīdit ergō iam istum, in quō dolus nōn erat et ait:

> Ecce, vērē Israēlīta, in quō dolus nōn est.

Dīcit eī Nathanaēl:

> Unde mē nōstī?

Respondit Iēsus et dīxit:

> Priusquam tē Philippus vocāret, cum essēs sub ficū, vīdī tē; id est, sub arbore fīcī.

Respondit eī Nathanaēl et ait:

> Rabbi, tū es Fīlius Deī, tū es rēx Israel.

xix, 3. 주님은 그 바리새인의 마음을 아시고, 비유를 말씀해 주셨습니다.

> 41 빚 주는 사람에게 빚진 자가 둘이 있어, 하나는 오백 데나리온을 졌고, 하나는 오십 데나리온을 졌는데, 42 갚을 것이 없으므로, 둘 다 탕감하여 주었으니, 둘 중에 누가 저를 더 사랑하겠느냐? 43 시몬이 대답하여 가로되, 제 생각에는, 많이 탕감함을 받은 자니이다. 가라사대, 네 판단이 옳다 하시고, 44 여자를 돌아보시며, 시몬에게 이르시되, 이 여자를 보느냐? 내가 네 집에 들어오매, 너는 내게 발 씻을 물도 주지 아니하였으되, 이 여자는 눈물로 내 발을 적시고, 그 머리털로 씻었으며, 45 너는 내게 입맞치 아니하였으되, 저는 내가 들어올 때로부터 내 발에 입맞추기를 그치지 아니하였으며, 46 너는 내 머리에 감람유도 붓지 아니하였으되, 저는 향유를 내 발에 부었느니라. 47 이러므로 내가 네게 말하노니, 저의 많은 죄가 사하여졌도다. 이는, 저의 사랑함이 많음이라. 사함을 받은 일이 적은 자는 적게 사랑하느니라. (눅 7:41-47)

이 말씀의 의미는 이렇습니다.

> 너의 병이 더 중하지만, 너는 너 자신을 건강하다 여기고 있다. 너는 더 큰 빚쟁이이면서도, 적게 탕감받았다고 생각한다.

그 여인은 칭찬받을 만합니다. 이는, 그녀한테는 간사한 것이 없었기 때문입니다. 그녀는 치료약을 받기에 합당했습니다. 그녀한테는 간사한 것이 없었다는 말이 무슨 뜻입니까? 그녀가 죄를 고백했다는 뜻입니다.

xix, 4. 주님이 나다나엘을 칭찬하시는 것도 이 때문입니다. 곧, 그에게는 간사한 것이 없었기 때문입니다. 정말이지, 많은 바리새인들은, 죄가 넘쳐났습니다. 그런데 그들은 스스로를 의롭다고 하였습니다. 그들은 간사함에 빠져 있었습니다. 그래서 치유를 받을 수 없었습니다.

xx, 1. 그러므로 주님은 그 속에 간사한 것이 없는 그 사람을 이미 보셨습니다. 그래서 말씀하셨습니다.

> 보라! 이는 참 이스라엘 사람이라. 그 속에 간사한 것이 없도다. (요 1:47)

나다나엘이 말했습니다.

> 어떻게 나를 아시나이까? (요 1:48a)

예수께서 대답하여 말씀하셨습니다.

> 빌립이 너를 부르기 전에, 네가 무화과나무 아래 있을 때에 보았노라. (요 1:48b)

나다나엘이 대답했습니다.

> 랍비여! 당신은 하나님의 아들이시요, 당신은 이스라엘의 임금이로소이다. (요 1:49)

xx, 2. Aliquid magnum potuit Nathanaël iste intellegere, in eō, quod dictum est:

> Cum essēs sub fīcī arbore, vīdī tē, priusquam tē Philippus vocāret.

Nam tālem vōcem prōtulit: *Tū es Fīlius Deī, tū es rēx Israel*; quālem tantō post Petrus, quandō eī Dominus ait:

> Beātus es Simon Bar Iona, quia nōn tibī revēlāvit carō et sanguis, sed Pater meus, quī est in caelō.

Et ibī nōmināvit petram et laudāvit firmāmentum Ecclēsiae in istā fidē. Hic iam dīcit:

> Tū es Fīlius Deī, tū es rēx Israel.

Unde? Quia dictum est eī:

> Antequam tē Philippus vocāret, cum essēs sub arbore fīcī, vīdī tē.

xxi, 1. Quaerendum est, an aliquid sīgnificet ista arbor fīcī. Audīte enim, frātrēs meī:

> Invenīmus arborem fīcī maledictam, quia sōla folia habuit, et frūctum nōn habuit.

In orīgine hūmānī generis Adam et Eva cum peccāssent, dē foliīs fīculneīs succīnctōria sibī fēcērunt; folia ergō fīculnea intelleguntur peccāta. Erat autem Nathanaël sub arbore fīcī, tamquam sub umbrā mortis. Vīdit eum Dominus, dē quō dictum est:

> Quī sedēbant sub umbrā mortis, lūmen ortum est eīs.

Quid ergō dictum est Nathanaēlī?

> Dīcis mihī, ō Nathanaël: Unde mē nōstī? Modo iam loqueris mēcum, quia vocāvit tē Philippus.

Iam quem vocāvit per apostolum, ad Ecclēsiam suam vīdit pertinēre.

> Ō tū Ecclēsia, ō tū Israēl, in quō dolus nōn est.

Sī es populus Israēl, in quō dolus nōn est, modo iam cōgnōvistī Chrīstum per Apostolōs, quōmodo Nathanaēl cōgnōvit Chrīstum per Philippum.

xx, 2. 이 나다나엘은 다음 말씀에서 무슨 큰 것을 깨달을 수 있었습니다.

빌립이 너를 부르기 전에, 네가 무화과나무 아래 있을 때에 보았노라. (요 1:48b)

이는, 그가 이런 말을 했기 때문입니다.

랍비여! 당신은 하나님의 아들이시요, 당신은 이스라엘의 임금이로소이다. (요 1:49)

이 말은, 한참 후에 주님이 베드로에게 다음과 같은 말씀을 하셨을 때, 베드로가 한 말과 같습니다.

바요나 시몬아, 네가 복이 있도다. 이를 네게 알게 한 이는 혈육이 아니요, 하늘에 계신 내 아버지시니라. (마 16:17)

그리고 이때 주님은 [베드로를] '반석'이라 명명하셨습니다. 그리고 이 믿음 안에 있는 교회의 기초석을 칭송하셨습니다. 오늘 본문에서 나다나엘은 이렇게 말합니다.

당신은 하나님의 아들이시요, 당신은 이스라엘의 임금이로소이다.

어째서 이런 말을 합니까? 이는, 주님이 그에게 이렇게 말씀하셨기 때문입니다.

빌립이 너를 부르기 전에, 네가 무화과나무 아래 있을 때에 보았노라.

xxi, 1. 우리가 궁구(窮究)해야 할 것은, '무화과나무가 무슨 의미를 지니는가?' 하는 것입니다. 나의 형제 여러분, 들어 보십시오!

길가에서 한 무화과나무를 보시고, 그리로 가사, 잎사귀밖에 아무것도 얻지 못하시고, 나무에게 이르시되, '이제부터 영원토록 네게 열매가 맺지 못하리라' 하시니 무화과나무가 곧 마른지라. (마 21:19)

인류의 역사 초기에 아담과 하와가 죄를 지은 다음 무화과나무 잎으로 '치마를'(창 3:7) 만들었습니다. 그러므로 무화과나무 잎은 죄를 의미합니다. 하지만 나다나엘은 무화과나무 아래 있었습니다. 그는 마치 사망의 그늘에 앉아 있는 것 같았습니다. 주님이 그를 보셨습니다. 다음 말씀은 그에게 해당합니다.

사망의 그늘진 땅에 거하던 자에게 빛이 비취도다. (사 9:2)

그러면, 나다나엘에게 [주님은] 무슨 말씀을 하셨습니까?

오호, 나다나엘아! '어떻게 나를 아시나이까?'(요 1:48)라고 묻느냐? 네가 지금 벌써 나하고 이야기하고 있는 것은, 빌립이 너를 불렀기 때문이다.

주님은, 사도를 통해 부르신 그 사람이 당신의 교회에 속해 있다는 사실을 벌써 알고 계셨습니다.

오, 너 교회여! 오, 너 이스라엘이여! 네 속에는 간사한 것이 없도다.

그대가 만약, 속에 간사한 것이 없는 이스라엘 백성이라면, 나다나엘이 빌립을 통해 그리스도를 알게 되었던 것처럼, 그대는 사도들을 통해 그리스도를 알게 되었을 것입니다.

xxi, 2. Sed misericordiā suā ante tē vīdit, quam tū eum cōgnōscerēs, cum sub peccātō iacērēs. Numquid enim nōs prius quaesīvimus Chrīstum, et nōn ille nōs quaesīvit? Numquid nōs vēnimus aegrōtī ad medicum, et nōn medicus ad aegrōtōs? Nōnne ovis illa perierat, et relictīs nōnāgintā novem pāstor quaesīvit illam et invēnit, quam laetus in humerīs reportāvit? Nōnne perierat drachma illa, et accendit mulier lucernam, et quaesīvit in tōtā domō suā, dōnec invēnit? Et cum invēnisset: *Collaetāminī mihī*, ait vīcīnīs suīs, *quia invēnī drachmam, quam perdideram*. Sīc et nōs sīcut ovis perierāmus, et sīcut drachma perierāmus; et pāstor noster invēnit ovem, sed quaesīvit ovem; mulier invēnit drachmam, sed quaesīvit drachmam.

xxi, 3. Quae est mulier? Carō Chrīstī. Quae est lucerna?

Parāvī lucernam Chrīstō meō.

Ergō quaesītī sumus, ut invenīrēmur; inventī loquimur. Nōn superbiāmus, quia antequam invenīrēmur, perierāmus, sī nōn quaererēmur. Nōn ergō nōbīs dīcant, quōs amāmus et volumus lucrārī pācī Ecclēsiae catholicae:

Quid nōs vultis? Quid nōs quaeritis, sī peccātōrēs sumus?

Ideō vōs quaerimus, nē pereātīs; quaerimus, quia quaesītī sumus; invenīre vōs volumus, quia inventī sumus.

xxii, 1. Itaque Nathanaēl cum dīxisset: *Unde mē nōstī?*, ait illī Dominus:

Priusquam tē vocāret Philippus, cum essēs sub arbore fīcī, vīdī tē.

Ō tū Israēl sine dolō, quisquis es, ō popule vīvēns ex fidē, antequam tē per Apostolōs meōs vocārem, cum essēs sub umbrā mortis et tū mē nōn vidērēs, egō tē vīdī.

xxi, 2. 하지만 그의 자비는, 그대가 그를 알아보기 전에, 그대가 죄 가운데 누워 있을 때, 먼저 그대를 알아보았습니다. 우리가 정녕 먼저 그리스도를 찾은 것이지, 그는 우리를 찾지 않으신 것입니까? 우리가 병이 들어 의사를 찾아간 것이지, 의사가 우리에게 찾아온 것이 아니란 말입니까? 양이 길을 잃었을 때, 목자는 아흔 아홉 마리를 놓아두고 그 양을 찾아나섰고, 찾게 되니까, 기뻐하며 어깨에 메고 온 것이 아니란 말입니까? (눅 15:4-7) 드라크마를 잃은 여인이 등불을 켜고, 온 집안을 샅샅이 뒤져, 결국 찾아낸 것이 아니란 말입니까? (눅 15:8-9)

또 찾은즉, 벗과 이웃을 불러 모으고 말하되, '나와 함께 즐기자! 잃은 드라크마를 찾았노라'. (눅 15:9)

이렇게 우리도 양처럼 길을 잃었습니다. 드라크마처럼 잃은 바 되었습니다. 우리 목자께서 양을 찾아내셨습니다. 하지만 그는 [먼저] 양을 찾아나섰습니다. 여인이 드라크마를 찾아냈습니다. 하지만 그녀는 [먼저] 드라크마를 찾기 위해 노력했습니다.

xxi, 3. 여자는 무엇을 가리킵니까? 그리스도의 육신을 가리킵니다. 등불은 무엇을 가리킵니까?

내가 내 기름 부은 자를 위하여 등을 예비하였도다. (시 132:17)

그러므로 우리를 찾으신 것은, 우리를 발견하시기 위함이었습니다. 우리가 발견되었기 때문에, [이런] 말을 하는 것입니다. 우리는 교만하지 맙시다! 왜냐하면, 우리가 발견되기 전에, [주님이] 찾아 주시지 않았다면, 우리는 잃은 바 된 자들이었을 것이기 때문입니다. 그러므로 우리가 사랑하는 사람들, 우리가 보편교회의 평화를 위해 얻기를 원하는 사람들은 우리한테 이런 말을 해서는 안 될 것입니다.

그대들이 우리에게 바라는 것이 무엇입니까? 우리가 죄인이라면, 그대들이 우리를 찾는 이유가 무엇입니까?

우리가 그대들을 찾는 것은, 그대들의 멸망을 바라지 않기 때문입니다. 우리들이 [그대들을] 찾아 나선 것은, [주님이] 우리를 찾으셨기 때문입니다. 우리가 그대들을 발견하기 원하는 것은, [주님이] 우리들을 발견하셨기 때문입니다.

xxii, 1. 그러므로 나다나엘이 "어떻게 나를 아시나이까?"(요 1:48)라고 묻자, 주님이 그에게 이렇게 말씀하셨습니다.

빌립이 너를 부르기 전에, 네가 무화과나무 아래 있을 때에, 보았노라. (요 1:48)

아, 너 간사함이 없는 이스라엘이여! 아, 믿음으로 사는 백성이여! 네가 누구든지, 사도들을 통해 내가 너를 부르기 전에, 네가 사망의 그늘에 앉아 있을 때에, 네가 나를 보지 않고 있을 때에, 내가 너를 보았노라.

xxii, 2. *Dominus deinde dīcit eī: Quia dīxī tibī: Vīdī tē sub arbore fīcī, crēdis? Māius hīs vidēbis.* Quid est hoc, *māius hīs vidēbis?* Et dīcit eī:

Āmēn, āmēn dīcō vōbīs, vidēbitis caelum apertum, et Angelōs ascendentēs et dēscendentēs super Fīlium hominis.

xxii, 3. Frātrēs, nesciō, quid māius dīxī, quam est, *sub arbore fīcī vīdī tē.* Plūs enim est, quod nōs Dominus vocātōs iūstificāvit, quam quod vīdit iacentēs sub umbrā mortis. Quid enim nōbīs prōderat, sī ibī remānsissēmus, ubī nōs vīdit? Numquid nōn iacērēmus? Quid est hoc māius? Quandō vīdimus Angelōs ascendentēs et dēscendentēs super Fīlium hominis?

xxiii, 1. Iam aliquandō dē hīs ascendentibus et dēscendentibus Angelīs dīxeram; sed nē oblītī fueritis, breviter dīcō tamquam commemorāns; plūribus enim dīcerem, sī nōn commemorārem, sed modo īnsinuārem.

xxiii, 2. Scālās vīdit Iacob per somnium, et in ipsīs scālīs vīdit Angelōs ascendentēs et dēscendentēs; et lapidem, quem sibī posuerat ad caput, ūnxit. Audīstis, quia Messīās Chrīstus est, audīstis, quia ūnctus Chrīstus est. Nōn enim sīc posuit lapidem ūnctum, ut venīret et adōrāret; aliōquīn īdōlolatria esset, nōn sīgnificātiō Chrīstī. Facta est ergō sīgnificātiō, quō ūsque oportuit fierī sīgnificātiōnem, et sīgnificātus est Chrīstus. Lapis ūnctus, sed nōn in īdōlum. Lapis ūnctus; lapis quārē?

Ecce, pōnō in Sion lapidem ēlēctum, pretiōsum, et quī crēdiderit in illum, nōn cōnfundētur. Quārē ūnctus? Quia Chrīstus ā chrīsmate.

xxii, 2. 주님이 이어서 그에게 말씀하셨습니다.

> 내가 너를 무화과나무 아래서 보았다 하므로 믿느냐? 이보다 더 큰 일을 보리라. (요 1:50)

"이보다 더 큰 일을 보리라"는 말씀이 무슨 뜻입니까? 주님은 또 그에게 말씀하셨습니다.

> 진실로 진실로 너희에게 이르노니, 하늘이 열리고, 하나님의 사자들이 인자 위에 오르락내리락하는 것을 보리라. (요 1:51)

xxii, 3. 형제 여러분! 나는, 그게 뭔지는 몰라도, '무화과나무 아래서' 본 것보다 더 큰 일에 대해 이야기했습니다. 왜냐하면, 우리가 사망의 그늘 아래 있는 것을 주님이 보신 것보다, 그가 우리를 부르사, 의롭다 해 주신 것이 더 큰 일이기 때문입니다. 그가 우리를 보셨던 곳에, 우리가 계속 머물러 있었다면, 그것이 우리에게 도대체 무슨 유익이 되었겠습니까? 우리가 [거기 계속] 누워 있을 것 아닙니까? 무엇이 이것보다 더 큰 일입니까? 우리는 언제 천사들이 '인자 위에 오르락 내리락하는 것을' 보았습니까?

xxiii, 1. 나는 이미 옛날에 이 '오르락내리락하는' 천사들에 대해 이야기한 적이 있습니다. 그러나 여러분의 기억을 돕기 위해 간략하게 언급하겠습니다. 만약 내가 [예전에] 언급한 적이 없이, 지금 막 시작하는 것이라면, 좀 더 자세하게 이야기해야 할 것입니다.

xxiii, 2. 야곱은 꿈에 사닥다리를 보았습니다. 그리고 천사들이 '그 위에서 오르락내리락'(창 28:12)하는 것을 보았습니다. 그리고 베개하였던 돌 '위에 기름을'(창 28:18) 부었습니다. 여러분이 들었던 대로, 메시야는 그리스도입니다. 여러분이 들었던 대로, 기름 부음을 받은 자가 그리스도입니다. 야곱이 '돌을 가져 기둥으로 세우고, 그 위에 기름을'(창 28:18) 부은 것은, [거기에] 가서 경배하기 위함이 아니었습니다. 만약 그랬다면, 그것은 우상숭배였을 것이고, 그리스도의 표상이 아니었을 것입니다. 그러므로 그것은 표상이 되어, 그것이 성취될 때까지 표상 역할을 해야 했습니다. 그리고 그것은 그리스도를 표상하였습니다. 돌 위에 기름이 부어졌지만, 우상이 되지 않았습니다. 돌 위에 기름을 부었습니다. 무엇 때문에 돌입니까?

> 보라! 내가 택한 보배롭고 요긴한 모퉁이 돌을 시온에 두노니, 저를 믿는 자는 부끄러움을 당치 아니하리라. (벧전 2:6)

무엇 때문에 기름이 부었습니까? 왜냐하면, '그리스도'라는 말이 chrisma(= '기름 부음')에서 유래하였기 때문입니다.

xxiii, 3. Quid autem vīdit tunc in scālīs? Ascendentēs et dēscendentēs Angelōs. Sīc est et Ecclēsia, frātrēs; Angeli Deī, bonī praedicātōrēs, praedicantēs Chrīstum; hoc est, super Fīlium hominis ascendunt et dēscendunt. Quōmodo ascendunt, et quōmodo dēscendunt? Ex ūnō habēmus exemplum; audī apostolum Paulum; quod in ipsō invēnerimus, hoc dē cēterīs vēritātis praedicātōribus crēdāmus.

xxiii, 4. Vidē Paulum ascendentem:

> Sciō hominem in Chrīstō ante annōs quattuordecim raptum fuisse ūsque in tertium caelum, sīve in corpore, sīve extrā corpus nesciō, Deus scit; et audīsse ineffābilia verba, quae nōn licet hominī loquī.

Ascendentem audīstis, dēscendentem audīte.

> Nōn potuī loquī vōbīs quasi spīritālibus, sed quasi carnālibus; quasi parvulīs in Chrīstō lac vōbīs pōtum dedī, nōn ēscam.

Ecce, dēscendit, quī ascenderat. Quaere, quō ascenderat. Ūsque in tertium caelum. Quaere, quō dēscenderit. Ūsque ad lac parvulīs dandum. Audī, quia dēscendit: Factus sum parvulus, inquit, in mediō vestrum, tamquam sī nūtrīx foveat fīliōs suōs.

xxiii, 5. Vidēmus enim et nūtrīcēs et mātrēs dēscendere ad parvulōs; et sī nōrunt Latīna verba dīcere, dēcurtant illa, et quassant quōdammodo linguam suam, ut possint dē linguā disertā fierī blandīmenta puerīlia; quia sī sīc dīcant, nōn audit īnfāns, sed nec prōficit īnfāns. Et disertus aliquis pater, sī sit tantus ōrātor, ut lingua illīus fora concrepent, et tribūnālia concutiantur; sī habeat parvulum fīlium, cum ad domum redierit, sēpōnit forēnsem ēloquentiam, quō ascenderat, et linguā puerīlī dēscendit ad parvulum.

xxiii, 3. 그런데 야곱은 당시 사닥다리에서 무엇을 보았습니까? 오르락내리락하는 천사들을 보았습니다. 형제 여러분! 교회도 마찬가집니다. 하나님의 천사들은 그리스도를 전하는 선한 설교자들을 가리킵니다. 그러니까, 이들이 인자의 위를 오르락내리락합니다. 어떻게 올라가고, 어떻게 내려옵니까? 한 사람을 예로 들겠습니다. 사도 바울의 말을 들어 보십시오! 그에게서 듣는 것을, 진리를 전하는 다른 설교자들에게 적용할 수 있습니다.

xxiii, 4. 바울이 올라가는 걸 보십시오!

> 3 내가 이런 사람을 아노니, (그가 몸 안에 있었는지, 몸 밖에 있었는지, 나는 모르거니와, 하나님은 아시느니라.) 4 그가 낙원으로 이끌려 가서, 말할 수 없는 말을 들었으니, 사람이 가히 이르지 못할 말이로다. (고후 12:3-4)

여러분은, 그가 올라가는 것에 대해 들으셨습니다. 내려오는 것에 대해 들으십시오!

> 1 형제들아! 내가 신령한 자들을 대함과 같이 너희에게 말할 수 없어서, 육신에 속한 자, 곧, 그리스도 안에서 어린아이들을 대함과 같이 하노라. 2 내가 너희를 젖으로 먹이고, 밥으로 아니하였노니, [이는 너희가 감당치 못하였음이거니와, 지금도 못하리라.] (고전 3:1-2)

보십시오! 올라간 자가 내려왔습니다. 어디로 올라갔는지 물으십시오! '셋째 하늘에'(고후 12:2)까지 올라갔습니다. 어디로 내려왔는지 물으십시오! 어린아이들에게 젖은 주는 데까지 내려왔습니다. 그가 내려온 것에 대해 들어 보십시오!

> 오직 우리가 너희 가운데서 유순한 자 되어, 유모가 자기 자녀를 기름과 같이 하였으니. (살전 2:7)

xxiii, 5. 그러니까, 우리가 보는 대로, 유모와 어머니는 어린아이 수준까지 내려갑니다. 그리고 만약 라틴어를 할 줄 안다면, 말을 짧게 합니다. 그리고 어떤 식으로든 자기 혀를 떱니다. 그래서 세련된 말을 어린애 같은 말로 바꿉니다. 왜냐하면, 세련된 말을 하면, 어린아이가 못 알아 듣고, [결국] 진보를 이루지 못하기 때문입니다. 그리고 어떤 언변 좋은 아버지가 있다 할 때, 이 사람은 엄청난 웅변가여서, 광장에서는 사자후(獅子吼)를 발하면서 연단을 뒤흔들지만, 그에게 어린 아들이 있다 할 때, 집으로 돌아가서는, 광장에서 발휘하던 언변은 내려놓고, 어린아이의 혀를 사용하면서 어린아이 수준으로 내려갑니다.

xxiii, 6. Audī ūnō locō ipsum Apostolum ascendentem et dēscendentem, in ūnā sententiā: *Sīve enim*, inquit, *mente excessimus, Deō: sīve temperantēs sumus, vōbīs.* Quid est, *mente excessimus, Deō?* Ut illa videāmus, quae nōn licet hominī loquī. Quid est, *temperantēs sumus, vōbīs?* Numquid iūdicāvī mē aliquid scīre inter vōs, nisī Iēsum Chrīstum, et hunc crucifīxum? Sī ipse Dominus ascendit et dēscendit; manifestum est, quia et praedicātōrēs ipsīus ascendunt imitātiōne, dēscendunt praedicātiōne.

xxiv. Et sī aliquantō vōs diutius tenuimus, cōnsiliī fuit, ut importūnae hōrae trānsīrent; arbitrāmur iam illōs perēgisse vānitātem suam. Nōs autem, frātrēs, quandō pāstī sumus epulīs salūtāribus, quae restant, agāmus, ut diem dominicum solemniter impleāmus in gaudiīs spīritālibus, et comparēmus gaudia vēritātis cum gaudiīs vānitātis. Et sī horrēmus, doleāmus; sī dolēmus, ōrēmus; sī ōrāmus, exaudiāmur; sī exaudīmur, et illōs lucrāmur.

xxiii, 6. 사도 자신이 어떻게 올라가고 내려가는지를 [성경] 한 대목에 있는 한 문장을 통해 들어 보십시오!

> 우리가 만일 미쳤어도, 하나님을 위한 것이요, 만일 정신이 온전하여도, 너희를 위한 것이니. (고후 5:13)

'미쳤어도, 하나님을 위한 것'이라는 말을 한 이유는 무엇입니까? '사람이 가히 이르지 못할 말' (고후 12:4)에 대해 우리로 하여금 깨닫게 하기 위해서입니다. '정신이 온전하여도, 너희를 위한 것'이라는 말을 한 이유는 무엇입니까?

> 내가 너희 중에서 예수 그리스도와 그의 십자가에 못 박히신 것 외에는 아무것도 알지 아니하기로 작정하였음이라. (고전 2:2)

주님이 친히 올라가시고 내려오셨다면, 분명한 것은 이것입니다. 그를 전하는 자들도 [그를] 닮는 것을 통해 올라간다는 것이고, [그를] 전하는 것을 통해 내려온다는 것입니다.

xxiv. 그리고 만약 우리가 여러분을 좀 오래 붙들어 두었다면, 그것은, 불편한 시간을 흘려보내기 위해서였습니다. 우리 생각으로는, 세상 사람들이 벌써 허탄한 축제를 다 마쳤을 것입니다. 형제 여러분, 우리는 신령한 양식을 먹었습니다. 그러니, 오늘 이 주일의 남은 시간을 신령한 기쁨으로 채우도록 하십시다! 그리고 진리의 기쁨을 허탄한 기쁨과 비교해 보십시다! 그리고 우리에게 만약 두려움이 있다면, 괴로워하십시다. 괴로우면, 기도하십시다! 기도하면, 들어 주실 것입니다. 들어 주시면, 우리가 그들을 [= 세상 사람들을] 얻을 것입니다.

TRACTATUS VIII.

Ioh. 2, 1-5.

1 Et diē tertiā nuptiae factae in Canā Galiaeae; et erat māter Iēsū ibī. 2 Vocātus est autem et Iēsūs, et discipulī eius ad nuptiās. 3 Et dēficiente vīnō, dīcit māter Iēsū ad eum: Vīnum nōn habent. 4 Et dīcit eī Iēsūs: Quid mihī et tibī, mulier? Nōndum vēnit hōra mea.

i, 1. Mīrāculum quidem Dominī nostri Iēsū Chrīstī, quō dē aquā vīnum fēcit, nōn est mīrum eīs, quī nōvērunt, quia Deus fēcit. Ipse enim fēcit vīnum illō diē in nuptiīs in sex illīs hydriīs, quās implērī aquā praecēpit, quī omnī annō facit hoc in vītibus. Sīcut enim quod mīsērunt ministrī in hydriās, in vīnum conversum est opere Dominī; sīc et quod nūbēs fundunt, in vīnum convertitur eiusdem opere Dominī. Illud autem nōn mīrāmur, quia omnī annō fit; assiduitāte āmīsit admīrātiōnem. Nam et cōnsīderātiōnem māiōrem invenit, quam id, quod factum est in hydriīs aquae.

I, 2. Quis est enim, quī cōnsīderat opera Deī, quibus regitur et administrātur tōtus hic mundus, et nōn obstupēscit obruiturque mīraculīs? Sī cōnsīderet vim ūnīus grānī, cuiuslibet sēminis, magna quaedam rēs est, horror est cōnsīderantī. Sed quia hominēs in aliud intentī perdidērunt cōnsīderātiōnem operum Deī, in quā darent laudem cotīdiē Creātōrī; tamquam servāvit sibī Deus inūsitāta quaedam, quae faceret, ut tamquam dormientēs hominēs, ad sē colendum mīrābilius excitāret. Mortuus resurrēxit, mīrātī sunt hominēs; tot cotīdiē nāscuntur, et nēmō mīrātur. Sī cōnsīderēmus prūdentius, māiōris mīrāculī est esse, quī nōn erat, quam revīvīscere, quī erat.

제8강

요 2:1-4

1 사흘 되던 날에 갈릴리 가나에 혼인이 있어 예수의 어머니도 거기 계시고 2 예수와 그 제자들도 혼인에 청함을 받았더니 3 포도주가 모자란지라 예수의 어머니가 예수에게 이르되 저희에게 포도주가 없다 하니 4 예수께서 가라사대 여자여 나와 무슨 상관이 있나이까 내 때가 아직 이르지 못하였나이다

i, 1. 우리 주 예수 그리스도께서 물로 포도주를 만드신 기적은, 그것을 하나님이 하셨다는 사실을 아는 사람들에게는 분명히 놀라운 일이 아닙니다. 정말이지, 그는 그날 결혼식 때 여섯 항아리에 '물을 채우라'(요 2:7) 하시고, [물로] 포도주를 만드셨습니다. 그는 매년 포도나무 가지를 통해 이 일을 하십니다. 정말이지, 종들이 항아리에 채운 것이 주님의 역사(役事)로 말미암아 포도주로 변한 것처럼, 구름에서 쏟아진 비가 동일한 주님의 역사로 말미암아 포도주로 변합니다. 그러나 이 일이 매년 일어나는 관계로, 우리한테는 놀랍게 느껴지지 않습니다. 계속 반복되기 때문에 경이로움이 사라졌습니다. 그러나 이것은 항아리에서 물이 포도주로 변한 것보다 더 면밀하게 살펴보아야 할 일입니다.

i, 2. 이 세상 전체를 다스리시고 섭리하시는 하나님의 역사를 생각할 때, 기적으로 말미암아 경탄하지 않는 자, 압도당하지 않는 자가 도대체 어디 있습니까? 곡식 알 하나, 아니 씨앗 하나의 힘을 바라본다면, 그것은 엄청난 것이고, 바라보는 자에게 무서움이 되는 것입니다. 그러나 사람들이 다른 것을 주목하다가 하나님의 사역 바라보는 일에 실패합니다. 이 일을 하면서 창조주께 매일 찬양을 올려 드려야 하는데도 말입니다. 이런 이유로 하나님은, 그가 하시는 일 중 몇 가지 특별한 일을 당신 자신에게만 유보시켜 놓으셨습니다. 이는, 마치 잠자는 자와 같은 사람들을 일깨우사, 좀 더 큰 경이로움을 느끼면서 그를 당신 자신을 섬기게 하기 위해서입니다. 죽은 사람이 부활했을 때, 사람들은 놀랐습니다. 매일 수많은 아이들이 태어나도, 놀라는 사람이 전혀 없습니다. 우리가 좀 더 깊이 생각한다면, 전에 존재하지 않던 자가 존재하게 되는 것이, 전에 존재하던 자가 다시 살아나는 것보다 더 큰 기적인데도 말입니다.

i, 3. Īdem tamen Deus Pater Dominī nostrī Iēsū Chrīstī per Verbum suum facit omnia haec, et regit, quī creāvit. Priōra mīrācula fēcit per Verbum suum Deum apud sē; posteriōra mīrācula fēcit per ipsum Verbum suum, incarnātum, et propter nōs hominem factum. Sīcut mīrāmur, quae facta sunt per hominem Iēsum, mīrēmur, quae facta sunt per Deum Iēsum.

i, 4. Per Deum Iēsum facta sunt caelum et terra, mare, et omnis ornātus caelī, opulentia terrae, fēcunditas maris; omnia haec, quae oculīs adiacent, per Iēsūm Deum facta sunt. Et vidēmus haec, et sī est in nōbīs Spīritus ipsīus, sīc nōbīs placent, ut artifex laudētur; nōn ut ad opera conversī ab artifice āvertāmur, et faciem quōdammodo pōnentēs ad ea, quae fēcit, dorsum pōnāmus ad eum, quī fēcit.

ii, 1. Et haec quidem vidēmus, et adiacent oculīs. Quid illa, quae nōn vidēmus, sīcut sunt Angelī, Virtūtēs, Potestātēs, Dominātiōnēs, omnisque habitātor fabricae huius supercaelestis, nōn adiacēns oculīs nostrīs? Quamquam saepe et Angelī, quandō oportuit, dēmōnstrāvērunt sē hominibus. Nōnne Deus et per Verbum suum, id est, ūnicum Fīlium suum Dominum nostrum Iēsūm Chrīstum fēcit haec omnia?

ii, 2. Quid ipsa anima hūmāna, quae nōn vidētur, et per opera, quae exhibet in carne, magnam praebet admīrātiōnem bene cōnsīderantibus, ā quō facta est, nisī ā Deō? Et per quem facta est, nisī per Fīlium Deī? Nōndum dīcō dē animā hominis.

Cuiusvīs pecoris anima quōmodo regit mōlem suam! Sēnsūs omnēs exserit, oculōs ad videndum, aurēs ad audiendum, nārēs ad percipiendum odōrem, ōris iūdicium ad saporēs discernendōs, membra dēnique ipsa ad peragenda officia sua. Numquid haec corpus, et nōn anima, id est, habitātrīx corporis agit? Nec tamen vidētur oculīs, et ex hīs, quae agit, admīrātiōnem movet.

i, 3. 그렇지만 우리 주 예수 그리스도의 아버지이신 바로 그 하나님이 당신의 말씀으로 이 모든 것을 행하십니다. 창조하신 분이 다스리시는 것입니다. 이전의 기적은, 그가 당신의 말씀을 통하여, 곧, 당신과 함께 계신 하나님을 통하여 행하셨습니다. 나중의 기적은, 그가 당신의 말씀, 곧, 성육신하신 말씀, 우리를 위하여 인간이 되신 말씀을 통하여 행하셨습니다. 인간 예수를 통하여 행해진 일에 대해 우리가 놀라는 것처럼, 하나님이신 예수를 통하여 행해진 일에 대해서도 우리가 놀라는 것이 당연합니다.

i, 4. 하나님이신 예수를 통해 천지와 바다, 하늘의 모든 장식, 땅의 풍요로움, 바다의 비옥함이 만들어졌습니다. 우리 눈앞에 놓인, 이 모든 것이 다 하나님이신 예수를 통해 만들어졌습니다. 그리고 우리가 이것들을 봅니다. 만약 우리에게 그의 영이 거한다면, 우리가 그것들로 말미암아 즐거워하면서도, 창조주를 찬양할 것입니다. 창조주에게서 떠나, 피조물로 향하지 않을 것입니다. 말하자면, 얼굴은 피조물에게로 향하고, 등은 창조주에게로 돌리는 일을 하지 않을 것입니다.

ii, 1. 그런데 정말이지, 이것들을 우리가 보고 있고, 이것들이 우리 눈앞에 있습니다. 우리 눈에 보이지 않는 것들, 예를 들어, 천사들, 능력들, 권세들, 주관들 등 하늘을 초월한 세계의 이 모든 거주자들은 어떻습니까? 이것들은 우리 눈앞에 없는데 말입니다. 물론, 천사들 역시 필요할 때는 사람들에게 나타났습니다. 이 모든 것들 역시 하나님이 당신의 말씀을 통해, 다시 말해, 당신의 독생자 우리 주 예수 그리스도를 통해 만드시지 않았단 말입니까?

ii, 2. 인간의 영혼은 어떻습니까? 이것은 보이지 않지만, 육신을 통해 나타내는 그 사역(事役)을 통해 엄청난 경탄을 자아냅니다. 제대로 바라보는 자들이라면, 놀랄 수밖에 없습니다. [그런데,] 인간의 영혼을 하나님 외에 누가 만들었단 말입니까? 그리고 하나님의 아들로 말미암아 만들어지지 않았다면, 누구를 통해 만들어졌단 말입니까? 나는 인간의 영혼에 대해서는 나중에 말하겠습니다.
　　그 어떤 짐승이든, 짐승의 혼이 자기 몸뚱이를 얼마나 [잘] 어거(馭車)하는지요! 모든 감관(感官)을 다 동원합니다. 눈은 보는 데 쓰고, 귀는 듣는 데 쓰고, 코는 냄새 맡는 데 쓰고, 입의 미각(味覺)은 맛을 보는 데 씁니다. 그러니까, 모든 지체가 다, 그 역할이 있습니다. 이런 일을 육신이 하는 것입니까? 육신에 거하는 혼이 하는 것이 아니란 말입니까? 그런데 [짐승의 혼은] 눈에 보이지 않지만, 그 하는 일을 통해 경탄을 자아냅니다.

ii, 3. Accēdat iam cōnsīderātiō tua etiam ad animam hūmānam, cui tribuit Deus intellēctum cōgnōscendī Creātōrem suum, dīgnōscendī et distinguendī inter bonum et malum, hoc est, inter iūstum et iniūstum. Quanta agit per corpus! Attendite ūniversum orbem terrārum ōrdinātum in ipsā hūmānā rē pūblicā. Quibus administrātiōnibus, quibus ōrdinibus potestātum, conditiōnibus cīvitātum, lēgibus, mōribus, artibus! Hoc tōtum per animam geritur, et haec vīs animae nōn vidētur.

Cum subtrahitur corporī, cadāver iacet; cum autem adest corporī, prīmō condit quōdammodo putōrēs. Corruptibilis est enim omnis carō, in putrēdinēs dēfluit, nisī quōdam condīmentō animae teneātur. Sed hoc commūne illī est cum pecoris animā.

Illa magis mīranda, quae dīxī, quae ad mentem et intellēctum pertinent; ubī etiam ad imāginem Creātōris suī renovātur, ad cuius imāginem factus est homō.

ii, 4. Quid erit haec vīs animae, cum et corpus hoc induerit incorruptiōnem, et mortāle hoc induerit immortālitātem? Sī tanta potest per carnem corruptibilem, quid poterit per corpus spīritāle post resurrēctiōnem mortuōrum? Haec tamen anima, ut dīxī, admīrābilis nātūrae atque substantiae, invīsibilis rēs est et intellegibilis; et haec tamen per Iēsum Deum facta est, quia ipse est Verbum Deī. Omnia per ipsum facta sunt, et sine ipsō factum est nihil.

iii, 1. Cum ergō tanta videāmus facta per Deum Iēsum, quid mīrāmur aquam in vīnum conversam per hominem Iēsum? Neque enim sīc factus est homō, ut perderet, quod Deus erat. Accessit illī homō, nōn āmissus est Deus. Ipse ergō fēcit hoc, quī illa omnia.

ii, 3. 이제 인간의 영혼에 대해서도 생각해 보십시다! 하나님은 인간에게 지력(知力)을 주사, 자기의 창조주를 인식할 수 있게 하셨습니다. 또 선과 악, 다시 말해, 의와 불의를 구별 내지 분간할 수 있게 하셨습니다. 육신을 통해서는 얼마나 엄청난 일을 하는지요? 온 세상에 펼쳐진 인간의 사회 질서를 보십시오! 행정 조직이 어떻게 돼 있는지, 정치 시스템이 어떻게 돼 있는지, 여러 성읍들이 어떤 상태에 있는지, 법률과, 관습과, 예술은 어떠한지를 보십시오! 이 모든 것이 영혼에 의해 움직여지고 있습니다. 그러나 영혼의 이런 힘은 눈에 보이지 않습니다.

　　육신에서 영혼을 제거한다면, 시체만 남을 것입니다. 반면, 육신에 영혼이 더해지면, 후패 (朽敗)할 것에 마치 조미료가 일단 첨가되는 것처럼 됩니다. 이는, 모든 육신이 후패하기 때문입니다. 즉, 영혼이라는 조미료에 의해 지탱되지 않으면, 쇠락하여 후패하기 때문입니다. 그러나 이것은, 인간의 영혼이 짐승의 혼과 공통적으로 가지고 있는 것입니다.

　　내가 [이미] 말했지만, 더 경탄해 할 것은 영 및 지력(知力)과 관련됩니다. 이것이 있기 때문에, 인간은 자기의 창조주의 형상으로 새롭게 바뀌게 됩니다. 인간은 창조주의 형상대로 지음을 받았습니다.

ii, 4. '이 썩을 것이 썩지 아니함을 입고, 이 죽을 것이 죽지 아니함을 입을 때'(고전 15:54), 영혼의 이런 능력은 어떠하겠습니까? 썩을 육신을 통해서도 이처럼 큰 일을 할 수 있다면, 죽은 자들의 부활 후 영적인 몸을 통해서는 얼마나 큰 일을 할 수 있겠습니까? 하지만 이 영혼은, 내가 [이미] 말한 대로, 놀라운 본성 및 본질을 지닌, 불가시적(不可視的)인 것, 영적인 것입니다. 그렇지만, 이것은 하나님이신 예수를 통해 만들어졌습니다. 왜냐하면, 그는 하나님의 로고스이시기 때문입니다.

　　만물이 그로 말미암아 지은 바 되었으니, 지은 것이 하나도 그가 없이는 된 것이 없느니라. (요 1:3)

iii, 1. 그러므로 우리가 보는 대로, 하나님이신 예수를 통해 이같이 엄청난 일들이 행해졌다면, 인간 예수를 통해 물이 포도주로 변한 것을 두고 우리가 놀랄 일이 무엇입니까? 정말이지, 그는 사람이 되셨지만, 신성(神性)을 잃지 않으셨습니다. 인성(人性)이 신성에 더해진 것이지, 신성을 잃은 것이 아닙니다. 그러니까, 이 모든 일을 행하신 분이, [물을 포도주로 만드는] 이 일도 행하셨습니다.

iii, 2. Nōn itaque mīrēmur, quia Deus fēcit; sed amēmus, quia inter nōs fēcit et propter nostram reparātiōnem fēcit. Aliquid enim et in ipsīs factīs innuit nōbīs. Putō, quia nōn sine causā vēnit ad nuptiās. Exceptō mīrāculō, aliquid in ipsō factō mystēriī et sacrāmentī latet. Pulsēmus, ut aperiat, et dē vīnō invīsibilī inēbriet nōs; quia et nōs aqua erāmus, et vīnum nōs fēcit, sapientēs nōs fēcit.

iii, 3. Sapimus enim fidem ipsīus, quī prius īnsipientēs erāmus. Et forte ad ipsam sapientiam pertinet, cum honōre Deī, et cum laude māiestātis eius, et cum cāritāte potentissimae misericordiae eius intellegere, quid sit gestum in hōc mīrāculō.

iv, 1. Dominus invītātus ad nuptiās vēnit. Quid mīrum sī in illam domum ad nuptiās vēnit, quī in hunc mundum ad nuptiās vēnit? Sī enim nōn vēnit ad nuptiās, nōn hīc habet spōnsam. Et quid est, quod ait Apostolus: *Aptāvī vōs ūnī virō, virginem castam exhibēre Chrīstō?* Quid est, quod timet, nē virginitās spōnsae Chrīstī per astūtiam diabolī corrumpātur? *Timeō*, inquit, *nē sīcut serpēns Evam sēdūxit astūtiā suā, sīc et vestrae mentēs corrumpantur ā simplicitāte et castitāte, quae est in Chrīstō.*

iv, 2. Habet ergō hīc spōnsam, quam redēmit sanguine suō, et cui pignus dedit Spīritum Sānctum. Ēruit eam dē mancipātū diabolī; mortuus est propter dēlicta eius, resurrēxit propter iūstificātiōnem eius. Quis offeret tanta spōnsae suae? Offerant hominēs quaelibet ōrnāmenta terrārum; aurum, argentum, lapidēs pretiōsōs, equōs, mancipia, fundōs, praedia. Numquid aliquis offeret sanguinem suum? Sī enim sanguinem suum spōnsae dederit, nōn erit, quī dūcat uxōrem. Dominus autem sēcūrus moriēns, dedit sanguinem suum prō eā, quam resurgēns habēret, quam sibī iam coniūnxerat in uterō Virginis.

iii, 2. 그러므로 하나님이 이 일을 행하신 것을 두고 놀라지 마십시다! 도리어 그가 이 일을 우리 가운데서 행하셨고, 우리를 새롭게 하시기 위해 행하셨다는 사실로 말미암아 [그를] 사랑하십시다! 정말이지, 그는 이런 일들을 통해 우리에게 무슨 사인(sign)을 주십니다. 내가 믿기로, 주님은 [아무] 이유도 없이 혼인 잔치에 가시지 않았습니다. 그 일 자체에는 기적말고도 무슨 신비와 표상(表象)이 숨어 있습니다. [문을] 두드리십시다! 그러면, 열어 주실 것입니다. 보이지 않는 포도주로 우리를 취하게 하실 것입니다. 이는, 우리도 물이었는데, 그가 포도주로 만들어 주셨고, 우리를 맛깔나는 자들로 만들어 주셨기 때문입니다.

iii, 3. 정말이지, 우리는 전에 미련한 자들었는데, 그를 믿는 믿음을 맛보게 되었습니다. 그리고 하나님께 영광을 돌리는 중에, 그의 위대하심을 찬송하는 중에, 그의 지극히 능력 있는 자비를 사랑하는 중에 우리가 이 기적을 통해 행해진 것을 깨닫는 것이 필시 지혜에 속할 것입니다.

iv, 1. 주님은 초대를 받아 그 혼인 예식에 가셨습니다. 그 집에 가신 것이 혼인 예식 때문이었다면, 그가 이 세상에 혼인 예식을 위해 오신 것에 대해 놀랄 것이 무엇입니까? 정말이지, 그가 만약 혼인 예식을 위해 오신 것이 아니라면, 이 세상에 그의 신부가 없었을 것입니다. 그런데 사도가 다음과 같은 말을 한 것은 무슨 뜻입니까?

> 내가 너희를 정결한 처녀로 한 남편인 그리스도께 드리려고 중매함이로다. (고후 11:2)

마귀의 간계로 그리스도의 신부가 깨끗함에서 떠나 부패할까 두려워한다는 말은 무슨 뜻입니까? 사도는 이렇게 말합니다.

> 뱀이 그 간계로 이와를 미혹케 한 것 같이, 너희 마음이 그리스도를 향하는 진실함과 깨끗함에서 떠나, 부패할까 두려워하노라. (고후 11:3)

iv, 2. 그러므로 이곳에는 그가 당신의 피로 속량(贖良)하신 신부가 있습니다. 그녀에게 그가 '보증으로 성령을'(고후 1:22) 주셨습니다. 그가 그녀를 마귀의 종살이에서 해방시켜 주셨습니다.

> 예수는 우리 범죄함을 위하여 내어 줌이 되고, 또한 우리를 의롭다 하심을 위하여 살아나셨느니라. (롬 4:25)

누가 이같이 엄청난 것을 자기 신부에게 줍니까? 사람들은 땅의 온갖 장식품을 줄 수 있습니다. 금, 은, 보석, 말, 노예, 토지, 농장 [등등]. [하지만,] 자기 피를 [다] 주는 사람이 과연 있을까요? 왜냐하면, 자기 피를 만약 신부에게 [다] 주고 나면, 살아서 신부를 맞이하지 못할 것이기 때문입니다. 그러나 주님은 죽는다 해도 안전하신 관계로, 당신의 피를 신부에게 [다] 주셨습니다. 그는 부활하사 신부를 취하셨습니다. [물론,] 그는 이미 동정녀의 태(胎)에서 신부와 결합하셨습니다.

iv, 3. Verbum enim spōnsus, et spōnsa carō hūmāna; et utrumque ūnus Fīlius Deī, et īdem fīlius hominis. Ubī factus est caput Ecclēsiae, ille uterus virginis Marīae thalamus eius, inde prōcessit tamquam spōnsus dē thalamō suō, sīcut Scrīptūra praedīxit:

Et ipse tamquam spōnsus prōcēdēns dē thalamō suō, exsultāvit ut gigās ad currendam viam.

Dē thalamō prōcessit velut spōnsus, et invītātus vēnit ad nuptiās.

v, 1. Certī sacrāmentī grātia, vidētur mātrem, dē quā spōnsus prōcessit, nōn agnōscere, et dīcere illī:

Quid mihī et tibī est, mulier? Nōndum vēnit hōra mea.

Quid est hoc? Ideōne vēnit ad nuptiās, ut docēret mātrēs contemnī? Utique ad cuius nuptiās vēnerat, ideō dūcēbat uxōrem, ut fīliōs prōcreāret; et ab eīs, quōs ut prōcreāret optābat, utique honōrārī cupiēbat: ille ergō vēnerat ad nuptiās, ut exhonōrāret mātrem, cum propter fīliōs habendōs, quibus reddere honōrem parentibus imperat Deus, ipsae nuptiae celebrentur, et dūcantur uxōrēs?

v, 2. Procul dubiō, frātrēs, latet ibī aliquid. Nam tanta rēs est, ut quīdam, quōs cavendōs praemonuit Apostolus, sīcut suprā commemorāvimus, dīcēns: *Timeō, nē sīcut serpēns Evam sēdūxit astūtiā suā, sīc et vestrae mentēs corrumpantur ā simplicitāte et castitāte, quae est in Chrīstō*, dērogantēs Ēvangeliō, et dīcentēs, quod Iēsūs nōn sit nātus dē Marīā Virgine, hinc argūmentum sūmere cōnārentur errōris suī, ut dīcerent: Quōmodo erat māter eius, cui dīxit:

Quid mihī et tibī est, mulier?

Respondendum ergō est eīs, et disserendum, quārē hoc dīxerit Dominus; nē sibī aliquid adversus sānam fidem īnsānientēs invēnisse videantur, unde spōnsae virginis castitās corrumpātur, id est, unde fidēs Ecclēsiae violētur.

iv, 3. 로고스는 신랑이고, 인간의 육신은 신부입니다. 그리고 둘 다 하나님의 독생자이며, 이와 동시에 인자(人子)입니다. 그가 교회의 머리가 되실 때, 동정녀 마리아의 태(胎)가 그의 신방(新房)이 되었습니다. 거기에서 그는, 마치 신랑이 자기 신방에서 나오는 것처럼 나왔습니다. 이것은, 성경이 예언한 것과 같습니다.

> 해는 그 방에서 나오는 신랑과 같고, 그 길을 달리기 기뻐하는 장사 같아서. (시 19:5)

그는 마치 신랑처럼 신방에서 나오셨습니다. 그리고 초대를 받자, 혼인 예식에 가셨습니다.

v, 1. 신랑이 어머니한테서 나왔는데, 어머니를 인정하지 않는 것처럼 보이는 것, 그래서 그녀에게 이렇게 말하는 것은 확실히 신비에 속한 일입니다.

> 여자여! 나와 무슨 상관이 있나이까? 내 때가 아직 이르지 못하였나이다. (요 2:4)

이것이 무슨 뜻일까요? 예수님이 혼인 예식에 가신 것은 어머니 멸시하는 법을 가르치기 위해서입니까? 여하간, 주님은 자녀를 낳기 위해 아내를 맞이하는 자의 혼인 예식에 참석하셨습니다. 신랑은 분명히, 자기가 낳기를 원하는 자녀들한테서 공경받기를 원했을 것입니다. 그렇다면, 주님이 혼인 예식에 가신 것이 어머니를 업신여기기 위한 것이 아니라는 것이 분명하지 않습니까? 혼인 예식을 하여, 아내를 맞이하는 것이 자녀를 얻기 위한 것이고, 자녀들에게는 하나님이 부모를 공경하라고 명하시지 않습니까?

v, 2. 형제 여러분! 여기에는 의심할 여지 없이 뭔가가 감추어져 있습니다. 이는, 이것이 엄청난 문제이기 때문입니다. 사실, 이 말씀을 근거로 복음을 훼손하는 자들이 있습니다. 이런 자들을 사도는 조심하라고 권고했습니다. 우리가 앞에서 인용했지만, 사도는 이렇게 말합니다.

> 뱀이 그 간계로 이와를 미혹케 한 것 같이, 너희 마음이 그리스도를 향하는 진실함과 깨끗함에서 떠나, 부패할까 두려워하노라. (고후 11:3)

이단자들은 이렇게 말합니다.

> 예수는 동정녀 마리아에게서 나지 않았다.

그들은 요 2:4 말씀을 자기네의 오류를 뒷받침할 근거로 삼으려 하면서, 이렇게 말합니다.

> 여자여! 나와 무슨 상관이 있나이까? 이런 말씀을 마리아에게 했는데, 어떻게 마리아가 그의 모친일 수 있느냐?

그러므로 무슨 까닭에 주님이 이런 말씀을 하셨는지를 그들에게 대답해 주고, 설명해 줄 필요가 있습니다. 그래서 [이] 불건전한 자들이 건전한 믿음에 맞서, 뭔가를 발견했다는 생각을 못하게 해야 합니다. 그것으로 그들은 동정녀인 신부의 순결을 훼손하려 합니다. 다시 말해, 교회의 신앙을 침해하려 합니다.

v, 3. Rēvērā enim, frātrēs, corrumpitur fidēs eōrum, quī praepōnunt mendācium vēritātī. Nam istī, quī videntur sīc honōrāre Chrīstum, ut negent eum carnem habuisse, nihil aliud eum quam mendācem praedicant. Quī ergō mendācium aedificant in hominibus, quid ab eīs expellunt, nisī vēritātem? Immittunt diabolum, exclūdunt Chrīstum; immittunt adulterum, exclūdunt spōnsum: paranymphī scīlicet, vel potius lēnōnēs serpentis. Ad hoc enim loquuntur, ut serpēns possideat, Chrīstus exclūdātur. Quōmodo possidet serpēns? Quandō possidet mendācium. Quandō possidet falsitās, serpēns possidet; quandō possidet vēritās, Chrīstus possidet. Ipse enim dīxit: *Egō sum vēritās*; dē illō autem dīxit:

Et in vēritāte nōn stetit, quia vēritās nōn est in eō.

v, 4. Sīc est autem vēritās Chrīstus, ut tōtum vērum accipiās in Chrīstō. Vērum Verbum, Deus aequālis Patrī, vēra anima, vēra carō, vērus homō, vērus Deus, vēra nātīvitās, vēra passiō, vēra mors, vēra resurrēctiō. Sī aliquid hōrum dīxeris falsum, intrat putrēdō, dē venēnō serpentis nāscuntur vermēs mendāciōrum, et nihil integrum remanēbit.

vi, 1. *Quid est ergō*, inquit, *quod ait Dominus: Quid mihi et tibi est, mulier?* Forte in eō, quod sequitur, ostendit nōbīs Dominus, quārē hoc dīxerit: *Nōndum*, inquit, *vēnit hōra mea.* Sīc enim ait:

Quid mihī et tibī est, mulier? Nōndum venit hōra mea.

Et hoc cūr dictum sit, requīrendum est.

v, 3. 정말이지, 형제 여러분! 거짓을 진리보다 앞세우는 사람들의 믿음은 부패합니다. 왜냐하면, 그리스도를 영화롭게 하는 척하면서, 그가 육신을 가졌다는 사실을 부인하는 자들은, 그를 거짓말쟁이 이상도 이하도 아닌 자라고 주장하는 자들이기 때문입니다. 그러니까, 사람들 속에 거짓을 심는 자들이 사람들한테서 몰아내는 것이 진리가 아니면 무엇입니까? 그들은 마귀를 집어넣고, 그리스도를 빼 갑니다. 그들은 간음자를 집어넣고, 신랑을 빼 갑니다. 즉, 들러리, 아니, 뱀 같은 뚜쟁이를 집어넣습니다. 그들이 그런 말을 하는 목적은, 뱀을 소유주로 만들고, 그리스도는 제외시키는 데 있습니다. 어떻게 뱀이 소유주가 됩니까? 거짓말이 지배할 때, 그렇게 됩니다. 거짓이 지배할 때, 뱀이 소유주가 됩니다. 진리가 지배할 때는, 그리스도가 소유주가 됩니다. 이는, 그리스도께서 이렇게 말씀하셨기 때문입니다.

> 내가 곧 길이요, 진리요, 생명이니. (요 14:6)

반면, 마귀에 대해서는 주님이 이렇게 말씀하셨습니다.

> 진리가 그 속에 없으므로, 진리에 서지 못하고. (요 8:44)

v, 4. 그런데 그리스도는 진리이기 때문에, 그대는 모든 참된 것을 그리스도께로부터 얻습니다. 그는 참된 로고스이시며, 성부와 동등된 하나님이시고, 참된 영혼이시며, 참된 육신이시고, 참된 인간이시며, 참된 하나님이시고, 참된 출생이시며, 참된 수난이시고, 참된 부활이십니다. 그대가 만약 이 중 어떤 것이라도, 거짓이라고 말한다면, 부패가 시작됩니다. 그리고 뱀의 독에서 거짓말하는 벌레들이 나와, 성한 것이라고는 전혀 남지 않게 됩니다.

vi, 1. 이렇게 말합니다.

> 그렇다면, 주님이 "여자여! 나와 무슨 상관이 있나이까?"라고 말씀하신 건 뭡니까?

필시 주님은 이어지는 말씀 속에서, 무엇 이유로 이런 말씀을 하셨는지를 밝혀 주고 계신 것 같습니다.

> 내 때가 아직 이르지 못하였나이다.

그러니까, 주님은 이렇게 말씀하셨습니다.

> 여자여! 나와 무슨 상관이 있나이까? 내 때가 아직 이르지 못하였나이다. (요 2:4)

그런데 이 말씀을 어째서 하셨는지를 궁구(窮究)해야 합니다.

vi, 2. Prius ergō hinc resistāmus haereticīs. Quid dīcit serpēns veternōsus, venēnōrum īnsībilātor et īnspīrātor antīquus? Quid dīcit?

> Nōn habuit mātrem fēminam Iēsūs.

Unde probās? *Quia dīxit*, inquit: *Quid mihī et tibī est, mulier?* Quis hoc narrāvit, ut crēdāmus, quia hoc dīxit? Quis hoc narrāvit? Nempe Iohannēs Ēvangelista.

vi, 3. At ipse Iohannēs Ēvangelista dīxit:

> Et erat ibī māter Iēsū.

Nam ita narrāvit:

> Alterā diē nuptiae factae sunt in Canā Galilaeae, et erat ibī māter Iēsū. Vēnerat autem illūc invītātus ad nuptiās cum discipulīs suīs.

Tenēmus duās sententiās ab Ēvangelistā prōlātās. Erat ibī māter Iēsū, Ēvangelista dīxit. Quid dīxerit mātrī suae Iēsūs, ipse Ēvangelista dīxit. Et quōmodo dīxit respondisse mātrī suae Iēsūm, ut prīmō dīceret: *Ait illī māter eius*, vidēte, frātrēs, ut adversus linguam serpentis mūnītam virginitātem cordis habeātis. Illīc in ipsō Ēvangeliō eō ipsō Ēvangelista narrante dīcitur: *Erat ibī māter Iēsū*; et: *Dīxit illī māter eius.*

vi, 2. 그러니까, 먼저 이 지점에서부터 이단자들에게 맞서도록 하십시다! 노쇠한 뱀이 무슨 말을 하고 있습니까? 옛날 독을 주입했던 뱀이 무슨 말을 하고 있습니까?

예수님은 여자를 어머니로 두지 않았다.

증거가 있는가? 뱀은 이렇게 말합니다.

예수님이 말씀하시기를, "여자여! 나와 무슨 상관이 있나이까?"라고 하셨기 때문이다.

누가 이런 이야기를 했기에, 우리가, 주님이 이런 말씀을 하셨다고 믿는 것입니까? 누가 이런 이야기를 했습니까? 물론, 복음서 기자 요한입니다.

vi, 3. 그런데, 복음서 기자 요한 자신은 말합니다.

예수의 어머니도 거기 계시고.

그러니까, 이렇게 이야기합니다.

1 사흘 되던 날에 갈릴리 가나에 혼인이 있어, 예수의 어머니도 거기 계시고, 2 예수와 그 제자들도 혼인에 청함을 받았더니. (요 2:1-2)

복음서 기자가 제시한 두 개의 문장을 보십시다!

예수의 어머니도 거기 계시고.

복음서 기자가 이렇게 말했습니다. 예수님이 당신의 어머니께 하신 말씀을 복음서 기자가 전했습니다.

[여자여! 나와 무슨 상관이 있나이까? (요 2:4)]

예수께서 당신의 어머니에게 어떻게 대답하셨다고 전하고 있습니까? 요한은 먼저 이렇게 전했습니다.

예수의 어머니가 예수에게 이르되, "저희에게 포도주가 없다" 하니. (요 2:3)

형제 여러분, 보십시오! 뱀의 혀에 맞서 마음의 동정(童貞)을 든든히 지키십시오! 여기 바로 그 복음서에서 같은 복음서 기자가 이야기합니다.

예수의 어머니도 거기 계시고. (요 2:1)

또 이야기합니다.

예수의 어머니가 예수에게 이르되.

Quis hoc narrāvit? Iohannēs Ēvangelista. Et quid respondit mātrī Iēsūs?

Quid mihī et tibī est, mulier?

Quis hoc narrat? Īdem ipse Iohannēs Ēvangelista.

vi, 4. O Ēvangelista fidēlissime et vērācissime, tū mihī narrās dīxisse Iēsūm:

Quid mihī et tibī est, mulier?

Cūr eī apposuistī mātrem, quam nōn agnōscit? Nam tū dīxistī, quia *ibī erat māter Iēsū*, et quia *dīxit eī māter eius*. Cūr nōn potius dīxistī: *Erat ibī Marīa*; et: *Dīxit eī Marīa*? Utrumque tū narrās, et: *Dīxit eī māter eius*; et: *Respondit eī Iēsūs: Quid mihī et tibī est, mulier?* Quārē hoc, nisī quia utrumque vērum est? Illī autem in eō volunt crēdere Ēvangelistae, quod narrat Iēsum dīxisse mātrī: *Quid mihī et tibī est, mulier?* et in eō nōlunt crēdere Ēvangelistae, quod ait: *Erat ibī māter Iēsū*; et: *Dīxit eī māter eius*.

vi, 5. Quis est autem, quī resistit serpentī et tenet vēritātem, cuius virginitās cordis nōn corrumpitur astūtiā diabolī? Quī utrumque vērum crēdit; et quia erat ibī māter Iēsū, et quia illud respondit mātrī Iēsūs. Sed sī nōndum intellegit, quemadmodum dīxerit Iēsūs: *Quid mihī et tibī est, mulier?*, interim crēdat, quod dīxerit, et quod mātrī dīxerit. Sit prīmō pietās in crēdente, et erit frūctus in intellegente.

누가 이 이야기를 합니까? 복음서 기자 요한입니다. 그러자 예수님은 어머니에게 무슨 대답을 하셨습니까?

여자여! 나와 무슨 상관이 있나이까? (요 2:4)

누가 이 이야기를 합니까? 바로 그 복음서 기자 요한입니다.

vi, 4. 아, 지극히 신실하고, 지극히 진실된 복음서 기자여! 당신은 나에게 이렇게 이야기해 주고 있습니다.

예수께서 가라사대, 여자여 나와 무슨 상관이 있나이까? (요 2:4)

예수께서 [마리아를 어머니로] 인정하지 않으셨다면, 어째서 당신은 예수님과 나란히 어머니를 언급한 것입니까? 정말이지, 당신은 이렇게 이야기합니다.

예수의 어머니도 거기 계시고. (요 2:1)

또 이야기합니다.

예수의 어머니가 예수에게 이르되. (요 2:3)

어째서 당신은 차라리 이렇게 이야기하지 않았습니까?

마리아가 거기 있었고, 마리아가 예수에게 이르되.

당신은 두 가지를 이야기합니다.

예수의 어머니가 예수에게 이르되. 예수께서 가라사대, 여자여 나와 무슨 상관이 있나이까?

둘 다가 참이 아니라면, 무엇 때문에 이런 이야기를 하는 것입니까? 그러나 그 사람들은, 예수께서 어머니께 "여자여, 나와 무슨 상관이 있나이까?"라고 말씀하셨다는 복음서 기자의 이야기는 믿으려 하면서, 복음서 기자가 '예수의 어머니도 거기' 계셨다고 이야기한 것이나, '예수의 어머니가 예수에게' 말했다고 이야기한 것에 대해서는 믿으려고 하지 않습니다.

vi, 5. 그런데 뱀한테 맞서 진리를 고수하는 자, 간악한 마귀에게 마음의 동정(童貞)을 빼앗기지 않는 자가 누구입니까? 그는, 둘 다가 참이라는 것을 믿습니다. 곧, '예수의 어머니도 거기' 계셨다는 사실이나, 예수께서 어머니에게 그런 대답을 하셨다는 사실을 다 믿습니다. 그러나 예수님이 어째서 다음과 같은 말씀을 하셨는지, 아직 이해하지 못하는 사람이 있을 수 있습니다.

여자여, 나와 무슨 상관이 있나이까? (요 2:4)

이런 사람은 우선, 그가 이런 말씀을 하셨다는 사실, 또 어머니에게 [이런 말씀을] 하셨다는 사실을 믿기 바랍니다. 믿는 자에게는 먼저 [말씀에 대한] 공경심이 있어야 하며, 그럴 때 이해라고 하는 열매가 주어질 것입니다.

vii, 1. Interrogō vōs, ō fidēlēs Chrīstiānī: Erat ibī māter Iēsū? Respondēte: Erat. Unde scītis? Respondēte: Hoc loquitur Ēvangelium. Quid respondit mātrī Iēsūs? Respondēte:

Quid mihī et tibī est, mulier? Nōndum vēnit hōra mea.

Et hoc unde scītis? Respondēte: Hoc loquitur Ēvangelium. Nūllus vōbīs corrumpat hanc fidem, sī vultis spōnsō servāre castam virginitātem. Sī autem quaeritur ā vōbīs, cūr hoc mātrī responderit; dīcat, quī intellegit; quī autem nōndum intellegit, firmissimē tamen crēdat, hoc respondisse, et tamen mātrī respondisse Iēsum. Hāc pietāte merēbitur etiam intellegere, cūr ita responderit, sī ōrandō pulset, et nōn rixandō accēdat ad ōstium vēritātis. Tantum caveat, nē dum sē putat scīre, aut ērubēscit nescīre, cūr ita responderit, cōgātur crēdere aut Ēvangelistam fuisse mentītum, quī ait: *Erat ibī māter Iēsū*; aut ipsum Chrīstum falsā morte passum propter dēlicta nostra, et falsās cicātrīcēs ostendisse *propter iūstificātiōnem nostram*; falsumque dīxisse:

Sī mānseritis in verbō meō, vērē discipulī meī estis; et cōgnōscētis vēritātem, et vēritās līberābit vōs.

vii, 2. Sī enim falsa māter, falsa carō, falsa mors, falsa vulnera passiōnis, falsae cicātrīcēs resurrēctiōnis; nōn vēritās crēdentēs in eum, sed potius falsitās līberābit. Immō vērō falsitās cēdat vēritātī, et cōnfundantur omnēs, quī propterea sē volunt vidērī vērācēs, quia Chrīstum cōnantur dēmōnstrāre fallācem; et nōlunt sibī dīcī: *Nōn vōbīs crēdimus, quia mentīminī*; cum ipsam vēritātem dīcant esse mentītam.

vii, 1. 아, 신실한 크리스챤들이여! 내가 여러분에게 묻습니다. 예수님의 어머니가 거기 있었습니까? 대답해 보십시오! 있었습니다. 여러분은 어떻게 그걸 압니까? 대답해 보십시오! 복음서가 그렇게 말씀하고 있습니다. 예수님이 어머니에게 무슨 대답을 하셨습니까? 대답해 보십시오!

여자여, 나와 무슨 상관이 있나이까? 내 때가 아직 이르지 못하였나이다. (요 2:4)

그러면, 이 사실을 어떻게 알게 되었습니까? 대답해 보십시오! 이것은 복음서에 나오는 말씀입니다. 아무도 여러분의 이 믿음을 무너뜨리지 못합니다. 여러분이 신랑을 위해 순결한 동정(童貞)을 지키기 원한다면 말입니다. 그러나 만약 여러분이, 주님이 어째서 이런 대답을 어머니에게 하셨는지를 묻는다면, 답을 아는 사람이 말해 보십시오! 하지만 아직 알지 못하는 사람은, 예수님이 이런 대답을 하셨지만, 어머니에게 하셨다는 걸 아주 굳게 믿으십시오! 이 같은 공경심이면, 어째서 이 같은 대답을 하셨는지도 알게 될 자격을 얻게 될 것입니다. 만약 기도하면서 [문을] 두드리고, 다툼이 없이 진리의 문 앞으로 나아간다면 말입니다. 조심해야 할 것은 단지 이것입니다. 곧, [주님이] 어째서 이런 대답을 하셨는지를, 자기가 안다고 여기는 경우든, 모른다고 부끄러워하는 경우든, 다음과 같은 말을 한 복음서 기자가 거짓말을 했다고 믿어서는 안 된다는 것입니다.

예수의 어머니도 거기 계시고. (요 2:1)

또는 그리스도께서 우리 죄 때문에 고난 당하신 것이, 거짓된 죽음이고, '우리를 의롭다 하심을 위하여'(롬 4:25) 부활하셨지만, 가짜 상흔(傷痕)을 보여 주신 것이라고 믿어서도 안 됩니다. 또 다음과 같은 말씀이 거짓이라고 믿어서도 안 됩니다.

31 너희가 내 말에 거하면, 참 내 제자가 되고, 32 진리를 알지니, 진리가 너희를 자유케 하리라. (요 8:31-32)

vii, 2. 정말이지, 어머니도 가짜고, 몸도 가짜고, 죽음도 가짜고, 고난의 상처도 가짜고, 부활의 상흔도 가짜라고 한다면, 그를 믿는 자들을 진리가 자유케 하는 것이 아니라, 도리어 거짓이 자유케 할 것입니다. 아닙니다. 진실로, 거짓이 진리 앞에서 물러서야 합니다. 그리스도를 거짓말쟁이로 보이게 하려고 애쓰면서도, 스스로를 진실된 자처럼 포장하려는 자들은 다 수치를 당해야 합니다. 그들은 이런 말 듣기를 싫어합니다.

우리는 너희를 믿지 않는다. 이는, 너희가 거짓말을 하기 때문이다.

그러면서 그들은, 진리가 거짓말을 했다고 주장합니다.

vii, 3. Quibus tamen sī dīcāmus:

> Unde nōstis dīxisse Chrīstum: Quid mihī et tibī est, mulier?

Ēvangeliō sē crēdidisse respondent. Cūr nōn crēdunt Ēvangeliō dīcentī: *Erat ibī māter Iēsū*; et: *Dīxit eī māter eius?* Aut sī hoc mentītur Ēvangelium, quōmodo eī crēditur, quod dīxerit Iēsūs:

> Quid mihī et tibī est, mulier?

Cūr nōn potius miserī, et quod ita nōn extrāneae, sed mātrī Dominus responderit, fidēliter crēdunt?

vii, 4. Et cūr ita responderit, piē quaerunt? Multum enim interest inter eum, quī dīcit: *Volō scīre, quārē Chrīstus hoc mātrī responderit*; et eum, quī dīcit: *Sciō, quod hoc Chrīstus nōn mātrī responderit*. Aliud est intellegere velle, quod clausum est, aliud nōlle crēdere, quod apertum est. Quī dīcit: *Scīre volō, cūr ita Chrīstus mātrī responderit, aperīrī sibī vult Ēvangelium, cui crēdit*; quī autem dīcit: *Sciō, quod hoc Chrīstus nōn mātrī responderit*, ipsum Ēvangelium arguit dē mendāciō, ubī crēdidit, quod Chrīstus ita responderit.

viii, 1. Iam ergō sī placet, frātrēs, illīs repulsīs, et in suā caecitāte errantibus semper, nisī humiliter sānentur, nōs quaerāmus, quārē Dominus noster sīc mātrī responderit. Ille singulāriter nātus dē Patre sine mātre, dē mātre sine patre; sine mātre Deus, sine patre homō; sine mātre ante tempora, sine patre in fīne temporum.

vii, 3. 그러나 만약 우리가 그들에게 "너희는 어떻게, 그리스도께서 '여자여, 나와 무슨 상관이
있나이까?'(요 2:4)라고 말씀하신 것을 아느냐?"라고 물으면, 그들은 이렇게 대답합니다.

우리는 복음서를 믿었다.

그들은 어째서 다음과 같은 복음서의 말씀은 믿지 않습니까?

예수의 어머니도 거기 계시고. (요 2:1)

예수의 어머니가 예수에게 이르되. (요 2:3)

혹시 이것을 복음서가 거짓으로 말한 것이라면, 복음서에 나오는 이 말씀은 어떻게 믿는단 말
입니까?

예수께서 가라사대, 여자여 나와 무슨 상관이 있나이까?

주님이 외간 여자에게 대답하신 것이 아니라, 어머니에게 대답하신 것을, 그 가련한 자들은
어째서 신실하게 믿지 못하는 것입니까?

vii, 4. 그리고 주님이 왜 그런 대답을 하셨는지를, 그들은 어째서 경건한 마음으로 묻지 않는 것
입니까? 정말이지, 그리스도께서 어째서 이런 대답을 모친에게 하셨는지를 알고 싶다고 말하는
사람과, 그리스도께서 이런 대답을 모친에게 하지 않으셨다는 걸 나는 안다고 말하는 사람 사이
에는 엄청난 차이가 있습니다. 비밀한 것을 알기 원하는 것과, 분명한 것을 믿지 않으려는 것은
다릅니다. 그리스도께서 어째서 이런 대답을 모친에게 하셨는지를 알고 싶다고 말하는 사람은,
자기가 믿는 복음에 대해 분명하게 알고 싶어하는 사람입니다. 반면, 그리스도께서 이런 대답을
모친에게 하지 않으셨다는 걸 나는 안다고 말하는 사람은 복음 자체를 거짓으로 매도하려는
사람입니다. 이 사람은, 그리스도께서 이런 대답을 하셨다는 것은 믿습니다.

viii, 1. 그러니까, 형제 여러분, 이제 여러분이 원하면, 그들을 물리치십시다! 그리고 겸손하게
고침을 받으려 하지 않는 한(限), 어두움 속에서 항상 헤매도록 내버려두십시다! 우리는 대신,
왜 우리 주님이 모친에게 그런 대답을 하셨는지를 궁구(窮究)하십시다. 특별히 주님은 아버지
로부터는 어머니 없이 출생하셨고, 어머니로부터는 아버지 없이 출생하셨습니다. 하나님으로
서는 어머니가 없으시고, 인간으로서는 아버지가 없으십니다. 시간 이전에는 어머니가 없으셨고,
시간의 한계 안에서는 아버지가 없으셨습니다.

Quod respondit, mātrī respondit, quia: *Erat ibī māter Iēsū*; et: *Dīxit ei māter eius.* Hoc tōtum Ēvangelium loquitur. Illīc nōvimus, quia erat ibī māter Iēsū, ubī nōvimus, quod dīxerit eī:

> Quid mihī et tibī est, mulier? Nōndum vēnit hōra mea.

Tōtum crēdāmus, et quod nōndum intellegimus, requīrāmus.

viii, 2. Et prīmum hoc vidēte, nē forte quōmodo invēnērunt Mānichaeī occāsiōnem perfidiae suae, quia dīxit Dominus: *Quid mihī et tibī est, mulier?*, sīc inveniant mathematicī occāsiōnem fallāciae suae, quia dīxit:

> Nōndum vēnit hōra mea.

Et sī hoc secundum mathematicōs dīxit, sacrilegium fēcimus incendendō cōdicēs eōrum. Sī autem rēctē fēcimus, sīcut Apostolōrum temporibus factum est; nōn secundum eōs dīxit Dominus:

> Nōndum vēnit hōra mea.

Dīcunt enim vāniloquī et sēductī sēductōrēs:

> Vidēs, quia sub fātō erat Chrīstus, quī dīcit: Nōndum vēnit hōra mea.

그가 대답하신 것은 어머니에게 대답하신 것입니다. 이는, 이런 말씀이 있기 때문입니다.

예수의 어머니도 거기 계시고. (요 2:1)

예수의 어머니가 예수에게 이르되. (요 2:3)

이 모든 것이 다 복음서의 말씀입니다. 이런 말씀을 통해 우리는, 예수님의 모친이 거기 있었다는 사실을 압니다. 복음서를 통해 주님이 모친에게 이렇게 말씀하셨다는 걸 압니다.

여자여, 나와 무슨 상관이 있나이까? 내 때가 아직 이르지 못하였나이다. (요 2:4)

우리는 이 말씀을 온전히 믿습니다. 그리고 아직 이해하지 못하는 것을 궁구하도록 하십시다!

viii, 2. 그러면, 먼저 이것을 살펴보십시다!

여자여, 나와 무슨 상관이 있나이까?

마니교도들은 주님의 이 말씀을 자기네 불신앙의 기화(奇貨)로 삼았습니다.

내 때가 아직 이르지 못하였나이다.

점성술사들은 주님의 이 말씀을 자기네 속임수의 근거로 삼습니다. 그런데 만약 주님의 이 말씀에 대한 점성술사들의 해석이 맞는 것이라면, 우리가 그들의 책들을 불태운 것은 신성모독에 해당할 것입니다. 그러나 만약 우리가 사도 시대에 그랬던 것처럼[1] 올바른 일을 한 것이라면, 주님의 다음 말씀에 대한 그들의 해석은 틀린 것입니다.

내 때가 아직 이르지 못하였나이다.

정말이지, 이 허풍선이들, 유혹받은 유혹자들은 이렇게 말합니다.

보라! "내 때가 아직 이르지 못했다"고 한 그리스도는 운명의 지배를 받고 있었다.

---

[1] 행 19:19 (= "또 마술을 행하던 많은 사람이 그 책을 모아 가지고 와서 모든 사람 앞에서 불사르니 그 책 값을 계산한즉 은 오만이나 되더라") 참조.

viii, 3. Quibus ergō prius respondendum est; haereticīs an mathematicīs? Utrīque enim ā serpente illō veniunt, volentēs corrumpere virginitātem cordis Ecclēsiae, quam habet in integrā fidē. Prīmō sī placet, eīs, quōs prōposuerāmus, quibus quidem iam ex magnā parte respondimus. Sed nē arbitrentur nōs nōn habēre, quid dīcāmus dē hīs verbīs, quae Dominus mātrī respondit, vōs magis adversus illōs īnstruimus; nam illīs refellendīs, putō, quod sufficient, quae iam dicta sunt.

ix, 1. Cūr ergō ait mātrī fīlius:

> Quid mihī et tibī est, mulier? Nōndum vēnit hōra mea.

Dominus noster Iēsūs Chrīstus, et Deus erat et homō; secundum quod Deus erat, mātrem nōn habēbat; secundum quod homō erat, habēbat. Māter ergō erat carnis, māter hūmānitātis, māter īnfirmitātis, quam suscēpit propter nōs. Mīrāculum autem, quod factūrus erat, secundum dīvīnitātem factūrus erat, nōn secundum īnfirmitātem; secundum quod Deus erat, nōn secundum quod īnfirmus nātus erat. Sed īnfirmum Deī fortius est hominibus. Mīrāculum ergō exigēbat māter; at ille tamquam nōn agnōscit vīscera hūmāna, operātūrus facta dīvīna; tamquam dīcēns:

> Quod dē me facit mīrāculum, nōn tū genuistī, dīvīnitātem meam nōn tū genuistī; sed quia genuistī īnfirmitātem meam, tunc tē cōgnōscam, cum ipsa īnfirmitās pendēbit in cruce.

Hoc est enim:

> Nōndum venit hōra mea.

Tunc enim cōgnōvit, quī utique semper nōverat.

viii, 3. 그러면, 우리가 누구한테 먼저 답변을 해야 할까요? 이단자들한텝니까? 아니면, 점성술사들한텝니까? 둘 다 그 뱀한테서 나왔습니다. 그들은 교회의 영적 동정(童貞)을 빼앗기를 원합니다. 교회는 이 동정을 온전한 믿음 속에서 간직하는데 말입니다. [여러분이] 원하시면, 먼저, 우리가 앞에 제시한 자들한테 답변을 하십시다. 물론, 그들에게는 우리가 이미 답변을 대부분 마치기는 했습니다. 그러나 주님이 모친에게 하신 말씀에 관해 우리에게 할 말이 없는 것처럼 생각하는 일이 없도록 하기 위해, 우리는 여러분에게, 그들이 싫어하는 이야기를 좀 더 하겠습니다. 왜냐하면, 그들을 논박하는 것은, 지금까지 이야기한 것으로 충분하다는 것이 나의 생각이기 때문입니다.

ix, 1. 그러면, 어째서 모친에게 아들이 이런 말을 했을까요?

> 여자여, 나와 무슨 상관이 있나이까? 내 때가 아직 이르지 못하였나이다. (요 2:4)

우리 주 예수 그리스도는 하나님이심과 동시에 인간이셨습니다. 하나님으로서는 어머니가 없었습니다. 인간으로서는 어머니가 있었습니다. 그러므로 [마리아는] 육신의 어머니였고, 인성(人性)의 어머니였고, 주님이 우리로 말미암아 취하신 연약함의 어머니였습니다. 그렇지만 주님이 행하실 기적은 신성(神性)에 의해 행하실 기적이었지, 연약한 인성에 의해 행하실 기적이 아니었습니다. 하나님으로서 행하실 기적이었지, 연약한 인간으로 태어나신 분으로서 행하실 기적이 아니었습니다. 물론, '하나님의 약한 것이 사람보다'(고전 1:25) 강합니다. 그러므로 어머니는 기적을 요구한 것입니다. 하지만 주님은 신적(神的)인 일을 행하시려 하심에 있어 마치 모친의 태(胎)를 알지 못하시는 것 같은 모습을 보이셨습니다. 그래서 마치 이렇게 말씀하시는 것 같았습니다.

> 나의 본성 중 기적을 행하는 본성을 마리아가 낳은 건 아니다. 마리아는 나의 신성을 낳지 않았다. 마리아가 낳은 것은 나의 연약한 본성이다. 나의 연약함이 십자가에 달릴 때, 나는 모친을 인정할 것이다.

"내 때가 아직 이르지 못하였나이다"는 말은 바로 이것을 의미합니다. 정말이지, 그는 항상 알고 계시던 분입니다. 하지만 그때에 [모친을] 인정할 것입니다.

ix, 2. Et antequam dē illā nātus esset, in praedēstinātiōne nōverat mātrem; et antequam ipse Deus creāret, dē quā ipse homō creārētur, nōverat mātrem; sed ad quandam hōram in mystēriō nōn agnōscit; et ad quandam hōram, quae nōndum vēnerat, in mystēriō rūrsus agnōscit. Tunc enim agnōvit, quandō illud, quod peperit moriēbātur. Nōn enim moriēbātur, per quod facta erat Marīa, sed moriēbātur, quod factum erat ex Marīā; nōn moriēbātur aeternitās dīvīnitātis, sed moriēbātur īnfirmitās carnis. Illud ergō respondit, discernēns in fidē crēdentium, quis, quā vēnerit.

ix, 3. Vēnit enim per mātrem fēminam, Deus et Dominus caelī et terrae. Secundum quod Dominus mundī, quod Dominus caelī et terrae, Dominus utique et Marīae; secundum quod creātor caelī et terrae, creātor et Marīae; secundum autem quod dictum est: Factum ex muliere, factum sub Lēge, fīlius Marīae. Ipse Dominus Marīae, ipse fīlius Marīae; ipse creātor Marīae, ipse creātus ex Marīā. Nōlī mīrārī, quia et fīlius et Dominus; sīcut enim Marīae, ita et David dictus est fīlius; et ideō David fīlius, quia Marīae fīlius. Audī Apostolum apertē dīcentem.

Quī factus est eī ex sēmine David secundum carnem.

Audī eum et Dominum David; dīcat hoc ipse David:

Dīxit Dominus Dominō meō: Sedē ad dexteram meam.

Et ipse Iēsūs hoc prōposuit Iūdaeīs, et eōs inde convīcit.

ix, 2. 그리고 그는 마리아에게서 태어나시기 전에, 예정 가운데서 모친을 알고 계셨습니다. 그리고 그는 하나님이셨으므로, 모친을 창조하시기 전에, 당신의 인성(人性)의 통로인 모친을 알고 계셨습니다. 그러나 어느 때까지는 신비 가운데서 [모친을] 인정하지 않으셨습니다. 하지만 때가 오기 전에도, 신비 가운데서 [모친을] 인정하셨습니다. 정말이지, [모친이] 낳은 것이 죽는 그때, 모친을 인정하셨습니다. 마리아를 창조한 본성은 죽지 않았습니다. 반면, 마리아를 통해 창조된 본성은 죽었습니다. 영원한 신성(神性)은 죽지 않았습니다. 반면, 연약한 육신은 죽었습니다. 그러므로 주님은 이 대답을 통해, 믿는 자들의 믿음을, 누가 오셨는지에 대한 믿음과, 누구를 통해서 오셨는지에 대한 믿음을 구별하셨습니다.

ix, 3. 이는, 그가 여자인 어머니를 통해 오셨기 때문입니다. 그는 하나님이시며, 천지의 주(主)이신데 말입니다. 세상의 주이시라는 점, 천지의 주이시라는 점 때문에 그는 당연히 마리아의 주이시기도 합니다. 천지의 창조주이시라는 점 때문에 그는 마리아의 창조주이시기도 합니다. 그러나 그는 '여자에게서' 나셨고, '율법 아래'(갈 4:4) 나셨다는 점 때문에 마리아의 아들입니다. 그는 마리아의 주이시지만, 마리아의 아들입니다. 그는 마리아의 창조주이시지만, 마리아에게서 나셨습니다. 그가 마리아의 아들임과 동시에 주이시라는 점 때문에 놀라지 마십시오! 그는 마리아의 아들이라 불리신 것처럼, 다윗의 자손이라고도 불리셨습니다. 또 그가 다윗의 자손이 되는 것은, 그가 마리아의 아들이기 때문입니다. 사도가 명확하게 하는 말을 들어 보십시오!

> 이 아들로 말하면, 육신으로는 다윗의 혈통에서 나셨고. (롬 1:3)

그가 다윗의 주로 불리는 것도 들어 보십시오! 이것은, 다윗 자신이 말합니다.

> 여호와께서 내 주에게 말씀하시기를, 내가 네 원수로 네 발등상 되게 하기까지, 너는 내 우편에 앉으라 하셨도다. (시 110:1)

이 말씀은, 예수님이 친히 유대인들에게 제시하셨습니다. 그리고 이 말씀을 통해 그들을 논박하셨습니다.[1]

---

[1] 마 22:45 (= "다윗이 그리스도를 주라 칭하였은즉 어찌 그의 자손이 되겠느냐 하시니") 참조.

ix, 4. Quōmodo ergō David et fīlius et Dominus 19; fīlius David secundum carnem, Dominus David secundum dīvīnitātem; sīc Marīae fīlius secundum carnem, et Marīae Dominus secundum māiestātem. Quia ergō nōn erat illa māter dīvīnitātis, et per dīvīnitātem futūrum erat mīrāculum, quod petēbat; respondit eī:

> Quid mihī et tibī est, mulier?

Sed nē putēs, quod tē negem mātrem: *Nōndum vēnit hōra mea*; ibī enim tē agnōscam, cum pendēre in cruce coeperit īnfirmitās, cuius māter es. Probēmus, sī vērum est.

ix, 5. Quandō passus est Dominus, sīcut īdem Ēvangelista dīcit, quī nōverat mātrem Dominī, et quī nōbīs īnsinuāvit etiam in hīs nuptiīs mātrem Dominī, ipse narrat: *Erat, inquit, illīc circā crucem māter Iēsū, et ait Iēsūs mātri suae: Mulier, ecce, fīlius tuus; et ad discipulum: Ecce, māter tua.* Commendat mātrem discipulō; commendat mātrem prior mātre moritūrus, et ante mātris mortem resurrēctūrus; commendat homō hominī hominem. Hoc pepererat Marīa. Illa hōra iam vēnerat, dē quā tunc dīxerat: Nōndum vēnit hōra mea.

ix, 4. 그러므로 그는 다윗의 자손이면서, 다윗의 주이셨습니다. 곧, 육신으로는 다윗의 자손이셨고, 신성(神性)으로는 다윗의 주이셨습니다. 이와 마찬가지로 그는 육신으로는 마리아의 아들이셨고, 위엄으로는 마리아의 주이셨습니다. 그러므로 그녀는 신성의 어머니가 아니었고, 신성으로 말미암아 그녀가 구한 기적이 일어나야 했던 관계로, 주님은 그녀에게 이렇게 말씀하신 것입니다.

여자여, 나와 무슨 상관이 있나이까?

하지만 그녀가 그의 [육신의] 어머니인 것을 그가 부인한다는 생각을 해서는 안 되기 때문에, 그는 이런 말을 했습니다.

내 때가 아직 이르지 못하였나이다.

십자가에 연약함이 달리게 될 때, 거기서 주님은 어머니를 인정할 것입니다. 그녀는 그 연약함의 어머니였습니다. 이것의 사실 여부를 증명해 보십시다!

ix, 5. 복음서 기자 [요한]은 주님의 모친을 알고 있었고, [가나의] 이 혼인 잔치 이야기에서도 우리에게 주님의 모친에 대해 알려 주었습니다. 그는 주님의 수난과 관련하여 이렇게 이야기합니다.

25 예수의 십자가 곁에는 그 모친과 이모와 글로바의 아내 마리아와 막달라 마리아가 섰는지라. 26 예수께서 그 모친과 사랑하시는 제자가 곁에 선 것을 보시고, 그 모친께 말씀하시되, '여자여, 보소서! 아들이니이다' 하시고, 27 또 그 제자에게 이르시되, '보라! 네 어머니라' 하신대, 그때부터 그 제자가 자기 집에 모시니라. (요 19:25-27)

주님은 모친을 그 제자에게 부탁하십니다. 주님은 모친보다 먼저 죽는 자로서, 또 모친의 별세 이전에 부활하실 자로서 모친을 부탁하십니다. 그는 인간으로서 인간에게 인간을 부탁하십니다. 마리아는 이 인성(人性)을 낳았습니다. 다음과 같은 말씀에 해당하는 그 시간이 그때 왔습니다.

내 때가 아직 이르지 못하였나이다. (요 2:4)

x, 1. Quantum arbitror, frātrēs, respōnsum est haereticīs; mathematicīs respondeāmus. Et ipsī unde cōnantur convincere, quia sub fātō erat Iēsūs? Quia ipse ait, inquiunt: *Nōndum vēnit hōra mea.* Ergō illī crēdimus; et sī dīxisset: *Hōram nōn habeō,* exclūsisset mathematicōs; sed ecce, inquiunt, ipse dīxit: *Nōndum vēnit hōra mea.* Sī ergō dīxisset: *Hōram nōn habeō,* exclūsisset mathematicōs, nōn esset, unde calumniārentur; nunc verō quia dīxit: *Nōndum vēnit hōra mea,* contrā ipsīus verba quid possumus dīcere?

x, 2. Mīrum est, quod mathematicī crēdendō verbīs Chrīstī, cōnantur convincere Chrīstiānōs, quod sub hōrā fātālī vīxerit Chrīstus. Crēdant ergō Chrīstō dīcentī:

> Potestātem habeō pōnendī animam meam, et iterum sūmendī eam; nēmō tollit eam ā mē, sed egō pōnō eam ā mē ipsō, et iterum sūmō eam.

Ergō nē ista potestās sub fātō est? Ostendant hominem, quī potestātem habeat, quandō moriātur, quamdiū vīvat; omnīnō nōn ostendent. Crēdant ergō Deō dīcentī:

> Potestātem habeō pōnendī animam meam, et iterum sūmendī eam.

Et quaerant, quārē sit dictum: *Nōndum vēnit hōra mea,* nec ideō iam sub fātō pōnant conditōrem caelī, creātōrem atque ōrdinātōrem sīderum. Quia sī esset fātum dē sīderibus, nōn poterat esse sub necessitāte sīderum conditor sīderum. Adde, quia nōn solum Chrīstus nōn habuit, quod appellās fātum; sed nec tū, aut egō, aut ille, aut quisquam hominum.

x, 1. 형제 여러분, 내 생각에 이단자들에 대한 답변은 된 것 같으니, 점성술사들에 대해 답변을 해 봅시다! 그런데 이들은 무슨 근거로, 예수님이 운명의 지배 하에 있다는 주장을 시도하는 것입니까? 그들은 이렇게 주장합니다.

> 예수님은 말씀하셨다. "내 때가 아직 이르지 못하였나이다". 그래서 우리는 예수님을 믿는다. 그가 만약 "나에게는 시간이 없다"고 말씀하셨다면, 점성술사들을 배제하신 것이라 할 수 있다. 그렇지만, 보라! 그는 이렇게 말씀하셨다. "내 때가 아직 이르지 못하였나이다".

그러므로 주님이 만약 "나에게는 시간이 없다"고 말씀하셔서, 점성술사들을 배제하셨다고 하면, 그들이 비방할 거리가 없어집니다. 그러나 이제 주님은 "내 때가 아직 이르지 못하였나이다"라고 말씀하셨으니, 우리가 주님 자신의 말씀에 맞서 할 수 있는 말이 무엇입니까?

x, 2. 이상한 점은, 점성술사들이 그리스도의 말씀을 믿는다고 하면서도, 크리스챤들에게 그리스도께서 운명의 지배 하에 있다고 믿게 만들려고 시도한다는 것입니다. 그렇다면, 점성술사들은, 그리스도께서 다음과 같은 말씀을 하신 것도 믿어야 합니다.

> 17 [아버지께서 나를 사랑하시는 것은,] 내가 다시 목숨을 얻기 위하여 목숨을 버림이라. 18 이를 내게서 빼앗는 자가 있는 것이 아니라, 내가 스스로 버리노라. 나는 버릴 권세도 있고, 다시 얻을 권세도 있으니, [이 계명은 내 아버지에게서 받았노라.] (요 10:17-18)

이 권세가 정녕 운명의 지배 하에 있단 말입니까? 그들은, 당신이 언제 죽으실지에 대한 권세를 지니신 분이 얼마나 오래 사실지를 제시해야 할 것입니다. 그들은 전혀 제시하지 못할 것입니다. 그러므로 그들은 하나님의 말씀을 믿어야 할 것입니다.

> 나는 버릴 권세도 있고, 다시 얻을 권세도 있으니.

그리고 그들은, 주님이 "내 때가 아직 이르지 못하였나이다"라는 말씀을 어째서 하셨는지를 물어야 할 것입니다. 그리고 그가 이 말씀을 하셨다는 이유로, 천지의 창조자이시며, 별들의 창조자이심과 동시에 정돈자(整頓者)이신 분을 운명의 지배 하에 있다는 주장을 더 이상 하지 말아야 할 것입니다. 이는, 설사 운명이 별들로 말미암는다 해도, 별들의 창조주께서 별들의 지배 하에 있을 수가 없기 때문입니다. 이뿐 아닙니다. 그대가 '운명'이라 부르는 것이, 그리스도께만 없는 것이 아니라, 그대에게도 없고, 나에게도 없고, 저 사람에게도 없고, 그 어떤 사람에게도 없기 때문입니다.

xi, 1. Vērumtamen sēductī sēdūcunt et prōpōnunt fallāciās hominibus; tendunt ad capiendōs hominēs, et hoc in plateīs. Nam quī tendunt ad capiendās ferās, vel in silvīs atque in solitūdine id agunt; quam īnfēlīciter vānī sunt hominēs, quibus capiendīs in forō tenditur!

xi, 2. Nummōs accipiunt, cum sē hominēs hominibus vendunt; dant istī nummōs, ut sē vānitātibus vendant. Intrant enim ad mathematicum, ut emant sibī Dominōs, quālēs mathematicō dare placuerit; vel Sāturnum, vel Iovem, vel Mercurium, vel sī quid aliud sacrilegī nōminis. Intrāvit līber, ut nummīs datīs servus exīret. Immō vērō nōn intrāret, sī līber esset; sed intrāvit, quō eum Dominus error, et Domina cupiditās trāxit. Unde et Vēritās dīcit:

> Omnis, quī facit peccātum, servus est peccātī.

xii, 1. Quārē ergō dīxit:

> Nōndum vēnit hōra mea?

Magis quia in potestāte habēbat, quandō morerētur, nōndum vidēbat esse opportūnum, ut illā potestāte ūterētur. Quōmodo nōs, frātrēs, verbī grātiā, sīc loquimur: *Iam certa hōra est, quā exeāmus, ut celebrēmus sacrāmenta?* Sī ante exeāmus, quam opus est, nōnne perversī et praeposterī sumus? Quia ergō nōn facimus, nisī quandō opportūnum est; proptereā in hīs agendīs, cum ita loquimur, fātum cōnsīderāmus? Quid est ergō: *Nōndum vēnit hōra mea?*

> Quandō egō sciō opportūnum mē patī, quandō passiō mea ūtilis erit, nōndum vēnit ipsa hōra; tunc voluntāte patiar; ut utrumque servēs, et: Nōndum vēnit hōra mea; et: Potestātem habeō pōnendī animam meam, et iterum sūmendī eam.

xi, 1. 하지만 그들은 유혹당한 자들로서 [남을] 유혹하며, 사람들에게 거짓된 것을 제시합니다. 그들은 사람들을 잡기 위해 덫을 놓는데, 이런 짓을 대로(大路)에서 합니다. 정말이지, 들짐승을 잡으러 가는 자들은 숲이나 들판으로 갑니다. [그런데] 그들은 사람들을 잡으러 광장으로 갑니다. 그들에게 잡힌 사람들은 얼마나 망령되고 불쌍한 자들입니까?

xi, 2. 그들은, 사람들이 자기 자신을 사람들에게 파는데 돈을 받습니다. 이들은 자기 자신을 허탄한 것에 팔아넘기기 위해서 돈을 줍니다. 왜냐하면, 이들이 점성술사에게 가는 것은, 자기네 주인을 사기 위해서인데, 점성술사는, 자기 마음에 드는 주인을 주기 때문입니다. [그래서] 혹은 사투르누스(Saturnus)를 주고, 혹은 유피테르(Iupiter)를 주고, 혹은 메르쿠리우스(Mercurius)를 주고, 혹은 기타 발칙한 이름을 지닌 것을 줍니다. 자유자(自由者)로 들어갔다가, 돈을 주고 난 다음에, 종이 되어 나옵니다. 아니, 진짜 자유자였다면, 들어가지 않았을 것입니다. 도리어 오류라는 주인과 욕심이라는 여주인이 이끄는 곳으로 들어갔습니다. 그래서 진리께서도 말씀하셨습니다.

> 죄를 범하는 자마다 죄의 종이라. (요 8:34)

xii, 1. 그렇다면, 주님은 어째서 "내 때가 아직 이르지 못하였나이다"라는 말씀을 하셨을까요? 그 이유는 실상, 그가, 당신이 언제 죽으실지에 대한 권세를 지니고 계시는데, 이 권세를 사용할 때가 아직 아니라고 생각하셨기 때문입니다. 형제 여러분! 어째서 우리는 예를 들어, 이런 말을 하는 것입니까?

> 우리가 성례를 행하러 나가야 때가 벌써 되었다.

만약 우리가 필요 이상으로 일찍 나간다면, 우리는 그릇 행하는 자 내지 이상한 자가 되는 것 아닙니까? 그러므로 우리는 적절할 때만 행하는 것입니다. 그렇다고, 우리가 이런 일을 행할 때, 우리가 이런 말을 한다고 해서, 운명을 고려하는 것입니까? 그렇다면, "내 때가 아직 이르지 못하였나이다"라는 말씀은 무슨 말씀입니까? [이 말씀은 이런 뜻입니다.]

> 나는 나의 수난의 적기(適期)를 안다. 내가 언제 고난을 받아야 유익한지를 안다. 그때는 아직 오지 않았다. 때가 되면, 나는 기꺼이 고난을 당할 것이다. 너는 다음 두 말씀을 다 마음에 새겨라! "내 때가 아직 이르지 못하였나이다"(요 2:4). "나는 버릴 권세도 있고, 다시 얻을 권세도 있으니"(요 10:18).

xii, 2. Vēnerat ergō habēns in potestāte, quandō morerētur. At sī ante morerētur, quam discipulos ēlēgisset, certē praeposterum esset; sī esset homō, quī nōn habēret in potestāte hōram suam, posset ante morī, quam discipulōs ēlēgisset; et sī forte morerētur iam ēlēctīs ērudītīsque discipulīs, praestārētur eī, nōn ipse hoc faceret. At vērō quī vēnerat in manū habēns, quandō īret, quandō redīret, quō ūsque excurreret, cui paterent īnferī, nōn tantum morientī, sed et resurgentī, ut nōbīs ostenderet spem immortālitātis Ecclēsiae suae, in capite ostendit, quod membra exspectāre dēbērent. Resurget etiam in cēterīs membrīs, quī resurrēxit in capite.

xii, 3. Hōra ergō nōndum vēnerat, opportūnitās nōndum erat. Vocandī erant discipulī, annūntiandum erat rēgnum caelōrum, faciendae erant virtūtēs, commendanda erat dīvīnitās Dominī in mīrāculīs, commendanda erat hūmānitās Dominī in ipsā compassiōne mortālitātis. Ille enim, quī ēsuriēbat, quia homō erat, pāvit quīnque pānibus tot mīlia, quia Deus erat; quī dormiēbat, quia homō erat, ventīs et flūctibus imperābat, quia Deus erat. Haec omnia commendanda erant prius, ut esset, quod scrīberent Ēvangelistae, quod praedicārētur Ecclēsiae.

xii, 4. At ubī tantum fēcit, quantum sufficere iūdicāvit; vēnit hōra nōn necessitātis, sed voluntātis, nōn conditiōnis, sed potestātis.

xii, 2. 그러므로 주님은, 당신이 언제 죽으실지에 대한 권세를 가지고 오셨습니다. 하지만 그가 만약 제자들은 택하시기 전에 죽으셨다면, 그것은 분명 이상한 일이 되었을 것입니다. 그가 만약 자기 자신의 시간에 대한 권세를 지니지 못한 인간이셨다면, 제자들을 택하시기 전에 죽으실 수도 있었습니다. 그리고 그가 혹시 제자들을 택하시고 가르치신 후에 죽으셨다 해도, 그것은 그에게 허락된 일에 불과했을 것입니다. 즉, 그가 친히 행하신 일이 아니었을 것입니다. 그러나 그는, 정말이지, 당신이 언제 가실지, 언제 돌아오실지, 어디까지 가실지에 대한 권세를 가지고 오셨습니다. 또 그에게는 지옥문이 열려 있었는데, 죽으실 때뿐 아니라, 부활하실 때도 그러하였습니다. 그리하여 그는 우리에게 당신의 교회의 불가사성(不可死性)에 대한 소망을 보여 주셨습니다. 그는 이 소망을 머리를 통해 보여 주사, 지체들로 하여금 고대할 수밖에 없도록 하였습니다. 왜냐하면, 머리를 통해 부활하신 분은 다른 지체들을 통해서도 부활하실 것이기 때문입니다.

xii, 3. 그러므로 시간이 아직 오지 않았습니다. 적기(適期)가 아직 아니었습니다. 제자들을 부르셔야 했습니다. 천국을 전하셔야 했습니다. 능력을 행하셔야 했습니다. 기적을 통해 주님의 신성(神性)이 증명돼야 했고, 죽을 수밖에 없는 인생에 대한 동정(同情) 자체를 통해 주님의 인성(人性)이 증명돼야 했습니다. 정말이지, 그는 인간이셨기 때문에 굶주리셨지만, 하나님이셨기 때문에 떡 다섯 개로 수천 명의 사람을 먹이셨습니다. 그는 인간이셨기 때문에 주무셨지만, 하나님이셨기 때문에 바람과 파도를 향해 명령하셨습니다. 이 모든 것이 먼저 보여져야 했던 것은, 복음서 기자들에게 쓸 거리가 있게 하기 위함이었고, 그것을 교회에 선포하게 하기 위함이었습니다.

xii, 4. 하지만 그는, 충분하다고 판단하신 만큼만 행하셨습니다. 불가피함 때문에 결정된 때가 아니라, 의지에 의해 결정된 때가 왔습니다. 조건에 의해 결정된 때가 아니라, 권세에 의해 결정된 때가 왔습니다.

xiii, 1. Quid ergō, frātrēs, quia illis et illis respondīmus, nihil dicemus quid sibi velint hydriae, quid aqua in vīnum conversa, quid architriclīnus, quid spōnsus, quid māter Iēsū in mystēriō, quid ipsae nuptiae! Dīcenda sunt omnia, sed onerandī nōn estis. Voluī quidem in nōmine Chrīstī et hesternō diē, quō solet sermō dēbērī Cāritātī vestrae, id agere vōbīscum, sed nōn sum permissus necessitātibus quibusdam impedientibus. Sī ergō placet Sānctitātī vestrae, hoc, quod ad mystērium pertinet huius factī, in crāstinum differāmus, et nōn onerēmus et vestram et nostram īnfirmitātem. Sunt forte hodiē multī, quī propter solemnitātem diēī, nōn propter audiendum sermōnem convēnērunt. Crāstinō quī venient, veniant audītūrī; ut nec fraudēmus studiōsōs, nec gravēmus fastidiōsōs.

xiii. 형제 여러분, 그렇다면, 어떻게 해야 할까요? 이 사람들에게도 대답을 했고, 저 사람들에게도 대답을 했으니, 항아리가 뭘 의미하는지, 포도주로 변한 물이 뭘 의미하는지, 연회장이 뭘 의미하는지, 신랑이 뭘 의미하는지, 예수님 모친의 신비로운 의미가 무엇인지, 혼인 자체의 의미가 무엇인지를 전혀 이야기하지 말아야 할까요? 이 모든 것에 대해 다 이야기를 해야 합니다. 하지만 여러분을 힘들게 해서는 안 될 것 같습니다. 어제는 사랑하는 여러분에게 관례상 설교를 해야 하는 날이었습니다. 그래서 나는 어제 그리스도의 이름으로 이 문제를 여러분과 함께 다루어 보려고 했지만, 그것을 방해하는 일이 좀 생겨, 하지를 못했습니다. 그러므로 성도 여러분이 원하신다면, 이 기적의 신비와 관련된 문제를 내일로 미루도록 하십시다! 여러분과 나는 다 연약하기 때문에, 과도하게 짐을 지면 안 될 것 같습니다. 필시 오늘은 축제일이기 때문에 참석하신는 분이 많을 것이고, 설교를 들으려고 오신 분은 많지 않을 것입니다. 내일 오시는 분은 설교를 듣기 위해 오시는 분일 것입니다. 우리는 열심 있는 분들을 실망시키지 말아야 합니다. 이와 동시에 싫어하시는 분들을 힘들게 하지 말아야 합니다.

TRACTATUS IX.

Ioh. 2, 1-11.

1 Et diē tertiā nuptiae factae in Canā Galiaeae; et erat māter Iēsū ibī. 2 Vocātus est autem et Iēsūs, et discipulī eius ad nuptiās. 3 Et dēficiente vīnō, dīcit māter Iēsū ad eum: Vīnum nōn habent. 4 Et dīcit eī Iēsūs: Quid mihī et tibī, mulier? Nōndum vēnit hōra mea. 5. Dīcit māter eius ministrīs, quodcumque dīxerit vōbīs, facite. 6 Erant autem ibī lapideae hydriae sex positae secundum pūrificātiōnem Iūdaeōrum capientēs singulae metrētās bīnās vel ternās. 7 Dīcit eīs Iēsūs: Implēte hydriās aquā; et implēvērunt eās ūsque ad summum; 8 et dīcit eīs Iēsūs: Haurīte nunc et ferte architriclīnō et tulērunt, 9 ut autem gustāvit architriclīnus aquam vīnum factam et nōn sciēbat, unde esset; ministrī autem sciēbant, quī haurierant aquam; vocat spōnsum architriclīnus 10 et dīcit eī: Omnis homō prīmum bonum vīnum pōnit, et cum inēbriātī fuerint, tunc id, quod dēterius est, tū servāstī bonum vīnum ūsque adhūc. 11 Hoc fēcit initium sīgnōrum Iēsūs in Canā Galilaeae et manifestāvit glōriam suam et crēdiderunt in eum discipulī eius.

i, 1. Assit Dominus Deus noster, ut dōnet nōbīs reddere, quod prōmīsimus. Hesternō enim diē, sī meminit Sānctitās vestra, cum temporis exclūderēmur angustiā, nē sermōnem incohātum implērēmus, in hodiernum distulimus, ut ea, quae in hōc factō ēvangelicae lēctiōnis mysticē in sacrāmentīs posita essent, ipsō adiuvante aperīrentur. Nōn itaque opus est iam immorārī diutius in commendandō Deī mīrāculō. Ipse est enim Deus, quī per ūniversam creātūram cotīdiāna mīrācula facit, quae hominibus nōn facilitāte, sed assiduitāte vīluērunt.

제9강

요 2:1-11

1 사흘 되던 날에 갈릴리 가나에 혼인이 있어 예수의 어머니도 거기 계시고 2 예수와 그 제자들도 혼인에 청함을 받았더니 3 포도주가 모자란지라 예수의 어머니가 예수에게 이르되 저희에게 포도주가 없다 하니 4 예수께서 가라사대 여자여 나와 무슨 상관이 있나이까 내 때가 아직 이르지 못하였나이다 5 그 어머니가 하인들에게 이르되 너희에게 무슨 말씀을 하시든지 그대로 하라 하니라 6 거기 유대인의 결례를 따라 두 세 통 드는 돌항아리 여섯이 놓였는지라 7 예수께서 저희에게 이르시되 항아리에 물을 채우라 하신즉 아구까지 채우니 8 이제는 떠서 연회장에게 갖다 주라 하시매 갖다 주었더니 9 연회장은 물로 된 포도주를 맛보고 어디서 났는지 알지 못하되 물 떠온 하인들은 알더라 연회장이 신랑을 불러 10 말하되 사람마다 먼저 좋은 포도주를 내고 취한 후에 낮은 것을 내거늘 그대는 지금까지 좋은 포도주를 두었도다 하니라 11 예수께서 이 처음 표적을 갈릴리 가나에서 행하여 그 영광을 나타내시매 제자들이 그를 믿으니라

i, 1. 우리 주 하나님이 우리를 도우사, 우리로 하여금 우리가 약속한 바를 지킬 수 있도록 해 주시기를 빕니다. 이는, 성도 여러분이 기억하시는 대로, 어저께 우리가 시간 부족으로 말미암아 시작한 강론을 다 마치지 못하고, 오늘로 미루었기 때문입니다. 복음서에서 우리가 읽은 이 일에 숨겨진 신비로운 뜻이 주님의 도우심으로 밝혀지기를 고대합니다. 그렇다고 하나님이 행하신 기적을 칭송하는 데만 계속 더 머무를 필요는 없습니다. 왜냐하면, 우주 만물을 통해 매일같이 기적을 행하시는 분이 바로 하나님이시기 때문입니다. 사람들은, 그런 일이 쉬워서가 아니라, 계속 반복되기 때문에 가볍게 여겼습니다.

i, 2. Rāra autem, quae facta sunt ab eōdem Dominō, id est, ā Verbō propter nōs incarnātō, māiōrem stupōrem hominibus attulērunt; nōn quia māiōra erant, quam sunt ea, quae cotīdiē in creātūrā facit, sed quia ista, quae cotīdiē fiunt, tamquam nātūrālī cursū peraguntur; illa vērō efficācia potentiae tamquam praesentis exhibita videntur oculīs hominum. Dīximus, sīcut meministis, resurrēxit ūnus mortuus, obstupuērunt hominēs; cum cotīdiē nāscī, quī nōn erant, nēmō mīrētur. Sīc aquam in vīnum conversam quis nōn mīrētur, cum hoc annīs omnibus Deus in vītibus faciat? Sed quia omnia, quae fēcit Dominus Iēsūs, nōn sōlum valent ad excitanda corda nostra mīrāculīs, sed etiam ad aedificanda in doctrīnā fideī; scrūtārī nōs oportet, quid sibī velint illa omnia, id est, quid sīgnificent. Hōrum enim omnium sīgnificātiōnēs, sīcut recordāminī, in hodiernum distulimus.

ii, 1. Quod Dominus invītātus vēnit ad nuptiās, etiam exceptā mysticā sīgnificātiōne, cōnfirmāre voluit, quod ipse fēcit nuptiās. Futūrī enim erant, dē quibus dīxit Apostolus, prohibentēs nūbere, et dīcentēs, quod malum essent nuptiae, et quod diabolus eās fēcisset; cum īdem Dominus dīcat in Ēvangeliō, interrogātus, utrum liceat hominī dīmittere uxōrem suam ex quālibet causā, nōn licēre exceptā causā fornicātiōnis. In quā respōnsiōne, sī meministis, hoc ait:

Quod Deus coniūnxit, homō nōn sēparet.

i, 2. 하지만 같은 주님이 행하신 일, 곧, 우리를 위해 성육신하신 로고스께서 행하신 일은, 보기 드문 일이기 때문에, 사람들에게 상당히 큰 놀라움을 선사했습니다. 그것은, 그가 피조물에게 매일같이 행하시는 일보다 더 큰 일이 아니었습니다. 매일같이 일어나는 일은 마치 자연스러운 과정을 통해 일어나는 것처럼 보입니다. 반면, 그런 기적은 사람들 눈에 마치 현전(現前)하는 능력의 발현(發顯)처럼 보입니다. 여러분이 기억하는 대로, 우리는, 어떤 죽은 사람이 부활하자, 사람들이 놀랐지만, 전에 존재하지 않던 자들이 매일같이 태어나도, 놀라는 사람이 아무도 없다는 말을 했습니다.[1] 이처럼 물이 포도주로 변한 것을 두고 놀라지 않는 사람이 누가 있습니까? 하지만, 이런 일을 하나님은 매년 포도나무 가지를 통해 행하십니다. 그런데 주 예수께서 행하신 모든 일은 기적을 통해 우리 마음을 일깨울 수 있을 뿐 아니라, 믿음의 가르침을 통해 우리 마음에 감화를 줍니다. 이 모든 일이 무슨 뜻을 지녔는지, 다시 말해, 무슨 의미인지를 우리는 궁구(窮究)해 볼 필요가 있습니다. 이는, 여러분이 기억하는 대로, 이 모든 것의 의미[에 관한 이야기]를 오늘로 미루었기 때문입니다.

ii, 1. 주님이 초대를 받아 혼인 잔치에 가신 것은, 신비적 의미를 제한다 해도, 그가 결혼 제도를 창설하셨다는 사실을 확인해 줍니다. 사도는 말씀하기를, 장차 혼인을 금하는 자들이 있을 것이라 했습니다.[2] 그들은 혼인에 대해 악한 것이라 말하며, 마귀가 결혼 제도를 만들었다고 말합니다. 그런데 복음서에 보면, 주님은 다음과 같은 질문을 받습니다.

> 사람이 아무 연고를 물론하고 그 아내를 내어 버리는 것이 옳으니이까? (마 19:3)

주님은 이렇게 대답하십니다.

> 누구든지 음행한 연고 외에 아내를 내어 버리고, 다른 데 장가드는 자는 간음함이니라. (마 19:9)

여러분이 기억하는 대로, 이 대답을 하시면서 이런 말씀도 하셨습니다.

> 하나님이 짝지어 주신 것을, 사람이 나누지 못할지니라. (마 19:6)

---

[1] 본서 제8강 1장 2절 참조.

[2] 딤전 4:1-3 ("1 그러나 성령이 밝히 말씀하시기를 후일에 어떤 사람들이 믿음에서 떠나 미혹케 하는 영과 귀신의 가르침을 좇으리라 하셨으니 2 자기 양심이 화인 맞아서 외식함으로 거짓말하는 자들이라 3 혼인을 금하고 식물을 폐하라 할 터이나 식물은 하나님이 지으신 바니 믿는 자들과 진리를 아는 자들이 감사함으로 받을 것이니라") 참조.

ii, 2. Et quī bene ērudītī sunt in fidē catholicā, nōvērunt, quod Deus fēcerit nuptiās, et sīcut coniūnctiō ā Deō, ita dīvortium ā diabolō sit. Sed proptereā in causā fornicātiōnis licet uxōrem dīmittere, quia ipsa esse uxor prior nōluit, quae fidem coniugālem marītō nōn servāvit. Nec illae, quae virginitātem Deō vovent, quamquam ampliōrem gradum honōris et sānctitātis in Ecclēsiā teneant, sine nuptiīs sunt: nam et ipsae pertinent ad nuptiās cum tota Ecclesia, in quibus nuptiīs spōnsus est Chrīstus.

ii, 3. Ac per hoc ergō Dominus invitatus venit ad nuptiās, ut coniugālis castitās firmārētur, et ostenderētur sacrāmentum nuptiārum: quia et illārum nuptiārum spōnsus persōnam Dominī figūrābat, cui dictum est:

> Servāstī vīnum bonum ūsque adhūc.

Bonum enim vīnum Chrīstus servāvit ūsque adhūc, id est, Ēvangelium suum.

iii, 1. Iam enim incipiāmus ipsa sacrāmentōrum operta dētegere, quantum ille dōnat, in cuius nōmine vōbīs prōmīsimus. Erat prophētia antīquīs temporibus, et ā prophētiae dispēnsatiōne nulla tempora cessaverunt; sed illa prophētia, quandō in illā Chrīstus nōn intellegēbātur, aqua erat. In aquā enim vīnum quodammodo latet. Dīcit Apostolus, quid intellegāmus in istā aquā: *Ūsque ad hodiernum*, inquit, *diem, quamdiū legitur Mōysēs, id ipsum vēlāmen super cor eōrum positum est; quod nōn revēlātur, quia in Chrīstō ēvacuātur. Et cum trānsieris*, inquit, *ad Dominum, auferētur vēlāmen.* Vēlāmen dīcit adopertiōnem prophētiae, ut nōn intellegerētur. Tollitur vēlāmen, cum trānsieris ad Dominum; sīc tollitur īnsipientia, cum trānsieris ad Dominum, et quod aqua erat, vīnum tibī fit.

ii, 2. 그런데 보편교회의 신앙 교육을 잘 받은 사람들은, 하나님이 결혼 제도를 창설하셨다는 사실을 압니다. 그리고 결합은 하나님으로 말미암은 것이고, 이혼은 마귀로 말미암은 것임을 압니다. 그러나 음행한 연고로는 아내 버리는 것을 허락하시는 것은, 남편에 대해 결혼의 신의를 지키지 않은 여자 쪽에서 먼저 아내 역할을 거부했기 때문입니다. 그리고 하나님께 동정을 서약하는 여자들은, 그녀들이 비록 교회에서 영예와 거룩함 면에서 더 높은 위치를 지닌다 해도, 결혼하지 않은 것이 아닙니다. 이는, 그녀들이 온 교회와 더불어 그리스도를 신랑으로 하는 혼인 예식에 참여했기 때문입니다.

ii, 3. 그러므로 주님이 초대를 받아 혼인 잔치에 가신 것은, 혼인의 순결을 굳게 지키시기 위함이었고, 혼인의 신비를 보여 주시기 위함이었습니다. 이는, 그 혼례의 신랑이 주님의 인격을 상징했기 때문입니다. 그에게 사람들은 이렇게 말했습니다.

> 그대는 지금까지 좋은 포도주를 두었도다. (요 2:10)

정말이지, 그리스도는 지금까지 좋은 포도주, 곧, 당신의 복음을 남겨 두셨습니다.

iii, 1. 그러면, 이제 신비의 덮개를 열어 보십시다. 주님의 이름으로 우리가 여러분에게 약속을 했으니, 주님이 허락하시는 범위 내에서 말입니다. 그것은 옛날에는 예언이었습니다. 그리고 예언의 은혜가 중단된 때는 없었습니다. 그러나 예언을 듣고도 그리스도를 알지 못했을 때, 그 예언은 물이었습니다. 물론, 물 속에는 어떤 식으로든 포도주가 감추어져 있습니다. 사도는 이 물을 통해 깨달은 바를 이렇게 말했습니다.

> 14 그러나 저희 마음이 완고하여, 오늘까지라도 구약을 읽을 때에, 그 수건이 오히려 벗어지지 아니하고 있으니, 그 수건은 그리스도 안에서 없어질 것이라. 15 오늘까지 모세의 글을 읽을 때에, 수건이 오히려 그 마음을 덮었도다. 16 그러나 언제든지 주께로 돌아가면, 그 수건이 벗어지리라 (고후 3:14-16)

수건은 예언이 덮여, 이해하지 못하게 된 것을 의미합니다. 그대가 주께로 돌아가면, 수건이 벗겨질 것입니다. 그대가 주께로 돌아가면, 어리석음이 제(除)하여질 것입니다. 물이었던 것이 그대에게 포도주가 될 것입니다.

iii, 2. Lege librōs omnēs prophēticōs, nōn intellēctō Chrīstō, quid tam īnsipidum et fatuum inveniēs? Intellege ibī Chrīstum, nōn sōlum sapit, quod legis, sed etiam inēbriat; mūtāns mentem ā corpore, ut praeterita oblīvīscēns, in ea, quae ante sunt, extendāris.

iv, 1. Ergō prophētia ab antīquīs temporibus, ex quō prōrsus currit ōrdō nāscentium in genere hūmānō, dē Chrīstō nōn tacuit; sed occultum ibī erat; adhūc enim erat aqua. Unde probāmus, quod omnibus temporibus superiōribus ūsque ad aetātem, quā Dominus vēnit, prophētia dē illō nōn dēfuit? Ipsō Dominō dīcente. Cum enim resurrēxisset ā mortuīs, invēnit discipulōs dubitantēs dē ipsō, quem secūtī erant. Vīdērunt enim eum mortuum, et nōn spērāvērunt resurrēctūrum, et tōta spēs eōrum concidit. Unde ille latrō laudātus, ipsō diē meruit esse in paradīsō? Quia in cruce fīxus tunc cōnfessus est Chrīstum, quandō dē illō discipulī dubitāvērunt.

iv, 2. Ergō invēnit eōs nūtantēs, et quōdammodo arguentēs sē ipsōs, quod in illō redēmptiōnem spērāverant. Dolēbant tamen eum sine culpā occīsum, quia nōverant innocentem. Et hoc ipsī post resurrēctiōnem dīxērunt, cum quōsdam eōrum trīstēs invēnisset in viā:

> Tū sōlus peregrīnāris in Ierusalem, et nōn cōgnōvistī, quae facta sunt in illā istīs diēbus? Ille autem dīxit eīs: Quae? Illī autem dīxērunt: Dē Iēsū Nazarēnō, quī fuit vir prophēta, potēns in factīs et dictīs in cōnspectū Deī et ūniversī populī, quōmodo hunc trādidērunt sacerdōtēs et prīncipēs nostrī in damnātiōnem mortis, et crucī eum fīxērunt. Nōs autem spērābāmus, quia ipse erat, quī redēmptūrus esset Israel; et nunc tertius diēs agitur hodiē, ex quō haec facta sunt.

iii, 2. 구약 성경을 다 읽어 보십시오! [거기서] 만약 그리스도를 깨닫지 못한다면, [거기서] 그대는 얼마나 무미건조하고 싱거운 것[만]을 발견하겠습니까? 거기서 그리스도를 깨달으십시오! 그러면, 그대가 읽는 것이 재미 있을 뿐 아니라, 감동적이기도 할 것입니다. 영혼을 육신적인 것에서 떼어 놓으십시오! 그리하면, 그대는 '뒤에 있는 것은 잊어버리고, 앞에 있는 것을 잡으려고'(빌 3:13) 좇아가게 될 것입니다.

iv, 1. 그러므로 옛날부터, 그러니까, 인류 역사의 전 과정을 통해 그리스도에 관한 예언이 행해지지 않은 때는 없었습니다. 그러나 그 의미는 감추어져 있었습니다. 이는, 그것이 아직 물이었기 때문입니다. 주님이 강림하신 그 시대까지 주님에 관한 예언이 끊이지 않았다는 것을 우리가 어떻게 증명합니까? 주님 자신의 말씀을 통해서입니다. 주님은 죽은 자들 가운데서 부활하신 다음, 제자들이, 자기네가 따르던 분에 대해 의심하고 있는 모습을 보셨습니다. 이는, 그들이 그의 죽으심을 목도하였지만, 그의 부활에 대한 소망을 가지지 않았기 때문입니다. 그들의 모든 소망은 무너졌습니다. 강도가 칭찬받은 이유가 뭡니까? 그가 당일에 '낙원에'(눅 23:43) 있을 수 있게 된 이유가 뭡니까? 이는, 그가 십자가에 달려, 제자들이 그리스도에 대해 의심하고 있을 바로 그때, 그리스도를 인정했기 때문입니다.

iv, 2. 그러므로 주님은, 그들이 흔들리는 모습을 보셨습니다. 그들은 어떤 식으로든 자책을 했습니다. 이는, 그들이 주님에게서 구속(救贖)을 기대하였기 때문입니다. 그들은 물론, 주님이 죄 없이 죽임 당하신 것을 두고 가슴 아파했습니다. 이는, 그가 무죄하였음을 그들이 알았기 때문입니다. 그리고 이것을 그들은, 주님이 부활하신 후에 말하였습니다. 곧, 그들 중 어떤 자들이 길에서 슬퍼하는 모습을 주님이 보셨는데, 그때 [그들은 이런 말을 했습니다.]

> 18 당신이 예루살렘에 우거하면서 근일 거기서 된 일을 홀로 알지 못하느뇨? 19 가라사대, 무슨 일이뇨? 가로되, 나사렛 예수의 일이니, 그는 하나님과 모든 백성 앞에서 말과 일에 능하신 선지자여늘, 20 우리 대제사장들과 관원들이 사형 판결에 넘겨주어, 십자가에 못 박았느니라. 21 우리는 이 사람이 이스라엘을 구속할 자라고 바랐노라. 이뿐 아니라 이 일이 된 지가 사흘째요. (눅 24:14-21)

iv, 3. Haec atque alia cum dīxisset ūnus ex duōbus, quōs invēnit in viā euntēs ad propinquum castellum; respondit ipse et ait:

> Ō īnsēnsātī et tardī corde ad crēdendum super omnia, quae locūtī sunt Prophētae! Nōnne haec omnia oportēbat patī Chrīstum, et introīre in clāritātem suam?

Et fuit incipiēns ā Mōyse et omnibus Prophētīs, interpretāns illīs in omnibus Scrīptūrīs, quae dē ipsō erant.

iv, 4. Item aliō locō, cum etiam palpārī sē manibus discipulōrum voluit, ut crēderent, quia in corpore resurrēxerat: *Hī sunt,* inquit, *sermōnēs, quōs locūtus sum ad vōs, cum adhūc essem vōbīscum, quia oportēret implērī omnia, quae scrīpta sunt in Lēge Mōysī, et Prophētīs, et Psalmīs dē mē. Tunc adaperuit illīs sēnsum, ut intellegerent Scrīptūrās, et dīxit illīs: Quia sīc scrīptum est, patī Chrīstum, et resurgere ā mortuīs tertiā diē, et praedicārī in nōmine eius paenitentiam et remissiōnem peccātōrum in omnēs gentēs, incipiēns ab Ierusalem.*

v, 1. Hīs ex Ēvangeliō, quae certē manifesta sunt, intellēctīs, patēbunt illa omnia mystēria, quae in istō mīraculō Dominī latent. Vidēte, quid ait, quia oportēbat implērī in Chrīstō, quae dē illō scrīpta sunt. Ubī scrīpta sunt? *In Lēge,* inquit, *et Prophētīs, et Psalmīs.* Nihil Scrīptūrārum veterum praetermīsit. Illa erat aqua; et ideō dictī sunt illī ā Dominō īnsēnsātī, quia eīs adhūc aqua sapiēbat, nōn vīnum. Quōmodo autem fēcit dē aquā vīnum? Cum aperuit eīs sēnsum, et exposuit eīs Scrīptūrās, incipiēns ā Mōyse per omnēs Prophētās. Unde iam inēbriātī dīcēbant:

> Nōnne cor nostrum erat ārdēns in viā, cum aperīret nōbīs Scrīptūrās?

Intellēxērunt enim Chrīstum in hīs Librīs, in quibus eum nōn nōverant.

iv, 3. 주님이 길에서 가까운 성읍으로 가는 사람 둘을 만나셨는데, 그 중 한 명이 이런 말을 했고, 또 다른 말도 했습니다. 이에 주님이 이렇게 말씀하셨습니다.

> 25 미련하고 선지자들의 말한 모든 것을 마음에 더디 믿는 자들이여! 26 그리스도가 이런 고난을 받고 자기의 영광에 들어가야 할 것이 아니냐? (눅 24:25-26)

그리고 '모세와 및 모든 선지자의 글로 시작하여, 모든 성경에 쓴 바 자기에 관한 것을 자세히 설명'(눅 24:27) 하셨습니다.

iv, 4. 또 다른 곳에서 그가 제자들로 하여금, 당신이 육신으로 부활하신 것을 믿게 하시려고, 제자들이 당신을 그들 손으로 만지기를 원하셨을 때는 이렇게 말씀하셨습니다.

> 44 내가 너희와 함께 있을 때에, 너희에게 말한 바, 곧, '모세의 율법과, 선지자의 글과, 시편에 나를 가리켜 기록된 모든 것이 이루어져야 하리라' 한 말이 이것이라 하시고, 45 이에 저희 마음을 열어, 성경을 깨닫게 하시고, 46 또 이르시되, 이같이 그리스도가 고난을 받고, 제 삼 일에 죽은 자 가운데서 살아날 것과, 47 또 그의 이름으로 죄 사함을 얻게 하는 회개가 예루살렘으로부터 시작하여 모든 족속에게 전파될 것이 기록되었으니. (눅 24:44-47)

v, 1. 복음서의 확실히 분명한 이 말씀을 깨달은 다음, 주님의 이 기적에 감추어진 그 모든 비밀이 밝혀질 것입니다. 그가 무슨 말씀을 하셨는지 보십시오! 그를 가리켜 기록된 것이 '이루어져야 하리라'고 하셨습니다. 어디에 기록되었습니까? '율법과, 선지자의 글과, 시편'이라고 말씀하셨습니다. 구약 성경의 어떤 부분도 제외시키지 않으셨습니다. 그것은 물이었습니다. 그래서 주님은 그들을 보고 '미련하다'고 하셨습니다. 이는, 그들이 아직 물맛밖에 느끼지 못했기 때문입니다. 포도주 맛은 못 느꼈습니다. 그런데 주님은 어떻게 물로 포도주를 만드셨습니까? 그들의 '마음을 열어, 성경을 깨닫게' 하심으로써 그렇게 하셨습니다. 이때 '모세와 및 모든 선지자의 글로 시작'하셨습니다. 그래서 그들은 취한 듯이 이렇게 말했습니다.

> 길에서 우리에게 말씀하시고, 우리에게 성경을 풀어 주실 때에, 우리 속에서 마음이 뜨겁지 아니하더냐? (눅 24:32)

정말이지, 그들은 [구약] 성경에서 그리스도를 보지 못했었는데, [이제] 거기서 그리스도를 보게 되었습니다.

v, 2. Mūtāvit ergō aquam in vīnum Dominus noster Iēsūs Chrīstus, et sapit, quod nōn sapiēbat, inēbriat, quod nōn inēbriābat. Sī enim iussisset inde aquam effundī, et sīc ipse mitteret vīnum ex occultīs creātūrae sinibus, unde fēcit et pānem, quandō saturāvit tot mīlia; nōn enim quīnque pānes habēbant quīnque mīlium hominum saturitātem, aut saltem duodecim cophinōs plēnōs, sed omnipotentia Dominī quasi fōns pānis erat; sīc posset et effūsā aquā vīnum īnfundere; quod sī fēcisset, vidērētur Scrīptūrās veterēs improbāsse.

v, 3. Cum autem ipsam aquam convertit in vīnum, ostendit nōbīs, quod et Scrīptūra vetus ab ipsō est; nam iussū ipsīus implētae sunt hydriae. Ā Dominō quidem et illa Scrīptūra; sed nihil sapit, sī nōn ibī Chrīstus intellegātur.

vi, 1. Intendite autem, quod ipse ait: Quae scrīpta sunt in Lēge, et Prophētīs, et Psalmīs dē mē. Nōvimus autem Lēgem, ex quibus temporibus narret, id est, ab exōrdiō mundī:

In prīncipiō fēcit Deus caelum et terram.

Inde ūsque ad hoc tempus, quod nunc agimus, sexta aetās est, ut saepe audīstis et nōstis. Nam prīma aetās computātur ab Adam ūsque ad Noē; secunda ā Noē ūsque ad Abraham; et sīcut Matthaeus Ēvangelista per ōrdinem sequitur et distinguit, tertia ab Abraham ūsque ad David; quārta ā David ūsque ad trānsmigrātiōnem in Babylōniam; quīnta ā trānsmigrātiōne in Babylōniam ūsque ad Iohannem Baptistam; sexta inde ūsque ad fīnem saeculī.

vi, 2. Proptereā et sextā diē fēcit Deus hominem ad imāginem suam; quia sextā ista aetāte manifestātur per Ēvangelium refōrmātiō mentis nostrae, secundum imāginem eius, quī creāvit nōs; et convertitur aqua in vīnum, ut iam manifestātum Chrīstum in Lēge et Prophētīs sapiāmus. Ideō erant ibī sex hydriae, quās iussit implērī aquā.

v, 2. 그러므로 우리 주 예수 그리스도께서 물을 포도주로 변화시키셨습니다. 그러자 맛없던 것이 맛있게 되었고, 취하게 하지 않던 것이 취하게 하는 것이 되었습니다. 정말이지, 그가 물을 부으라고 명하시고선, 피조 세계의 은밀한 처소에서 포도주를 친히 보내시지 않으셨다면, [그런 일이 가능했겠습니까?] 수천 명을 배불리 먹이실 때도 그 처소에서 떡을 만드셨습니다. 정말이지, 떡 다섯 개가 오천 명을 배부르게 만든 것이 아닙니다. 열두 광주리를 채우지 않았습니다. 아닙니다. 주님의 전능하심이 떡의 근원 같은 것이었습니다. 그러므로 [주님이 물을 포도주로 변화시키신 것이 아니라면,] 물을 쏟아 내고, 포도주를 항아리에 부었을 수 있습니다. 혹시 이렇게 하셨다면, 주님은 구약 성경을 버리신 것처럼 보였을 것입니다.

v, 3. 하지만 그는 물을 포도주로 변화시키심으로써, 구약 성경도 그에게서 비롯되었음을 우리에게 보여 주셨습니다. 이는, 그의 명령으로 항아리가 가득 찼기 때문입니다. 이 구약 성경도 주님으로 말미암은 것이지만, 거기서 그리스도를 깨닫지 못하면, 전혀 맛이 없습니다.

vi, 1. 그러나 '모세의 율법과, 선지자의 글과, 시편에 나를 가리켜 기록된 모든 것'이라는 주님의 말씀에 주목하십시오! 그런데 우리는, 율법이 어떤 시대부터 이야기하는지를 알고 있습니다. 그러니까, 세상의 시작부터 이야기를 시작합니다.

태초에 하나님이 천지를 창조하시니라. (창 1:1)

거기서부터 지금 우리가 살고 있는 시대, 곧, 여섯 번째 시대까지 이야기합니다. 이에 대해서 여러분은 자주 들었고, [잘] 알고 있습니다. 즉, 첫 번째 시대는 아담으로부터 노아까지입니다. 두 번째 시대는 노아부터 아브라함까지입니다. 그리고 복음서 기자 마태가 따르고 구별하는 순서에 의하면, 세 번째 시대는 아브라함부터 다윗까지입니다. 네 번째 시대는 다윗부터 바벨론 포로까지입니다. 다섯 번째 시대는 바벨론 포로부터 세례 요한까지입니다. 여기서부터 세상 끝까지가 여섯 번째 시대입니다.

vi, 2. 이 때문에 하나님은 여섯째 날에 사람을 당신의 형상대로 만드셨습니다. 이는, 여섯 번째 시대에 복음으로 말미암아 우리 영혼의 개조가 우리를 창조하신 분의 형상을 따라 이루어지는 것이 드러나기 때문입니다. 그리고 물이 포도주로 변하는 것은, 그리스도께서 이미 율법과 선지자를 통해 나타나셨음을 우리로 느끼게 하기 위함입니다. 그러므로 주님이 물로 채우라 명하신 항아리 여섯이 거기 있었습니다.

vi, 3. Sex ergō illae hydriae, sex aetātēs sīgnificant, quibus nōn dēfuit prophētia. Illa ergō tempora sex, quasi articulīs distribūta atque distīncta, quasi vāsa essent inānia, nisī ā Chrīstō implērentur. Quid dīxī, tempora, quae ināniter currerent, nisī in eīs Dominus Iēsūs praedicārētur? Implētae sunt prophētiae, plēnae sunt hydriae; sed ut aqua in vīnum convertātur, in illā tōtā prophētiā Chrīstus intellegātur.

vii, 1. Quid est ergō: *Capiēbant metrētās bīnās vel ternās?* Mysterium nōbīs maximē ista locūtiō commendat. Metrētās enim dīcit mēnsūrās quāsdam, tamquam sī dīceret urnās, amphorās, vel sī quid hūiusmodī. Nōmen mēnsūrae est metrēta, et a mēnsūra accēpit nōmen ista mēnsūra. enim mēnsūram dīcunt Graecī; inde appellātae metrētae. Capiēbant ergō metrētās bīnās vel ternās.

vii, 2. Quid dīcimus, frātrēs? Sī ternās tantum dīceret, nōn curreret animus noster nisī ad mystērium Trīnitātis. Sed forte nec sīc dēbēmus inde citō iam sēnsum āvertere, quia dīxit bīnās vel ternās; quia nōminātō Patre et Fīliō, cōnsequenter et Spīritus Sānctus intellegendus est. Spīritus enim Sānctus nōn est Patris tantummodo, aut Fīliī tantummodo Spīritus; sed Patris et Fīliī Spīritus. Scrīptum est enim: *Sī quis dīlēxerit mundum, nōn est Spīritus Patris in illō*; item scrīptum est:

> Quisquis autem Spīritum Chrīsti nōn habet, hic nōn est eius.

Īdem autem Spīritus Patris et Fīliī. Nōminātō itaque Patre et Fīliō, intellegitur et Spīritus Sānctus; quia Spīritus est Patris et Fīliī.

vii, 3. Cum autem nōminātur Pater et Fīlius, tamquam duae metrētae nōminantur; cum autem ibī intellegitur Spīritus Sānctus, trēs metrētae. Ideō nōn dictum est, capientēs metrētās aliae bīnās, aliae ternās; sed ipsae sex hydriae capiēbant metrētās bīnās vel ternās. Tamquam dīceret:

> Et quandō dīcō bīnās, etiam Spīritum Patris et Fīliī cum hīs intellegī volō; et quandō dīcō ternās, ipsam Trīnitātem manifestius ēnūntiō.

vi, 3. 그러므로 그 여섯 항아리는 여섯 시대를 의미합니다. 거기에는 예언이 담겨 있었습니다. 그러므로 흡사 마디와 같은 것으로 나누어지고 구분된 그 여섯 시대는, 그리스도가 아니면 채워지지 않는, 여섯 개의 빈 항아리와 같습니다. 어떤 시대든, 주 예수께서 전해지지 않으면, 헛되이 흘러가는 시간이라고 내가 말한 이유가 뭡니까? 예언이 이루어졌습니다. 항아리가 가득 찼습니다. 그러나 물이 포도주로 변하려면, 그 모든 예언에서 그리스도를 깨달아야 합니다.

vii, 1. 그러면, '두 세 통 드는'(요 2:6)이란 말은 무슨 뜻입니까? 특별히 이 말이 우리한테 비밀을 전해 줍니다. 이는, '통'이 무슨 척도라는 의미로 사용되기 때문입니다. 마치 '단지'나 '물동이' 같은 것처럼 말입니다. 통은 척도의 이름입니다. 그리고 이 말은 '척도'에서 나왔습니다. 즉, 헬라 사람들은 척도를 '메트레테스'(= '통')라 합니다. 여하간, 두 세 통 드는 돌항아리가 놓여 있었습니다.

vii, 2. 형제 여러분! 우리가 무슨 말을 하는 것입니까? 만약 '셋'이라는 말만을 했다면, 우리 영혼은 오직 성삼위의 신비만을 향하게 되었을 것입니다. 그러나 '두셋'이라는 말을 했다고 해도, 필시 우리는 [우리] 생각을 그렇게 빨리 거기에서 돌리지 않을 것입니다. 이는, 성부와 성자를 거명하면, 필연적으로 성령도 생각하게 되기 때문입니다. 정말이지, 성령은 성부만의 영도 아니고, 성자만의 영도 아닙니다. 도리어 성부, 성자의 영입니다. 이는, 이렇게 기록돼 있기 때문입니다.

누구든지 세상을 사랑하면, 아버지의 영[= 사랑]이 그 속에 있지 아니하니. (요 2:15)

또 이렇게 기록돼 있습니다.

그리스도의 영이 없으면, 그리스도의 사람이 아니라. (롬 8:9)

그런데 성부의 영과 성자의 영은 같습니다. 성부와 성자를 거명하면, 성령도 생각하게 됩니다. 이는, 성령이 성부와 성자의 영이기 때문입니다.

vii, 3. 그런데 성부와 성자를 거명하는 것은 마치 통 둘을 지적하는 것과 같습니다. 하지만 여기서 성령을 고려하게 되면, 통이 셋이라고 하게 됩니다. 그래서 어떤 항아리는 두 통 드는 것이고, 어떤 항아리는 세 통 드는 것이라는 말을 하지 않았습니다. '두 세 통 드는 돌항아리 여섯' (요 2:6)이라고 하였습니다. 이 말씀은 마치 이런 뜻인 것 같습니다.

내가 둘이라고 말하면, 성부와 성자의 영을 성부, 성자와 함께 고려하는 것이다. 내가 셋이라고 말하면, 성삼위 자체를 좀 더 명확하게 지적하는 것이다.

viii, 1. Quisquis itaque nōminat Patrem et Fīlium, oportet ibī intellegat tamquam cāritātem invicem Patris et Fīliī, quod est Spīritus Sānctus. Fortassis enim discussae Scrīptūrae – quod nōn sīc dīcō, ut hodiē docēre possim, aut quasi aliud invenīrī nōn possit – sed tamen fortasse scrūtātae Scrīptūrae indicant, quod Spīritus Sānctus cāritās est.

viii, 2. Et nē putētis vīlem esse cāritātem. Quōmodo autem vīlis est, quandō omnia, quae dīcuntur nōn vīlia, cāra dīcuntur? Sī ergō quae nōn sunt vīlia, cāra sunt; quid est cārius ipsa cāritāte? Sīc autem commendātur cāritās ab Apostolō, ut dīcat:

> Superēminentiōrem viam vōbīs demōnstro. Sī linguīs hominum loquar et Angelōrum, cāritātem autem nōn habeam, factus sum aerāmentum sonāns, aut cymbalum tinniēns; et sī scierō omnia sacrāmenta et omnem scientiam, et habuerō prophētiam et omnem fidem, ita ut montēs trānsferam, cāritātem autem nōn habeam, nihil sum; et sī distribuerō omnia mea pauperibus, et trādiderō corpus meum ut ārdeam, cāritātem autem nōn habeam, nihil mihī prōdest.

Quanta est ergō cāritās, quae sī desit, frūstrā habentur cētera; sī assit, rēctē habentur omnia? Tamen cāritātem laudāns apostolus Paulus cōpiōsissimē atque ūberrimē, minus dē illā dīxit. quam quod ait breviter apostolus Iohannēs, cuius est hoc Ēvangelium. Neque enim dubitāvit dīcere:

> Deus cāritās est.

Scrīptum est etiam:

> Quia cāritās Deī diffūsa est in cordibus nostrīs per Spīritum Sānctum, quī datus est nōbīs.

ix, 1. 그러므로 성부와 성자를 거명하는 자는 누구나 여기서 성부와 성자 간의 사랑, 곧, 성령을 고려하지 않을 수 없습니다. 내가 이런 말을 한다 해서, 내가 오늘 이것을 증명할 수 있다는 뜻도 아니고, 다른 해석을 발견할 수 없다는 뜻도 아닙니다. 하지만, 성경을 살펴보면, 또 궁구(窮究)해 보면, 필시 성령이 사랑이라는 사실이 드러날 것입니다.

ix, 2. 그리고 사랑을 값싼 것이라 여겨지 말아 주십시오! 또 값싸지 않다 하는 것을 다 귀하다고 하는데, 어찌 그것이 값싼 것이 될 수 있겠습니까? 그러니까, 값싼 것이 아닌 것이 귀한 것이라면, 사랑만큼 귀한 것이 어디 있겠습니까? 그런데 사도는 사랑을 다음과 같이 권했습니다.

> 12:31 내가 또한 제일 좋은 길을 너희에게 보이리라. 13:1 내가 사람의 방언과 천사의 말을 할지라도, 사랑이 없으면, 소리나는 구리와, 울리는 꽹과리가 되고, 2 내가 예언하는 능이 있어, 모든 비밀과 모든 지식을 알고, 또 산을 옮길 만한 모든 믿음이 있을지라도, 사랑이 없으면, 내가 아무것도 아니요, 3 내가 내게 있는 모든 것으로 구제하고, 또 내 몸을 불사르게 내어 줄지라도, 사랑이 없으면, 내게 아무 유익이 없느니라 (고전 12:31-13:3)

그러니까, 사랑이 없다면, 다른 것은 다 소용없고, 사랑이 있어야, 모든 소유가 다 정상이라는 것인데, 그렇다면, 사랑은 얼마나 소중한 것입니까? 그렇지만 사도 바울이 사랑을 아무리 자세하고 심도 있게 찬양했다 하더라도, 이 복음서를 쓴 요한의 짧은 한마디보다 더 강하지는 않습니다. 이는, 요한이 이렇게 말하기를 주저하지 않았기 때문입니다.

> 하나님은 사랑이시라. (요일 4:16)

이런 성경 말씀도 있습니다.

> 우리에게 주신 성령으로 말미암아 하나님의 사랑이 우리 마음에 부은 바 됨이니. (롬 5:5)

viii, 3. Quis ergō nōminet Patrem et Fīlium, et nōn ibī intellegat cāritātem Patris et Fīliī? Quam cum habēre coeperit, Spīritum Sānctum habēbit; quam sī nōn habuerit, sine Spīritū Sānctō erit. Et quōmodo corpus tuum sine spīritū, quod est anima tua, sī fuerit, mortuum est; sīc anima tua sine Spīritū Sānctō, id est, sine cāritāte sī fuerit, mortua dēputābitur. Ergō metrētās bīnās capiēbant hydriae, quia in omnium temporum prophētiā Pater et Fīlius praedicātur; sed ibī est et Spīritus Sānctus; ideōque adiūnctum est, vel ternās.

viii, 4. *Egō et Pater*, inquit, *ūnum sumus*; sed absit, ut dēsit Spīritus Sānctus, ubī audīmus: *Egō et Pater ūnum sumus*. Tamen quia Patrem et Fīlium nōmināvit, capiant hydriae bīnās metrētās; sed audī, *vel ternās*:

Īte, baptizāte gentēs in nōmine Patris et Fīliī et Spīritūs Sānctī.

Itaque in eō, quod dīcuntur *bīnae*, nōn exprimitur, sed intellegitur; in eō vērō, quod dīcuntur *vel ternae*, etiam exprimitur Trīnitās.

ix, 1. Sed est et alius intellēctus nōn praetermittendus, et ipsum dīcam; ēligat quisque, quod placet; nōs, quod suggeritur, nōn subtrahimus. Mēnsa enim Dominī est, et nōn oportet ministrum fraudāre convīvās, praesertim sīc ēsurientēs, ut appāreat aviditās vestra. Prophētia, quae ab antīquīs temporibus dispēnsātur, ad salūtem omnium gentium pertinet. Ad sōlum quidem populum Israel missus est Mōysēs, et eī sōlī populō per eum Lēx data est, et ipsī Prophētae ex illō populō fuērunt, et ipsa distribūtiō temporum secundum eundem populum distīncta est; unde et hydriae dīcuntur secundum pūrificātiōnem Iūdaeōrum.

viii, 3. 그렇다면, 성부와 성자를 거명하고서, 성부와 성자의 사랑을 함께 고려하지 않는 사람이 누가 있겠습니까? 이 사랑을 소유하기 시작할 때, 성령이 함께할 것입니다. 이 사랑이 없다면, 성령도 함께하지 않을 것입니다. 그리고 그대의 육신이 영혼을 결여한다면, 죽은 것인 것과 마찬가지로, 그대의 영혼이 성령, 곧, 사랑을 결여한다면, 죽은 것으로 간주될 것입니다. 그러므로 항아리들이 두 통 들이였던 것은, 어느때의 예언이든, 성부와 성자를 전했기 때문입니다. 하지만 거기에 성령도 있었습니다. 그래서 '세 통'이라는 말이 덧붙여졌습니다.

viii, 4. 주님은 "나와 아버지는 하나이니라"(요 10:30)고 말씀하셨습니다. 하지만 "나와 아버지는 하나이니라"는 말씀을 우리가 들을 때, 성령이 결여되었다고 생각해서는 안 됩니다. 그런데 성부와 성자를 거명할 때, 항아리는 두 통 들이였습니다. 그러나 '세 통'이라는 말도 들으십시오!

> 그러므로 너희는 가서, 모든 족속으로 제자를 삼아, 아버지와, 아들과, 성령의 이름으로 세례를 주고. (마 28:19)

그러므로 '두 통'이라는 말은 성삼위를 언명(言明)하지는 않지만, 암시하는 반면, '세 통'이라는 말은 성삼위를 언명합니다.

ix, 1. 그러나 다른 해석도 간과해서는 안 됩니다. 나는 그것도 이야기하겠습니다. 사람마다 좋은 것을 택하면 됩니다. 우리는 떠오른 아이디어를 감추어 두지 않습니다. 왜냐하면, 식탁은 주님 것이고, 섬김이는 손님들을 속여서는 안 되기 때문입니다. 특별히 굶주린 자들을 속여서는 안 됩니다. 여러분들도 그런 사람들처럼 왕성한 식욕을 보이고 있습니다. 옛날부터 행해진 예언은 열방의 구원과 연관됩니다. 물론, 모세는 이스라엘 백성에게만 보내졌습니다. 그리고 그 백성에게만 그들 통해 율법이 주어졌습니다. 그리고 선지자들도 그 백성 가운데서 나왔습니다. 그래서 시대 구분 자체도 그 백성의 역사를 기준으로 행해졌습니다. 이 때문에 항아리가 '유대인의 결례를 따라' 놓였다는 말씀이 있는 것입니다.

ix, 2. Sed tamen quod illa prophētia etiam cēterīs gentibus annūntiābātur, manifestum est; quandōquidem Chrīstus in eō occultus erat, in quō benedīcuntur omnēs gentēs, sīcut prōmīssum est Abrahae dīcente Dominō:

> In sēmine tuō benedīcentur omnēs gentēs.

Nōndum autem intellegēbātur, quia nōndum aqua conversa erat in vīnum. Ergō omnibus gentibus dispēnsābātur prophētia. Quod ut ēmineat iūcundius, dē singulīs aetātibus, tamquam dē singulīs hydriīs, prō tempore quaedam commemorēmus.

x, 1. In ipsō exōrdiō Adam et Eva parentēs omnium gentium erant, nōn tantummodo Iūdaeōrum; et quidquid figūrābātur in Adam dē Chrīsto, ad omnēs utique gentēs pertinēbat, quibus salūs est in Chrīstō. Quid ergō potissimum dīcam dē aquā prīmae hydriae, nisī quod Apostolus ait dē Adam et Evā? Nēmō enim mē dīcet prāvē intellēxisse, quandō intellēctum nōn meum, sed Apostolī proferō.

x, 2. Illud ergō ūnum, quantum mystērium dē Chrīstō continet, quod commemorat Apostolus, dicēns: *Et erunt duo in carne ūnā; sacrāmentum hoc magnum est?* Et nē quis magnitūdinem istam sacrāmentī in singulīs quibūsque hominibus uxōrēs habentibus intellegeret: *Egō autem*, inquit, *dīcō in Chrīstō et in Ecclēsiā.* Quod est hoc sacrāmentum magnum: Erunt duo in carne ūnā? Cum dē Adam et Evā Scrīptūra Geneseōs loquerētur, unde ventum est ad haec verba:

> Proptereā relinquet homō patrem et mātrem, et adhaerēbit uxōrī suae; et erunt duo in carne ūnā.

ix, 2. 하지만 그 예언이 다른 민족들에게도 전해진 것이 분명합니다. 이는, 그리스도가 아브라함 안에 감추어져 있었기 때문입니다. 아브라함을 통해 모든 민족이 복을 받습니다. 주님은 그에게 주님이 이런 약속을 하셨습니다.

> 또 네 씨로 말미암아 천하 만민이 복을 얻으리니. (창 22:18)

그러나 아직 그 예언은 이해되지 못했습니다. 이는, 물이 아직 포도주로 변하지 않았기 때문입니다. 그러니까, 모든 민족에게 예언이 전해졌습니다. 이것을 좀 더 쉽게 설명하기 위해, 각 시대에 대해, 마치 항아리 하나 하나를 놓고 이야기하는 것처럼 이야기해 보겠습니다.

x, 1. 태초에 모든 민족의 조상 아담과 하와가 있었는데, 그들은 유대인들만의 조상이 아니었습니다. 그리고 아담 안에서 그리스도에 대해 예표(豫表)된 것은, 무엇이든 다 당연히 모든 민족과 관련됩니다. 그리스도 안에 있는 구원은 모든 민족을 위한 것입니다. 그러므로 내가 특별히 첫 번째 항아리의 물과 관련하여 무엇을 말해야 하겠습니까? 그것은 오직 사도가 아담과 하와에 대하여 말씀하는 것뿐이어야 할 것입니다. 이는, 내가 나의 생각이 아니라, 사도의 견해를 전할 때, 아무도 나에 대해 그릇된 해석을 했다고 말하지 않을 것이기 때문입니다.

x, 2. 그렇다면, 사도가 다음과 같은 말을 통해 전하는 그 견해는 그리스도에 관해 얼마나 엄청난 비밀을 간직하는 것일까요?

> 31 이러므로 사람이 부모를 떠나, 그 아내와 합하여, 그 둘이 한 육체가 될지니, 32 이 비밀이 크도다. (엡 5:31-32)

그러나 이 비밀의 엄청남이, 아내가 있는 모든 사람 개개인에게 있는 것으로 오해하는 일이 없도록, 이렇게 덧붙입니다.

> 내가 그리스도와 교회에 대하여 말하노라. (엡 5:32b)

'그 둘이 한 육체가' 된다는 이 엄청난 비밀이 무엇입니까? 성경은 창세기에서 아담과 하와에 대해 이야기하면서, 다음과 같은 말씀을 하게 됩니다.

> 이러므로 남자가 부모를 떠나, 그 아내와 연합하여, 둘이 한 몸을 이룰지로다. (창 2:24)

Sī ergō Chrīstus adhaesit Ecclēsiae, ut essent duo in carne ūnā, quōmodo relīquit Patrem? Quōmodo mātrem? Relīquit Patrem, quia cum in fōrmā Deī esset, nōn rapīnam arbitrātus est esse aequālis Deō, sed sēmet ipsum exinānīvit, fōrmam servī accipiēns. Hoc est enim, relīquit Patrem, nōn quia dēseruit et recessit ā Patre; sed quia nōn eā in fōrmā appāruit hominibus, in quā aequālis est Patrī. Quōmodo relīquit mātrem? Relinquendō synagōgam Iūdaeōrum, dē quā secundum carnem nātus est; et inhaerendō Ecclēsiae, quam ex omnibus gentibus congregāvit.

x, 3. Ergō et prīma hydria habēbat prophētiam dē Chrīstō; sed quandō ista, quae loquor, nōn praedicābantur in populīs, adhūc aqua erat, in vīnum mūtāta nōndum erat. Et quia illūmināvit nōs per Apostolum Dominus, ut ostenderet nōbīs, quid ibī quaererēmus in ipsā ūnā sententiā: *Erunt duo in carne ūnā; sacrāmentum magnum in Chrīstō et in Ecclēsiā;* iam licet nōbīs ubīque Chrīstum quaerere, et dē omnibus hydriīs vīnum pōtāre.

x, 4. Dormit Adam ut fiat Eva; moritur Chrīstus, ut fiat Ecclēsia. Dormientī Adae fit Eva dē latere; mortuō Chrīstō lanceā percutitur latus, ut prōfluant sacrāmenta, quibus fōrmētur Ecclēsia. Cui nōn appāreat, quia in illīs tunc factīs futūra figūrāta sunt, quandōquidem dīcit Apostolus ipsum Adam fōrmam futūrī esse? *Quī est,* inquit, *fōrma futūrī.* Praefigūrābantur omnia mysticē. Neque enim vērē nōn poterat Deus vigilantī costam ēdūcere, fēminamque fōrmāre. An forte nē dolēret latus, quandō costa dētracta est, propter hoc oportēbat, ut ille dormīret? Quis est, quī sīc dormiat, ut eī ossa nōn ēvigilantī ēvellantur? An quia Deus ēvellēbat, proptereā homō nōn sentiēbat? Poterat ergō et vigilantī sine dolōre ēvellere, quī potuit dormientī.

그렇다면, 그리스도가 교회와 연합하여, 둘이 한 몸을 이루었을 때, 그는 어떻게 아버지를 떠났습니까? 어머니는 어떻게 떠났습니까? 그가 아버지를 떠났다는 것은, 그가 '근본 하나님의 본체시나, 하나님과 동등됨을 취할 것으로 여기지 아니하시고, 오히려 자기를 비어 종의 형체를'(빌 2:6-7) 가지셨다는 뜻입니다. 그가 아버지를 떠났다는 것은, 그가 아버지를 버렸다거나, 아버지로부터 분리되었다는 뜻이 아닙니다. 도리어, 그가 사람들에게 나타나실 때, 아버지와 동등된 모습으로 나타나시지 않았다는 뜻입니다. 그가 어머니는 어떻게 떠났습니까? 유대인의 회당을 떠남으로써 그렇게 하였습니다. 그는 육신으로는 회당에 속했습니다. 그러나 그는 교회와 연합하였습니다. 그는 교회를 열방에서 모았습니다.

x, 3. 그러니까, 첫 번째 항아리에도 그리스도에 관한 예언이 있습니다. 하지만 내가 말하는 것이 열방에 선포되지 않을 때는, 아직 물이었지, 포도주로 아직 변한 것이 아니었습니다. 그런데 주께서 사도를 통해 우리에게 빛을 비추사, 다음 말씀에서 우리가 무엇을 찾아야 할지를 우리에게 보여 주셨습니다.

31 그 둘이 한 육체가 될지니. 32 이 비밀이 크도다. 내가 그리스도와 교회에 대하여 말하노라. (엡 5:31-32)

그러므로 우리는 도처에서 그리스도를 찾을 수 있습니다. 그리고 모든 항아리 포도주를 마실 수 있습니다.

x, 4. 아담이 잔 것은, 하와가 생성되기 위함이었습니다. 그리스도께서 죽으신 것은, 교회가 형성되기 위함이었습니다. 잠이 든 아담의 옆구리에서 하와가 생성되었습니다. 죽으신 그리스도의 옆구리가 창에 찔린 것은 (요 19:34), [거기서] 신비가 흘러나와, 교회가 형성되기 위함이었습니다. 당시 일어난 그 일을 통해 장래 일이 예표(豫表)되었다는 것을 누가 모르겠습니까? 이는, 사도가 아담을 '오실 자의 표상'(롬 5:14)이라고 말하기 때문입니다. 사도는 말합니다.

아담은 오실 자의 표상이라.

모든 것이 신비적으로 예표되었습니다. 이는, 정말이지, 하나님께는 깨어 있는 자의 갈빗대를 취하사 여자를 만드시는 것도 불가능하지 않았기 때문입니다. 혹시 갈빗대를 뺄 때, 옆구리가 아프지 않도록 하기 위해, 아담이 잠을 자야 했던 것일까요? 아무리 잠을 자고 있다고 해도, 뼈를 빼내는데, 잠에서 깨지 않을 사람이 누가 있습니까? 아니면, 하나님이 빼내셨으니까, 그래서 사람이 아무것도 못 느낀 것일까요? 그러므로, 잠을 자는 사람한테서 빼내실 수 있었으면, 깨어 있는 사람한테서도 아프지 않게 빼내실 수 있었을 것입니다.

x, 5. Sed procul dubiō hydria prīma implēbātur; prophētia illīus temporis dē futūrō istō tempore dispēnsābātur.

xi, 1. Chrīstus etiam figūrātus est in Noē, et in illā arcā orbis terrārum. Quārē enim in arcā inclūsa sunt omnia animālia, nisī ut sīgnificārentur omnēs gentēs? Nōn enim deerat Deō rūrsus creāre omne genus animālium. Quandō enim omnia nōn erant, nōnne dīxit: Prōdūcat terra, et prōdūxit terra? Unde ergō tunc fēcit, inde reficeret; verbō fēcit, verbō reficeret.

xi, 2. Nisī quia mystērium commendābat, et secundam hydriam prophēticae dispēnsātiōnis implēbat, ut per lignum līberārētur figūra orbis terrārum; quia in lignō fīgenda erat vīta orbis terrārum?

xii. Iam in tertiā hydriā, ipsī Abrahae, quod iam commemorāvī, dictum est:

In sēmine tuō benedīcentur omnēs gentēs.

Et quis nōn videat, cuius habēbat figūram ūnicus eius, quī sibī ad sacrificium, quō ipse immolandus dūcēbātur, ligna portābat? Portāvit enim Dominus crucem suam, sīcut Ēvangelium loquitur. Hoc dē tertiā hydriā commemorāsse suffēcerit.

xiii, 1. Dē David autem, quid dīcam, quod ad omnēs gentēs pertinēbat prophētia eius; quandō modo audīvimus Psalmum, et difficile est, ut dīcātur psalmus, ubī hoc nōn sonet? Sed certē, ut dīxī, modo cantāvimus:

Surge, Deus, iūdicā terram; quoniam tū hērēditābis in omnibus gentibus.

Et ideō Dōnātistae tamquam prōiectī dē nuptiīs; sīcut ille homō, quī nōn habēbat vestem nuptiālem, invītātus est et vēnit, sed prōiectus est dē numerō vocātōrum, quia nōn habēbat vestem ad spōnsī glōriam.

x, 5. 그러나 첫 번째 항아리가 채워진 것은 의심할 여지가 없습니다. 장래에 관한 그 시대의 예언은 선포되었습니다.

xi, 1. 그리스도는 노아와에 의해서도 예표되었습니다. 또 온 세상은 방주에 의해 예표되었습니다. 도대체 무슨 까닭에 방주에 모든 동물이 들어간 것입니까? 그것은 오직 모든 민족을 표상하기 위한 것 아닙니까? 이는, 하나님께는 모든 종류의 생물을 다시 창조하실 능력이 없지 않기 때문입니다. 아무것도 존재하지 않았을 때, '땅은 생물을 그 종류대로'(창 1:24) 내라 하시자, 그대로 되지 않았습니까? 그러므로 그때 땅에서 만드신 것처럼, 다시 땅에서 만드실 수 있습니다. 말씀으로 만드셨으니, 말씀으로 다시 만드실 수 있습니다.

xi, 2. [방주에 모든 동물이 들어간 것은,] 오직 비밀한 뜻이 있었기 때문입니다. 그리고 두 번째 항아리에 그 뜻을 담았습니다. 즉, 나무를 통해 온 세상의 표상이 해방을 받는다는 것입니다. 이는, 나무에 온 세상의 생명이 달릴 것이기 때문었습니다.

xii. 이제 세 번째 항아리의 경우는, 내가 이미 이야기한 대로, 아브라함 자신에게 이런 말씀이 주어졌습니다.

> 네 씨로 말미암아 천하 만민이 복을 얻으리니. (창 22:18)

그리고 자기가 제물로 바쳐질 곳으로 끌려가면서 나무를 지고 간 그 독자가 누구의 표상인지를 누가 모르겠습니까? 이는, 주님이 복음의 말씀처럼 '십자가를 지시고'(요 19:17) 가셨기 때문입니다. 세 번째 항아리에 대해서는 이 정도 말했으면, 충분할 것입니다.

xiii, 1. 그런데 다윗에 대해 내가 무슨 말을 해야 할까요? 그의 예언은 모든 민족과 관련이 있습니다. 방금 우리가 시편 낭송 소리를 들었지만, 이와 관련된 소리가 나지 않으면, '시편'이라고 말하기 어렵습니다. 하지만, 내가 말한 대로, 우리는 방금 이렇게 노래했습니다.

> 하나님이여! 일어나사, 세상을 판단하소서! 모든 열방이 주의 기업이 되겠음이니이다. (시 82:8)

그러므로 도나투스파는 혼인 잔치 자리에서 쫓겨난 자들과 같습니다. 마치 '예복을 입지 않은' (마 22:11) 사람처럼 말입니다. 그는 초대를 받고 왔지만, 하객으로 간주되지 않았습니다. 이는, 그가 신랑의 영광에 걸맞는 예복을 입지 않았기 때문입니다.

xiii, 2. Quī enim suam glōriam quaerit, nōn Chrīstī, nōn habet vestem nuptiālem; nōn enim volunt cōnsonāre vōcī illīus, quī amīcus erat spōnsī, et ait:

Hic est, quī baptizat.

Nec immeritō illī, quī nōn habēbat vestem nuptiālem, hoc per increpātiōnem obiectum est, quod nōn erat:

Amīce, quid hūc venisti?

Et sīcut ille obmūtuit, ita et istī. Quid enim prōdest strepitus ōris, mūtō corde? Nōvērunt quippe intus apud sēmet ipsōs nōn sē habēre, quod dīcant. Intus obmūtuērunt, forīs perstrepunt. Audiunt, velint nōlint, etiam apud sē cantārī:

Surge, Deus, iūdicā terram; quoniam tū hērēditābis in omnibus gentibus.

Et nōn commūnicandō omnibus gentibus, quid aliud quam sē exhērēdātōs esse cōgnōscunt?

xiv, 1. Quod ergō dīcēbam, frātrēs, quia ad omnēs gentēs pertinet prophētia; volo enim alium sēnsum ostendere in eō, quod dictum est:

Capientēs metrētās bīnās vel ternās.

Ad omnēs, inquam, *gentēs pertinet prophētia*; modo commemorāvimus dēmōnstrātum in Adam, quī est fōrma futūrī.

xiv, 2. Quis autem nesciat, quod dē illō exortae sunt omnēs gentēs; et in eius vocābulō quattuor litteris, quattuor orbis terrārum partēs per Graecās appellātiōnēs dēmōnstrantur? Sī enim Graecē dīcantur, Oriēns, Occidēns, Aquilō, Merīdiēs, sīcut eās plērīsque locīs sāncta Scrīptūra commemorat; in capitibus verbōrum invenīs Adam; dīcuntur enim Graecē quattuor memorātae mundī partēs ἀνατολή, δύσις, ἄρχτος, μεσημβρία. Ista quattuor nōmina sī tamquam versūs quattuor sub invicem scrībās, in eōrum capitibus Adam legitur.

xiii, 2. 정말이지, 자기 영광을 구하고, 그리스도의 영광을 구하지 않는 자는 예복을 입지 않은 자입니다. 이는, 그가 신랑 친구인 사람의 목소리와 조화를 이루지 않기 때문입니다. 이 사람은 이렇게 말합니다.

> 그가 곧 성령으로 세례를 주는 이인 줄 알라. (요 1:33)

그리고 예복을 입지 않은 자가 다음과 같이 책망을 당한 것은 부당하지 않습니다.

> 친구여, 어찌하여 예복을 입지 않고 여기 들어왔느냐? (마 22:12)

'저가 유구무언'이었던 것처럼, 도나투스파도 유구무언(有口無言)입니다. 마음이 침묵하는데, 입에서 나오는 소음이 무슨 유익이 있습니까? 이는, 그들이, 자네한테는 할 말이 없다는 것을 속으로 [잘] 알고 있기 때문입니다. 그들은 속으로는 침묵하면서, 겉으로는 소리 지릅니다. 그들은, 원하든, 원하지 않든, 자기네 모임에서도 다음과 같은 노래를 듣고 있습니다.

> 하나님이여! 일어나사, 세상을 판단하소서! 모든 열방이 주의 기업이 되겠음이니이다. (시 82:8)

그들은 모든 열방과 함께 교통하지 않습니다. 그러면서 어떻게 자기네가 상속권을 박탈당했음을 모르겠습니까?

xiv, 1. 형제 여러분! 그러므로 나는, 예언은 모든 민족과 연관된다고 했지만, 나는 이 말을 '두 세 통 드는'(요 2:6)이란 말에 근거해서 다른 방향으로 해석하고 싶습니다. 나는, 예언은 모든 민족과 연관된다고 말했습니다. 우리가 방금 이야기했지만, 이것은 '오실 자의 표상'(롬 5:14)인 아담을 통해 밝혀졌습니다.

xiv, 2. 그런데, 그에게서 모든 민족이 나왔다는 사실을 누가 모르겠습니까? 그리고 Adam이라는 이름에는 네 글자가 들어 있습니다. 땅의 네 방향은 헬라어 단어를 통해 표시됩니다. 동, 서, 남, 북에 해당하는 단어를 헬라어로 뭐라 하는지를 성경 여러 곳에서 찾아 볼 수 있습니다. 그래서 방금 말한 네 방향은 헬라어로 ἀνατολή(아나톨레), δύσις(뒤시스), ἄρχτος(아륵흐토스), μεσημβρία(메셈브리아)라 합니다. 이 네 단어를 시구절(詩句節)처럼 위에서 아래로 차례로 쓰고, 그 첫 글자를 읽으면, Adam이 됩니다.

xiv, 3. Hoc in Noē propter arcam figūrātum est, in quā erant omnia animālia, quae sīgnificābant omnēs gentēs; hoc in Abraham, cui apertius dictum est: *In sēmine tuō benedīcentur omnēs gentēs*; hoc in David, dē cuius Psalmīs, ut alia omittam, modo cantāvimus:

> Surge, Deus, iūdicā terram; quoniam tū hērēditābis in omnibus gentibus.

Cui enim Deō dīcitur: Surge, nisī eī, quī dormīvit?

> Surge, Deus, iūdicā terram.

Tamquam dīcerētur:

> Dormīstī, iūdicātus ā terrā; surge, ut iūdicēs terram.

Et quō pertinet illa prophētia: *Quoniam tū hērēditābis in omnibus gentibus?*

xv, 1. Iam vērō in quīntā aetāte, tamquam in quīntā hydriā, Daniel vīdit lapidem praecīsum dē monte sine manibus, et frēgisse omnia rēgna terrārum; et crēvisse illum lapidem, et factum esse montem magnum, ita ut implēret ūniversam faciem terrae. Quid apertius, frātrēs meī? Lapis dē monte praecīditur; ipse est lapis, quem reprobāvērunt aedificantēs, et factus est in caput angulī. Dē quō monte praecīditur, nisī dē rēgnō Iūdaeōrum, unde Dominus noster Iēsūs Chrīstus secundum carnem nātus est? Et praecīditur sine manibus, sine opere hūmānō; quia sine amplexū marītālī dē virgine exortus est.

xv, 2. Mōns ille unde praecīsus est, nōn implēverat ūniversam faciem terrae; nōn enim tenuerat rēgnum Iūdaeōrum omnēs gentēs. At vērō rēgnum Chrīstī, ūniversum orbem terrārum cernimus occupāre.

xiv, 3. 이것은 노아의 경우 방주로 상징됩니다. 방주에는 모든 동물들이 있었는데, 그것들은 모든 민족을 가리킵니다. 이에 대해서는 아브라함의 경우 더 명확한 말씀이 있습니다.

> 네 씨로 말미암아 천하 만민이 복을 얻으리니. (창 22:18)

이에 대해서는 다윗의 경우, 다른 것은 생략하더라도, 우리가 방금 낭송한 시편이 있습니다.

> 하나님이여! 일어나사, 세상을 판단하소서! 모든 열방이 주의 기업이 되겠음이니이다. (시 82:8)

대체 어떤 하나님에게 '일어나사'라는 말을 합니까? 잠을 주무셨던 분에게 하는 것 아니면, 무엇입니까?

> 하나님이여! 일어나사, 세상을 판단하소서!

마치 이렇게 말하는 것 같습니다.

> 당신은 주무셨나이다. 당신은 세상에 의해 판단을 받으셨나이다. 일어나사, 세상을 판단하소서!

다음 예언은 무엇하고 관련됩니까?

> 모든 열방이 주의 기업이 되겠음이니이다.

xv, 1. 그런데 마치 다섯 번째 항아리와 흡사한 다섯 번째 시대에 다니엘이 '사람의 손으로 하지 아니하고 뜨인 돌이'(단 2:34) 세상의 모든 나라들을 부숴뜨린 것, 또 그 돌이 자라, '온 세계에'(단 2:35) 가득해진 것을 보았습니다. 형제 여러분! [이보다] 더 명확한 것이 어디 있습니까? 산에서 돌이 뜨였습니다. 그것은 '건축자의 버린 돌'이었는데, '집 모퉁이의 머릿돌이' 되었습니다.[1] 어떤 산에서 뜨였습니까? 그 산은 바로 유대 나라가 아닙니까? 그 나라에서 우리 주 예수 그리스도께서 육신으로 태어나셨습니다. 손으로 뜨이지 않았습니다. 사람의 작용이 없었습니다. 이는, 부부 간의 교합 없이 동정녀에게서 그가 나셨기 때문입니다.

xv, 2. 돌이 뜨인 그 산이 온 지면을 가득 채우지 않았습니다. 이는, 유대 나라가 열방을 장악하지 않기 때문입니다. 도리어, 우리가 보는 대로, 그리스도의 왕국이 온 세계를 차지할 것이기 때문입니다.

---

[1] 시 118:22 (= "건축자의 버린 돌이 집 모퉁이의 머릿돌이 되었나니").

xvi, 1. Iam ad sextam aetātem pertinet Iohannēs Baptista, quō nēmō exsurrēxit māior in nātīs mulierum; dē quō dictum est: Māior quam prophēta. Quōmodo et ipse ostendit, quia omnibus gentibus missus est Chrīstus?

xvi, 2. Quandō Iūdaeī vēnērunt ad eum, ut baptizārentur, et nē superbīrent dē nōmine Abraham: *Generātiō,* inquit, *vīperārum, quis ostendit vōbīs fugere ab īrā ventūrā? Facite ergō frūctum dīgnum paenitentiae;* id est, humilēs estōte; superbīs enim loquēbātur. Unde autem erant superbī? Dē genere carnis, nōn dē frūctū imitātiōnis patris Abraham. Quid eīs ait?

> Nōlīte dīcere: Patrem habēmus Abraham; potēns est enim Deus dē lapidibus istīs suscitāre fīliōs Abrahae.

Lapidēs dīcēns omnēs gentēs, nōn propter firmitātem, sīcut lapis dictus est, quem reprobāvērunt aedificantēs; sed propter stoliditātem et dūritiam stultitiae, quia eīs, quōs adōrābant, similēs factī erant; adōrābant enim īnsēnsāta simulācra, pariter īnsēnsātī. Unde īnsēnsātī? Quoniam in Psalmō dīcitur:

> Similēs illīs fiant, quī faciunt ea, et omnēs, quī cōnfīdunt in eīs.

xvi, 3. Ideō cum coeperint hominēs Deum adōrāre, quid audiunt? *Ut sītis fīliī Patris vestrī, quī in caelīs est, quī sōlem suum facit orīrī super bonōs et malōs, et pluit super iūstōs et iniūstōs.* Quāpropter sī eī fit homō similis, quem adōrat; quid est:

> Potēns est Deus dē lapidibus istīs suscitāre fīliōs Abrahae?

xvi, 1. 이제 세례 요한은 여섯 번째 시대에 속합니다. '여자가 낳은 자 중에'(마 11:11) 그보다 더 큰 이가 없습니다. 그는 '선지자보다도 나은 자'(마 11:9)라는 말을 들었습니다. 그리스도께서 모든 민족에게 보내심을 받았다는 사실을 요한은 어떻게 보여 주었습니까?

xvi, 2. 유대인들은 언제 세례를 받으러 요한에게 왔습니까? 그때 요한이 다음과 같은 말을 한 것은, 그들이 아브라함의 이름을 자랑하지 못하도록 하기 위함이었습니다.

> 7 독사의 자식들아! 누가 너희를 가르쳐, 임박한 진노를 피하라 하더냐? 8 그러므로 회개에 합당한 열매를 맺고. (마 3:7-8)

이 말은 '겸손해져라!'는 뜻입니다. 이 말을 그는 교만한 자들에게 하였습니다. 하지만 그들이 자랑하는 것이 무엇입니까? 그들이 자랑하는 것은 육신의 혈통이지, [그들의] 조상 아브라함을 닮는 열매가 아닙니다. 요한은 그들에게 무슨 말을 했습니까?

> [속으로] 아브라함이 우리 조상이라고 생각지 말라! ⋯ 하나님이 능히 이 돌들로도 아브라함의 자손이 되게 하시리라. (마 3:9)

그는 모든 민족을 '돌들'이라 불렀습니다. '건축자의 버린 돌'(시 118:22)의 경우처럼 단단함 때문이 아닙니다. 도리어 우매함, 바보 같은 완악함 때문입니다. 이는, 그들이, 자기네가 숭배하는 자들과 비슷하게 되었기 때문입니다. 즉, 그들이 감각 없는 우상들을 숭배한 결과, 똑같이 무감각하게 되었기 때문입니다. 어째서 무감각하게 되었습니까? 시편에 그 이유가 나옵니다.

> 우상을 만드는 자와, 그것을 의지하는 자가 다 그와 같으리로다. (시 115:8)

xvi, 3. 그렇다면, 사람들이 하나님을 경배하기 시작할 때, 그들은 무슨 말씀을 듣게 됩니까?

> 이같이 한즉, 하늘에 계신 너희 아버지의 아들이 되리니, 이는, 하나님이 그 해를 악인과 선인에게 비취게 하시며, 비를 의로운 자와 불의한 자에게 내리우심이니라. (마 5:45)

그러니까, 사람이, 자기가 경배하는 자를 닮는다면, 다음 말씀은 무슨 뜻입니까?

> 하나님이 능히 이 돌들로도 아브라함의 자손이 되게 하시리라.

Nōs ipsōs interrogēmus, et vidēmus, quia factum est. Nōs enim dē gentibus venīmus; dē gentibus autem nōn venīrēmus, nisī Deus dē lapidibus suscitāsset fīliōs Abrahae. Factī sumus fīliī Abrahae imitandō fidem, nōn nāscendō per carnem. Sīcut enim illī dēgenerandō exhērēdātī; sīc nōs imitandō adoptātī. Ergō, frātrēs, ad omnēs gentēs pertinēbat etiam ista sextae hydriae prophētia; et ideō dē omnibus dictum est: *Capientēs metrētās bīnās vel ternās.*

xvii, 1. Sed quōmodo ostendimus omnēs gentēs pertinēre ad bīnās vel ternās metrētās? Aestimantis enim fuit quōdammodo, ut ipsās dīceret bīnās, quās dīxerat ternās, ad commendandum scīlicet sacrāmentum. Quōmodo sunt bīnae metrētae? Circumcīsiō et praepūtium. Hōs duōs populōs Scrīptūra commemorat, et nūllum praetermittit hominum genus, quandō dīcit: *circumcīsiō et praepūtium*; in duōbus istīs nōminibus habēs omnēs gentēs: bīnae metrētae sunt. Hīs duōbus parietibus dē dīversō venientibus ad pācem in sē ipsō faciendam, lapis angulāris factus est Chrīstus.

xvii, 2. Ostendāmus et ternās metrētās in eīsdem ipsīs omnibus gentibus. Trēs erant fīliī Noē, per quōs reparātum est genus hūmānum. Unde Dominus ait:

> Simile est rēgnum caelōrum fermentō, quod accēpit mulier et abscondit in farīnae mēnsūrīs tribus, quoadusque fermentārētur tōtum.

Quae est ista mulier, nisī carō Dominī? Quod est fermentum, nisī Ēvangelium? Quae sunt trēs mēnsūrae, nisī omnēs gentēs, propter trēs fīliōs Noē? Ergō sex hydriae capientēs bīnās vel ternās metrētās, sex sunt aetātēs temporum, capientēs prophētiam pertinentem ad omnēs gentēs, sīve in duōbus generibus hominum, id est, Iūdaeīs et Graecīs, sīcut saepe Apostolus commemorat; sīve in tribus, propter Noē trēs fīliōs, sīgnificātās.

자문(自問)해 보십시다! 그러면, 우리는 그렇게 되었음을 보게 됩니다. 이는, 우리가 이방인 출신이기 때문입니다. 하나님이 돌들로 아브라함의 자손이 되게 하시지 않았다면, 우리는 이방인 중에서 오지 못했을 것입니다. 우리는 믿음을 본받음으로써 아브라함의 자손이 되었지, 육신의 혈통으로 되지 않았습니다. 그들은 변질로 말미암아 상속권을 박탈당했습니다. 이와 같이 우리는 본받음으로 말미암아 입양되었습니다. 형제 여러분! 그러므로, 여섯 번째 항아리의 이 예언도 모든 민족과 관련됩니다. 그래서 모두에 대해 이렇게 말씀하신 것입니다. '두 세 통 드는'(요 2:6).

xvii, 1. 하지만 어떻게 우리가, '두 세 통'이라는 말과 모든 민족이 관련된다는 것을 증명합니까? 정말이지, 비밀을 드러내기 위해 '셋'이라 말했던 것을 '둘'이라 말하는 것은 평가의 문제입니다. 두 통 들이가 무엇을 의미합니까? 할례와 무할례입니다. 성경은 이 두 백성을 언급합니다. 그리고 '할례나 무할례'(갈 6:15)를 말씀할 때, 어떤 종류의 사람도 간과하지 않습니다. 이 두 단어로 모든 민족이 지칭됩니다. 그래서 '두 통'입니다. '중간에 막힌 담을 허시고'(엡 2:14) 당신 자신 안에서 둘로 하나를 만드시기 위하여, 그리스도께서 '친히 모퉁이 돌이'(엡 2:20) 되셨습니다.

xvii, 2. '세 통'이라는 말 역시 모든 민족과 관련된다는 걸 증명해 봅시다! 노아의 아들들은 셋이었고, 이들로 좇아 인류가 회복되었습니다.[1] 그래서 주님은 이렇게 말씀하셨습니다.

> 20 내가 하나님의 나라를 무엇으로 비할꼬? 21 마치 여자가 가루 서 말 속에 갖다 넣어 전부 부풀게 한 누룩과 같으니라. (눅 13:20-21)

이 여자가 주님의 육신이 아니면 무엇입니까? 누룩이 복음이 아니면 무엇입니까? 가루 서 말은 노아의 세 아들로 말미암아 회복된 인류 전체가 아니면 무엇입니까? 그러므로 '두 세 통 드는 돌항아리 여섯'(요 2:6)은 여섯 시대를 말합니다. 또 모든 민족과 관련된 예언을 담고 있습니다. 인류는 두 종류의 사람으로 구별될 수 있습니다. 사도가 자주 말하는 것처럼, 유대인과 헬라인으로 말입니다. 아니면, 노아의 세 아들로 예표(豫表)되는 것처럼, 세 종류로 나눌 수 있습니다.

---

[1] 창 9:18-19 (= "18 방주에서 나온 노아의 아들들은 셈과 함과 야벳이며 함은 가나안의 아비라 19 노아의 이 세 아들로 좇아 백성이 온 땅에 퍼지니라") 참조.

xvii, 3. Figūrāta est enim prophētia pertingēns ūsque ad omnēs gentēs. Nam in eō, quod pertingit, dicta est metrēta, sīcut dīcit Apostolus: Accēpimus mēnsūram pertingendī ūsque ad vōs.

Gentibus enim ēvangelizāns, hoc ait, mēnsūram pertingendī ūsque ad vōs.

xvii, 3. 그러니까, 모든 민족에게까지 이르는 예언은 비유를 통해 행해집니다. '통'이라는 단어는 어디에까지 이르는지를 가리킵니다. 그래서 사도는 이렇게 말했습니다.

> 그러나 우리는 분량밖의 자랑을 하지 않고, 오직 하나님이 우리에게 분량으로 나눠 주신, 그 분량의 한계를 따라 하노니, 곧, 너희에게까지 이른 것이라. (고후 10:13)

그러니까, 사도는 이방인에게 전도를 하면서, '너희에게까지 이른' 그 분량에 대해 이야기하는 것입니다.

TRACTATUS X.

Ioh. 2, 12-21.

12 *Post hoc dēscendit Capharnaum ipse, et māter eius et frātrēs eius et discipulī eius et ibī mānsērunt nōn multīs diēbus.*

13 *Et prope erat Pascha Iūdaeōrum et ascendit Hierosolyma Iēsūs, 14 et invēnit in templō vendentēs bovēs et ovēs et columbās, et nummulāriōs sedentēs. 15 Et cum fēcisset quasi flagellum dē fūniculīs, omnēs ēiēcit dē templō ovēs quoque et bovēs et nummulāriōrum effūdit aes et mēnsās subvertit. 16 Et hīs, quī columbās vendēbant, dīxit: Auferte ista hinc, et nōlīte facere domum Patris meī domum negōtiātiōnis. 17 Recordātī vērō sunt discipulī eius, quia scrīptum est: Zēlus domūs tuae comēdit mē. 18 Respondērunt ergō Iūdaeī et dīxērunt eī, quod sīgnum ostendis nōbīs, quia haec facis. 19 Respondit Iēsūs et dīxit eīs: Solvite templum hoc, et in tribus diēbus excitābō illud. 20 Dīxērunt ergō Iūdaeī: Quadrāgintā et sex annīs aedificātum est templum hoc, et tū tribus diēbus excitābis illud? 21 Ille autem dīcēbat dē templō corporis suī.*

i, 1. In Psalmō audīstis gemitum pauperis, cuius membra per tōtam terram trībulātiōnes patiuntur ūsque in fīnem saeculī. Satis agite, frātrēs meī, esse in hīs membrīs et dē hīs membrīs; nam trībulātiō tōta trānsitūra est. Vae gaudentibus! Vēritās dīcit: Beātī lugentēs, quoniam ipsī cōnsōlābuntur. Deus homō factus est. Quid futūrus est homō, propter quem Deus factus est homō? Haec spēs cōnsōlētur nōs in omnī trībulātiōne et tentātiōne huius vītae. Nōn enim cessat inimīcus persequī; et sī nōn apertē saevit, īnsidiīs agit. Quid enim agit? Et super īram dolōsē agēbant. Inde dictus est leō et dracō.

제10강

요 2:12-21

12 그후에 예수께서 그 어머니와 형제들과 제자들과 함께 가버나움으로 내려가 거기 여러 날계시지 아니하시니라 13 유대인의 유월절이 가까운지라 예수께서 예루살렘으로 올라가셨더니 14 성전 안에서 소와 양과 비둘기 파는 사람들과 돈 바꾸는 사람들의 앉은 것을 보시고 15 노끈으로 채찍을 만드사 양이나 소를 다 성전에서 내어쫓으시고 돈 바꾸는 사람들의 돈을 쏟으시며 상을 엎으시고 16 비둘기 파는 사람들에게 이르시되 이것을 여기서 가져가라 내 아버지의 집으로 장사하는 집을 만들지 말라 하시니 17 제자들이 성경 말씀에 주의 전을 사모하는 열심이 나를 삼키리라 한 것을 기억하더라 18 이에 유대인들이 대답하여 예수께 말하기를 네가 이런 일을 행하니 무슨 표적을 우리에게 보이겠느뇨 19 예수께서 대답하여 가라사대 너희가 이 성전을 헐라 내가 사흘 동안에 일으키리라 20 유대인들이 가로되 이 성전은 사십육 년 동안에 지었거늘 네가 삼 일 동안에 일으키겠느뇨 하더라 21 그러나 예수는 성전된 자기 육체를 가리켜 말씀하신 것이라

i, 1. 시편에서 여러분은 가난한 자의 한숨 소리를 듣습니다. 이 사람의 지체들은 온 땅에서 세상 끝까지 환난을 당합니다. 나의 형제 여러분, 이 지체들 가운데 있기를, 이 지체들에 속하기를 추구하십시오! 이는, 모든 환난이 지나갈 것이기 때문입니다.

> 화 있을진저! 너희 이제 웃는 자여! [너희가 애통하며 울리로다.] (눅 6:25)

진리께서는 말씀하십니다.

> 애통하는 자는 복이 있나니, 저희가 위로를 받을 것임이요. (마 5:4)

하나님이 사람이 되셨습니다. 하나님이 사람을 위해 사람이 되셨는데, 사람은 장차 무엇이 될까요? 이 소망이 우리를 이 세상의 모든 환난과 시험 가운데서 위로합니다. 정말이지, 원수가 쉴 새 없이 핍박합니다. 그리고 공공연히 날뛰지 않을 때는, 간계를 씁니다. 도대체 무슨 간계를 씁니까? 그들은 노를 발하며 간계를 씁니다. 그래서 '사자' 내지 '용'이라 불립니다.

i, 2. Sed quid dīcitur Chrīstō?

> Et conculcābis leōnem et dracōnem.

Leō propter apertam īram, dracō propter occultās īnsidiās. Dracō ēiēcit Adam dē paradīsō, īdem ipse leō persecūtus est Ecclēsiam, dīcente Petrō:

> Quia adversārius vester diabolus sīcut leō rugiēns circuit, quaerēns, quem dēvoret.

Nōn tibī saevitiam suam perdidisse diabolus videātur; quandō blandītur, tunc magis cavendus est.

i, 3. Sed inter hās omnēs īnsidiās et eius tentātiōnēs, quid faciēmus, nisī quod ibī audīvimus:

> Egō autem, cum mihī molestī essent, induēbam mē ciliciō, et humiliābam in iēiūniō animam meam.

Est quī exaudiat, nē dubitētis ōrāre; qui autem exaudit, intus manet. Nōn in montem aliquem oculōs dīrigātis, nōn faciem in stellās aut sōlem aut lūnam levētis. Nōn tunc exaudīrī vōs arbitrēminī, quandō super mare ōrātis; immō dētestāminī tālēs ōrātiōnēs. Mundā tantum cubiculum cordis; ubī fueris, ubicumque ōrāveris, intus est, quī exaudiat, intus in sēcrētō, quem sinum vocat, cum ait:

> Et ōrātiō mea in sinū meō convertētur.

Quī tē exaudit, nōn est praeter tē. Nōn longē vadās, nec tē extollās, ut quasi attingās illum manibus. Magis sī tē extuleris, cadēs; sī tē humiliāveris, ipse appropinquābit. Hic Dominus Deus noster Verbum Deī, Verbum carō factum, Fīlius Patris, Fīlius Deī, Fīlius hominis; excelsus, ut nōs faceret, humilis, ut nōs reficeret, ambulāns inter hominēs, patiēns hūmāna, abscondēns dīvīna.

i, 2. 그런데 그리스도는 무슨 말을 듣습니까?

> 네가 사자와 독사를 밟으며, 젊은 사자와 뱀을 발로 누르리로다. (시 91:13)

사자는 드러낸 분노 때문이고, 용은 은밀한 간계 때문입니다. 용은 아담을 낙원에서 몰아내었습니다. 바로 이 녀석이 교회를 핍박했습니다. 베드로가 말합니다.

> [근신하라! 깨어라!] 너희 대적 마귀가 우는 사자 같이 두루 다니며 삼킬 자를 찾나니. (벧전 5:8)

사자가 그 포악함을 잃었다는 생각을 하지 마십시오! 그가 알랑거릴 때 더 조심해야 합니다.

i, 3. 그러나 이 모든 간계와 그의 시험 중에 우리가 시편에서 들은 대로 하는 것말고 무엇을 할 수 있겠습니까?

> 나는 저희가 병들었을 때에, 굵은 베옷을 입으며, 금식하여 내 영혼을 괴롭게 하였더니. (시 35:13a)

[기도를] 들으시는 분이 계시니, 기도하기를 주저하지 마십시오! 그 어떤 산을 향해 눈을 들지 마십시오! 얼굴을 별이나, 해나, 달을 향해 들지 마십시오! 여러분이 바다 위에서 기도할 그때 응답을 받는다고 생각하지 마십시오! 정말이지, 그런 기도를 혐오하십시오! 오직 마음의 골방을 정결케 하십시오! 그대가 어디서 기도하든지, [기도를] 들어주시는 분은 내면 은밀한 곳에 계십니다. 시편 기자는 그곳을 '품'이라고 하였습니다.

> 내 기도가 내 품으로 돌아왔도다. (시 35:13b)

그대의 기도를 들어주시는 분은 그대 바깥에 계시지 않습니다. 멀리 가지 마십시오! 마치 손으로 그를 만질 수 있는 것처럼, 그대 스스로를 높이지 마십시오! 안 됩니다. 그대 자신을 높이면, 그대는 넘어질 것입니다. 그대 자신을 낮추면, 그분이 친히 가까이 오실 것입니다. 그분은 우리 주 하나님, 하나님의 로고스, 육신이 되신 말씀, 성부의 아들이십니다. 하나님의 아들이시며, 인간의 아들이십니다. 그는 존귀하사, 우리를 창조하셨고, 그는 겸손하사, 우리를 재창조하십니다. 그는 사람들 중에 다니셨고, 인간의 고난을 당하셨고, 신성(神性)을 감추셨습니다.

ii, 1. *Dēscendit*, ut dīcit Ēvangelista, *in Capharnaum, ipse et māter eius, et frātrēs eius, et discipulī eius, et ibī mānsērunt nōn multīs diēbus.* Ecce, habet mātrem, habet frātrēs, habet et discipulōs; inde frātrēs, unde mātrem. Frātrēs enim Scrīptūra nostra, nōn eōs sōlōs appellāre cōnsuēvit, quī nāscuntur ex eōdem virō et fēminā, aut ex eōdem uterō, aut ex eōdem patre, quamvīs dīversīs mātribus; aut certē ex eōdem gradū, velut compatruēlēs aut cōnsobrīnōs; nōn sōlum hōs frātrēs nōvit dīcere Scrīptūra nostra. Quōmodo loquitur, sīc intellegenda est.

ii, 2. Habet linguam suam; quicumque hanc linguam nescit, turbātur, et dīcit:

Unde frātrēs Dominō? Num enim Marīa iterum peperit?

Absit. Inde coepit dīgnitās virginum. Illa fēmina māter esse potuit, mulier esse nōn potuit. Dicta est autem mulier secundum fēmineum sexum, nōn secundum corruptiōnem integritātis; et hoc ex linguā ipsīus Scrīptūrae. Nam et Eva statim facta dē latere virī suī, nōndum contācta ā virō suō, nōstis, quia mulier appellāta est:

Et fōrmavit eam in mulierem.

ii, 3. Unde ergō frātrēs? Cōgnātī Marīae frātrēs Dominī, dē quōlibet gradū cōgnātī. Unde probāmus? Ex ipsā Scrīptūrā. Frāter Abrahae dictus est Lot; fīlius erat frātris ipsīus. Lege, et inveniēs, quia Abraham patruus erat Lot, et dictī sunt frātrēs. Unde, nisī quia cōgnātī? Item Iacob Laban Syrum habēbat avunculum; frāter enim erat Laban mātris Iacob, id est, Rebeccae uxōris Isaac. Lege Scrīptūram, et inveniēs, quia frātrēs dīcuntur avunculus et sorōris fīlius. Quā rēgulā cōgnitā, inveniēs omnēs cōnsanguineōs Marīae frātrēs esse Chrīstī.

ii, 1. 복음서 기자가 말하는 대로, 주님은 '그 어머니와, 형제들과, 제자들과 함께 가버나움으로 내려가, 거기 여러 날 계시지'(요 2:12) 않으셨습니다. 보십시오! 그에게는 어머니가 있었고, 형제들이 있었고, 제자들이 있었습니다. 어머니가 있었기 때문에, 형제들이 있었습니다. 우리 성경은 같은 아버지와 어머니한테서 태어난 자들만을 '형제'라 하지 않습니다. 어머니만 같은 자 또는 아버지만 같은 자들도 '형제'라 부릅니다. 또 친사촌 형제들이나, 고종사촌 형제들, 외사촌 형제들이나, 이종사촌 형제들도 '형제'라 부릅니다. 성경의 표현을 그대로 받아들여야 합니다.

ii, 2. [성경에는] 그 자체의 언어가 있습니다. 누구든지, 이 언어를 모르는 사람은 혼란스러워하면서 말합니다.

어째서 주님께 형제가 있는가? 마리아가 출산을 또 했단 말인가?

전혀 아닙니다. 그녀에게서 동정녀의 품격이 출발합니다. 그녀는 어머니일 수는 있었지만, 여자일 수는 없었습니다. 그녀가 '여자'라 불리는 것은 여성이기 때문이지, 순결이 깨어졌기 때문이 아닙니다. 그리고 이것은 성경 자체의 표현 방식과 관련됩니다. 하와도, 여러분이 아는 것처럼, 그녀 남편의 옆구리에서 만들어진 즉시 '여자'라 불렸습니다. 그때는 아직 그녀 남편과 접촉하기 전이었습니다.

여호와 하나님이 아담에게서 취하신 그 갈빗대로 여자를 만드시고. (창 2:22)

ii, 3. 그러면, 어째서 그들이 형제들입니까? 마리아의 혈족은 주님의 형제들입니다. 촌수(寸數)에 상관없이 말입니다. 우리가 어떻게 증명합니까? 성경 자체를 통해서입니다. 롯은 아브라함의 '형제'라 불리지만, [실상은] 그의 조카입니다. [성경을] 읽어 보십시오! 그러면, 아브라함이 롯의 숙부라는 사실을 알게 될 것입니다. 하지만, '형제'(창 13:8)라 하였습니다. 혈족이기 때문이 아니면, 무엇입니까? 또 아람 사람 라반은 야곱의 외숙부였습니다. 이는, 라반이 야곱의 어머니, 곧, 이삭의 아내 리브가의 형제였기 때문입니다. [성경을] 읽어 보십시오! 그러면, 외삼촌과 외조카도 '형제들'이라 불린다는 사실을 알게 될 것입니다. 이 규칙을 알고 나면, 마리아의 모든 혈족이 그리스도의 형제들이라는 사실을 알게 될 것입니다.

iii, 1. Sed illī discipulī magis erant frātrēs; quia et illī cōgnātī frātrēs nōn essent, sī discipulī nōn essent; et sine causā frātrēs, sī magistrum nōn agnōscerent frātrem. Nam quōdam locō cum eī nūntiātī essent māter et frātrēs eius forīs stantēs, ille autem cum discipulīs suīs loquēbātur, ait:

> Quae mihī māter, vel quī frātrēs?

Et extendēns manum super discipulōs suōs, dixit:

> Hī sunt frātrēs meī: et: Quīcumque fēcerit voluntātem Patris meī, ille mihī māter, et frāter, et soror est.

iii, 2. Ergō et Marīa, quia fēcit voluntātem Patris. Hoc in eā magnificāvit Dominus, quia fēcit voluntātem Patris, nōn quia carō genuit carnem. Intendat Cāritās vestra. Proptereā cum Dominus in turbā admīrābilis vidērētur, faciēns sīgna et prōdigia, et ostendēns, quid latēret in carne, admīrātae quaedam animae dīxērunt:

> Fēlīx venter, quī tē portāvit.

Et ille:

> Immō fēlīcēs, quī audiunt verbum Deī, et custōdiunt.

Hoc est dīcere:

> Et māter mea, quam appellāstis fēlīcem, inde fēlīx, quia verbum Deī custōdit; nōn quia in illā Verbum carō factum est, et habitāvit in nōbīs; sed quia custōdit ipsum Verbum Deī, per quod facta est, et quod in illā carō factum est.

iii, 3. Hominēs nōn gaudeant prōle temporālī, exsultent, sī spīritū iunguntur Deō. Haec dīximus propter id, quod ait Ēvangelista, quia cum mātre suāa et frātribus suīs et discipulīs habitāvit in Capharnaum paucīs diēbus.

iii, 1. 아니, 제자들이 오히려 [그의] 형제들이었습니다. 이는, 그의 혈족들도 제자들이 아니라면, 형제들이 아닐 것이기 때문입니다. 또 그들이 [자기네] 형제를 스승으로 인정하지 않으면, 형제들이 될 이유가 없기 때문입니다. [성경] 어디를 보면, 누가 주님께 그의 모친과 형제들이 밖에 서 있다는 말을 했을 때, 주님은 당신의 제자들과 이야기하시면서 이렇게 대답하셨습니다.

> 누가 내 모친이며, 내 동생들이냐? (마 12:48)

그리고 손을 내밀어, 제자들을 가리키며 말씀하셨습니다.

> 49 나의 모친과 나의 동생들을 보라! 50 누구든지, 하늘에 계신 내 아버지의 뜻대로 하는 자가 내 형제요, 자매요, 모친이니라. (마 12:49-50)

iii, 2. 그러므로 마리아도 [제자입니다]. 이는, 그녀가 아버지의 뜻대로 행했기 때문입니다. 주님은 그녀의 이 점을 칭찬했습니다. 그녀가 아버지의 뜻대로 행했다는 점 말입니다. 육신이 육신을 낳았기 때문이 아닙니다. 사랑하는 여러분, 주목해 주십시오! 그러므로 주님이 이적(異蹟)과 기사(奇事)를 행하시며, 육신에 감추어져 있던 것을 보여 주심으로써, 무리 가운데 경탄의 염(念)을 자아내실 때, 어떤 사람들이 놀라 이렇게 말했습니다.

> 당신을 밴 태와 [당신을 먹인 젖이] 복이 있도소이다. (눅 11:27)

그러자 주님이 말씀하셨습니다.

> 오히려 하나님의 말씀을 듣고 지키는 자가 복이 있느니라. (눅 11:28)

이 말씀은 이런 뜻입니다.

> 너희가 복되다고 말한 내 어머니가 복된 것은, 하나님의 말씀을 준행하기 때문이지, 그녀를 통해 '말씀이 육신이 되어, 우리 가운데'(요 1:14) 거하기 때문이 아니다. 즉, 그녀가 하나님의 말씀을 준행하기 때문이다. 그녀는 말씀을 통해 창조되었다. 또 말씀이 그녀를 통해 육신이 되었다.

iii, 3. 사람들은 육신의 소생으로 말미암아 기뻐해서는 안 됩니다. 하나님과 영으로 연합할 때, 환호작약해야 합니다. 우리가 이것을 말하는 것은, 복음서 기자가 이렇게 말하기 때문입니다.

> [그후에 예수께서] 그 어머니와, 형제들과 ,제자들과 함께 가버나움으로 내려가, 거기 여러 날 계시지 아니하시니라. (요 2:12)

iv, 1. Inde quid sequitur?

> Et prope erat Pascha Iūdaeōrum, et ascendit Ierosolymam.

Aliam rem narrat, sīcut sē habēbat recordātiō annūntiantis.

> Et invēnit in templō vendentēs bovēs et ovēs et columbās, et nummulāriōs sedentēs; et cum fēcisset quasi flagellum dē resticulīs, omnēs ēiēcit de templō; bovēs quoque et ovēs, et nummulāriōrum effūdit aes, et mēnsās subvertit; et hīs, quī columbās vendēbant, dīxit: Auferte ista hinc, et nōlīte facere domum Patris meī domum negōtiātiōnis.

iv, 2. Quid audīvimus, frātrēs? Ecce, templum illud figūra adhūc erat, et ēicit inde Dominus omnēs, quī sua quaerēbant, quī ad nūndinās vēnerant. Et quae ibī vendēbant illī? Quae opus habēbant hominēs in sacrificiīs illīus temporis. Nōvit enim Cāritās vestra, quod sacrificia illī populō prō eius carnālitāte et corde adhūc lapideō tālia data sunt, quibus tenērētur, nē in īdōla dēflueret; et immolābant ibī sacrificia, bovēs, ovēs et columbās; nōstis, quia lēgistis. Nōn ergō magnum peccātum, sī hoc vendēbant in templō, quod emēbātur, ut offerrētur in templō; et tamen ēiēcit inde illōs. Quid, sī ibī ēbriōsōs invenīret, quid faceret Dominus; sī vendentēs ea, quae licita sunt, et contrā iūstitiam nōn sunt (quae enim honestē emuntur, nōn illicitē venduntur), expulit tamen, et nōn est passus domum ōrātiōnis fierī domum negōtiātiōnis?

iv, 3. Sī negōtiātiōnis domus nōn dēbet fierī domus Deī, pōtātiōnis dēbet fierī? Nōs autem quandō ista dīcimus, strīdunt dentibus suīs adversus nōs; et cōnsōlātur nōs Psalmus, quem audīstis:

> Strīdērunt super mē dentibus suīs.

Nōvimus et nōs audīre, unde cūrēmur, etsī ingeminantur flagella Chrīstō, quia flagellātur sermō ipsīus: *Congregāta sunt,* inquit, *in mē flagella, et nesciērunt.*

iv, 1. 다음에 무슨 말씀이 이어집니까?

> 유대인의 유월절이 가까운지라. 예수께서 예루살렘으로 올라가셨더니. (요 2:13)

[요한은] 자기에게 기억나는 대로 다른 것을 이야기합니다.

> 14 성전 안에서 소와, 양과, 비둘기 파는 사람들과, 돈 바꾸는 사람들의 앉은 것을 보시고, 15 노끈으로 채찍을 만드사, 양이나 소를 다 성전에서 내어쫓으시고, 돈 바꾸는 사람들의 돈을 쏟으시며, 상을 엎으시고, 16 비둘기 파는 사람들에게 이르시되, '이것을 여기서 가져가라! 내 아버지의 집으로 장사하는 집을 만들지 말라!' 하시니. (요 2:14-16)

iv, 2. 형제 여러분! 우리가 들은 말이 무엇입니까? 보십시오! 그 성전은 여전히 표상이었습니다. 그리고 주님은 거기서 사욕(私慾)을 추구하던 자들, 장사하러 온 자들을 쫓아내셨습니다. 그런데 그들은 거기서 무엇을 팔았습니까? 사람들이 당시 제사에 필요로 하는 것들이었습니다. 정말이지, 사랑하는 여러분이 아시는 대로, 당시 백성의 마음은 육신적이었고, 돌 같았기 때문에, 그들에게 그런 제사가 허용된 것은, 그들이 우상 숭배에 빠지는 것을 막기 위해서였습니다. 그들이 거기서 제물로 바친 것은 소나, 양이나, 비둘기였습니다. 여러분은 이 사실을, [성경을] 읽었기 때문에 알고 있습니다. 그러므로 성전에서 팔리는 것을 [유대인들이] 성전에 바치기 위해 샀던 것은, 큰 죄가 아니었습니다. 하지만 주님은 그들을 성전에서 쫓아내셨습니다. 주님이 거기서 술 취한 자들을 보셨다면, 어떻게 하셨을까요? 어떻게 하셨을까요? 그들이 허용된 것을 파는 자들이었다면, 의(義)에 맞서는 자가 아니었겠지요. (왜냐하면, 사도 좋은 것을 파는 것은 불법적이 아니기 때문입니다.) 그럼에도 불구하고 [주님은 그들을] 쫓아내셨습니다. 기도하는 집이 장사하는 집 되는 것을 허용하시지 않았습니다.

iv, 3. 하나님의 집이 장사하는 집이 되어서는 안 된다면, 주점은 되어도 괜찮은 것입니까? 하지만 우리가 이런 말을 할 때, 그들은 우리를 향해 이를 갑니다. 그리고 우리가 들은 시편 말씀이 우리를 위로합니다.

> 저희는 [연회에서 망령되이 조롱하는 자 같이] 나를 향하여 그 이를 갈도다. (시 35:16)

우리가 알고 있는 대로, 우리 역시, 우리가 어떻게 치유받는지를 듣고 있습니다. 설령 그리스도께는 채찍질이 배가(倍加)된다 해도 말입니다. 이는, 주님의 말씀이 욕을 먹는 까닭입니다. [주님은] 이렇게 말씀하십니다.

> 오직 내가 환난을 당하매, 저희가 기뻐하여 서로 모임이여! 비류가 나의 알지 못하는 중에 모여, 나를 치며, 찢기를 마지 아니하도다. (시 35:15)

Flagellātus est flagellīs Iūdaeōrum, flagellātur blasphēmiīs falsōrum Chrīstiānōrum; multiplicant flagella Dominō suō, et nesciunt. Faciāmus nōs, quantum ipse adiuvat:

Egō autem, cum mihī molestī essent, induēbam mē ciliciō, et humiliābam in iēiūniō animam meam.

v, 1. Dīcimus tamen, frātrēs (nōn enim et ipse pepercit illīs; quī flagellandus erat ab eīs, prior illōs flagellāvit), sīgnum quoddam nōbīs ostendit, quod fēcit flagellum dē resticulīs, et inde indisciplīnātōs, negōtiātiōnem dē Deī templō facientēs, flagellāvit.

v, 2. Etenim ūnusquisque in peccātīs suīs restem sibī texit. Prophēta dīcit:

Vae hīs, quī trahunt peccāta sīcut restem longam!

Quis facit restem longam? Quī peccātō addit peccātum. Quōmodo adduntur peccāta peccātīs? Cum peccāta, quae facta sunt, cooperiuntur aliīs peccātīs. Fūrtum fēcit, nē inveniātur, quia fēcit, quaerit mathēmaticum. Sufficeret fūrtum fēcisse; quārē vīs adiungere peccātum peccātō? Ecce, duo peccāta. Cum ad mathēmaticum prohibēris accēdere, blasphēmās episcopum. Ecce, tria peccāta. Cum audīs: *Mitte illum forās dē Ecclēsiā*; dīcis: *Dūcō mē ad partem Dōnātī*. Ecce, addis quārtum.

v, 3. Crēscit restis; timē restem. Bonum est tibī, ut hīc inde cum flagellāris, corrigāris; nē in fīne dīcātur:

Ligāte illī pedēs et manūs, et prōicite eum in tenebrās exteriōrēs.

Criniculīs enim peccātōrum suōrum ūnusquisque cōnstringitur. Illud Dominus dīcit, illud alia Scrīptūra dīcit; sed utrumque Dominus dīcit. Dē peccātīs suīs ligantur hominēs, et mittuntur in tenebrās exteriōrēs.

[주님은] 유대인들의 채찍으로 맞으셨습니다. 거짓 크리스챤들의 비방으로 말미암아 맞고 계십니다. 그들은 자기네의 주님께 채찍질을 배가하고 있습니다. 그러면서도 알지 못합니다. 주님의 도우심으로 말미암아 우리는 이렇게 하십시다!

> 나는, 저희가 병들었을 때에, 굵은 베옷을 입으며, 금식하여, 내 영혼을 괴롭게 하였더니, 내 기도가 내 품으로 돌아왔도다. (시 35:13)

v, 1. 형제 여러분! 하지만 우리는 이렇게 말합니다. (정말이지, 주님은 그들을 봐주시지 않습니다. 그들에게 채찍질을 당하실 테지만, 그가 먼저 그들에게 채찍질을 가하십니다.)

> 그는 노끈으로 채찍을 만드시고, 하나님의 집으로 장사를 한, 무엄한 자들을 그것으로 치심으로써 우리에게 모종(某種)의 표상을 보여 주셨습니다.

v, 2. 정말이지, 각자는 자기 죄로 말미암아 스스로 채찍을 만듭니다. 선지자는 이렇게 말합니다.

> 거짓으로 끈을 삼아 죄악을 끌며, 수레 줄로 함 같이 죄악을 끄는 자는 화 있을진저! (사 5:18)

누가 긴 끈을 만듭니까? 죄에 죄를 더하는 자입니다. 어떻게 죄에 죄가 더해집니까? 이미 지은 죄를 다른 죄로 덮을 때, 그렇게 됩니다. 도둑질을 한 자가, 그걸 들키지 않으려고 점성가를 찾습니다. 도둑질한 것으로 충분할 텐데, 어째서 죄에 죄를 더하려 하는 겁니까? 보십시오! 죄가 둘입니다. 점성가 찾는 걸 금지하자, 감독을 비방합니다. 보십시오! 죄가 셋입니다. '그를 교회 밖으로 내보내십시오!'라는 말을 듣습니다. 그때 말합니다. '나는 도나투스 편이 되겠어요'. 보십시오! 네 번째 죄가 추가됩니다.

v, 3. 끈이 길어집니다. 끈을 두려워하십시오! 여기서 그대가 채찍에 맞음으로써 고침을 받는 것은 그대에게 좋은 일입니다. 그래야 다음과 같은 말씀을 듣지 않게 될 테니까요.

> 그 수족을 결박하여, 바깥 어두움에 내어 던지라! (마 22:13)

이는, 모든 [악인]이 자기 '죄의 줄에'(잠 5:22) 매이기 때문입니다. 마 22:13 말씀은, 주님이 친히 하신 말씀이고, 잠 5:22 말씀은 성경 다른 곳에 있는 말씀입니다. 그러나 둘 다 주님의 말씀입니다. 사람들은 자기 죄에 의해 묶입니다. 그리고 바깥 어두운 곳에 던져집니다.

vi, 1. Quī sunt tamen, quī vendunt bovēs, ut in figūrā quaerāmus mystērium factī. Quī sunt, quī ovēs vendunt et columbās? Ipsī sunt, quī sua quaerunt in Ecclēsiā, nōn quae Iēsū Chrīstī. Vēnāle habent tōtum, quī nōlunt redimī; emī nōlunt, et vendere volunt. Bonum est enim eīs, ut redimantur sanguine Chrīstī, ut perveniant ad pācem Chrīstī.

vi, 2. Quid enim prōdest acquīrere in hōc saeculō quodlibet temporāle et trānsitōrium, sīve sit pecūnia, sīve sit voluptās ventris et gutturis, sīve sit honor in laude hūmānā? Nōnne omnia fūmus et ventus? Nōnne omnia trānseunt, currunt? Et vae hīs, quī haeserint trānseuntibus, quia simul trānseunt. Nōnne omnia fluvius praeceps currēns in mare? Et vae quī ceciderit, quia in mare trahētur. Ergō tenēre dēbēmus omnēs affectūs ā tālibus concupīscentiīs.

vi, 3. Frātrēs meī, quī tālia quaerunt, vendunt. Nam et Simōn ille ideō volēbat emere Spīritum Sānctum, quia vendere volēbat Spīritum Sānctum; et putābat Apostolōs mercātōrēs tālēs esse, quālēs Dominus dē templō flagellō ēiēcit. Tālis enim ipse erat, et quod venderet, emere volēbat; dē illīs erat, quī columbās vendunt. Etenim in columbā appāruit Spīritus Sānctus. Quī ergō vendunt columbās, frātrēs, quī sunt, nisī quī dīcunt: Nōs damus Spīritum Sānctum? Quārē enim hoc dīcunt, et quō pretiō vendunt? Pretiō honōris suī. Accipiunt pretium cathedrās temporālēs, ut videantur ipsī vendere columbās. Caveant ā flagellō dē resticulīs. Columba nōn est vēnālis; grātis datur, quia grātia vocātur.

vi, 1. 하지만, 이 말씀의 비밀한 뜻을 비유를 통해 찾는다면, 소를 파는 사람들은 어떤 사람들입니까? 양과 비둘기를 파는 사람들은 어떤 사람들입니까? 그들은 교회에서 '자기 일을 구하고, 그리스도 예수의 일을 구하지'(빌 2:21) 않는 자들입니다. 속량을 원하지 않는 자들은 모든 것을 매매할 수 있다 생각합니다. 그들은 속량을 원하지 않고, 팔기를 원합니다. 이는, 그들에게 그리스도의 피로 속량을 받는 것, 그리하여, 그리스도의 평화에 이르는 것은 좋은 일이기 때문입니다.

vi, 2. 이 세상에서 시간적인 것, 덧없는 것을 얻는 것이 도대체 무슨 유익이 있습니까? 돈이든, 배와 목구멍의 쾌락이든, 사람의 칭찬으로 말미암은 명예든 말입니다. 모든 것이 다 연기요, 바람 아닙니까? 모든 것이 다 지나가고, 달려가지 않습니까? 그리고 덧없는 것들에 매달리는 자들에게 화(禍) 있습니다. 이는, 함께 휩쓸려 가기 때문입니다. 모든 것이 다 바다로 급히 흘러가는 강물 아닙니까? 그리고 거기 빠지는 자에게 화가 있습니다. 이는, 그가 바다로 휩쓸려 가기 때문입니다. 그러므로 우리의 모든 동정(動情)을 이런 욕심으로부터 지켜야 합니다.

vi, 3. 나의 형제 여러분! 이런 것을 추구하는 자들이 팝니다. 이는, 그 [마술사] 시몬 역시 성령을 사려고 했던 것은 성령을 팔고 싶었기 때문입니다. 그리고 사도들을 장사꾼들이라 생각했습니다. 주님은 성전에서 그런 자들을 채찍으로 몰아내셨는데 말입니다. 정말이지, 시몬 자신이 그런 자였습니다. 그래서 자기가 팔려고 했던 것을 사려고 했습니다. 그는 비둘기를 파는 자에 속했습니다. 이는 성령이 비둘기의 모습으로 나타났기 때문입니다. 그러니까, 형제 여러분! 비둘기를 파는 자들은 이렇게 말하는 자들 아닙니까?

우리가 성령을 준다.

그들이 도대체 왜 이런 말을 하는 겁니까? 그리고 무슨 대가를 받고 팝니까? 자기네 영광이라는 대가를 받습니다. 그들은 세상의 회전의자를 대가로 받습니다. 그래야 자기네가 비둘기 파는 자처럼 보일 테니 말입니다. 그들은 노끈으로 만든 채찍을 조심해야 할 것입니다. 비둘기는 매매 대상이 아닙니다. 거저 주어지는 것입니다. 그래서 '은혜'라 불립니다.

vi, 4. Ideō, frātrēs meī, quōmodo vidētis eōs, quī vendunt, propōlāriōs, quisque, quod vendit, laudat. Quot prōposita fēcērunt? Alterum prōpositum habet Carthāgine Prīmiānus, alterum habet Maximiānus, alterum habet in Mauritāniā Rogātus, alterum habent in Numidiā illī et illī, quōs iam nec nōmināre sufficimus. Circuit ergō aliquis emere columbam, ūnusquisque ad prōpositum suum laudat, quod vendit. Āvertātur illīus cor ab omnī vendente, veniat, ubī grātīs accipitur. Nec sīc ērubēscunt, frātrēs, quia per ipsās dissēnsiōnēs suās amārās et malitiōsās, cum sibī tribuunt, quod nōn sunt, cum extolluntur putantēs sē aliquid esse, cum nihil sint, tot partēs dē sē fēcērunt. Sed quid in eīs implētum est, quod nōlunt corrigī, nisī quod audīstis in Psalmō: Discissī sunt, nec compūnctī sunt?

vii, 1. Quī ergō bovēs vendunt? Bovēs intelleguntur, quī nōbīs Scrīptūrās Sānctās dispēnsāvērunt. Bovēs erant Apostolī, bovēs erant Prophētae. Unde dīcit Apostolus:

> Bovī trītūrantī ōs nōn īnfrēnābis. Numquid dē bōbus pertinet ad Deum? An propter nōs dīcit? Propter nōs enim dīcit; quia dēbet in spē, quī arat, arāre, et trītūrāns in spē participandī.

Ergō illī bovēs relīquērunt nōbīs memoriam Scrīptūrārum. Nōn enim dē suō dispēnsāvērunt, quia glōriam Dominī quaesiērunt. Quid enim audīstis in ipsō Psalmō? Et dīcant semper:

> Magnificētur Dominus, quī volunt pācem servī eius.

vi, 4. 그러니까, 나의 형제 여러분! 여러분이 보는 대로, 파는 자들은 매대(賣臺)를 가지고 있습니다. 누구든, 자기가 파는 것에 대해 좋게 말합니다. 그들은 얼마나 많은 매대를 만들었습니까? 카르타고(Carthago)에 프리미아누스(Primianus)의 매대가 하나 있고, 막시미아누스(Maximianus)의 매대가 하나 있습니다. 마우리타니아(Mauritanis)에는 로가투스(Rogatus)의 매대가 하나 있습니다. 누미디아(Numidia)에는 매대 가진 사람이 여럿입니다. 그들을 다 거명하려면, 시간이 충분하지 않습니다. 그러므로 어느 누가 비둘기를 사려고 돌아다닌다고 하면, 사람마다 자기 매대에서 자기가 파는 것을 선전합니다. [신자는] 자기 마음을 그 어떤 장사꾼에게도 주지 말아야 합니다. 은혜로 받을 수 있는 곳으로 와야 합니다. 형제 여러분, [장사꾼들은] 별로 부끄러워하지 않습니다. 그들은, 자기네 것이 아닌 것을 자기네에게 돌립니다. 그들은, '아무것도 되지 못하고 된 줄로'(갈 6:3) 생각하면서 스스로를 높입니다. 그들은 심하고 사악한 논쟁을 통해 수많은 파당(派黨)을 스스로 만들었습니다. 하지만 그들은 고침을 받을 생각이 없습니다. 그래서 그들에게 채워지는 것은, 여러분이 시편 말씀을 통해 듣는 것밖에 없습니다.

> [오직 내가 환난을 당하매, 저희가 기뻐하여, 서로 모임이여! 비류가 나의 알지 못하는 중에 모여,] 나를 치며, 찢기를 마지 아니하도다. (시 35:15)

vii, 1. 그렇다면, 누가 소를 팝니까? 소는 우리에게 성경 말씀을 전해 주는 자들로 생각됩니다. 사도들이 소였고, 선지자들이 소였습니다. 그래서 사도는 이렇게 말씀하였습니다.

> 9 모세 율법에 '곡식을 밟아 떠는 소에게 망을 씌우지 말라!' 기록하였으니, 하나님께서 어찌 소들을 위하여 염려하심이냐? 10 전혀 우리를 위하여 말씀하심이 아니냐? 과연 우리를 위하여 기록된 것이니, 밭 가는 자는 소망을 가지고 갈며, 곡식 떠는 자는 함께 얻을 소망을 가지고 떠는 것이라. (고전 9:9-10)

그러니까, 그 소들은 우리에게 성경 말씀에 대한 기억을 남겨 주었습니다. 정말이지, 그들은 자기의 것을 나누어준 것이 아닙니다. 이는, 그들이 주님의 영광을 구했기 때문입니다. 여러분은 시편 자체에서 무슨 말씀을 듣습니까?

> '그 종의 형통을 기뻐하시는 여호와는 광대하시다' 하는 말을 저희로 항상 하게 하소서! (시 35:27)

vii, 2. Servus Deī, populus Deī, Ecclēsia Deī. Quī volunt pācem Ecclēsiae ipsīus, magnificent Dominum, nōn servum; et dīcant semper:

Magnificētur Dominus.

Quī dīcant? Quī volunt pācem servī eius. Ipsīus populī, ipsīus servī vōx est illa ēvidēns, quam in lāmentātiōnibus audīstis in Psalmō, et movēbāminī, cum audīrētis, quia inde estis. Quod cantābātur ab ūnō, dē omnibus cordibus resonābat. Fēlīcēs, quī sē in illīs vōcibus tamquam in speculō cōgnōscēbant. Quī ergō volunt pācem servī eius, pācem populī eius, pācem ūnīus, quam dīcit ūnicam, et quam vult ēruī ā leōne: *Ērue dē manū canis ūnicam meam?* Quī dīcunt semper: *Magnificētur Dominus.*

vii, 3. Ergō bovēs illī Dominum magnificāvērunt, nōn sē. Vidēte bovem magnificantem Dominum suum, quia agnōvit bōs possessōrem suum. Attendite bovem timentem, nē dēserātur possessor bovis, et in bove praesūmātur; quōmodo expavēscit eōs, quī volunt in illō pōnere spem.

Numquid Paulus prō vōbīs crucifixus est? Aut in nōmine Paulī baptizātī estis?

Quod dedī, nōn egō dedī; grātīs accēpistis, columba dē caelō dēscendit. *Egō,* inquit, *plantāvī, Apollō rigāvit; sed Deus incrēmentum dedit; neque quī plantat, est aliquid, neque quī rigat, sed quī incrēmentum dat, Deus.* Et dīcant semper: *Magnificētur Dominus,* quī volunt pācem servī eius.

vii, 2. 하나님의 종, 하나님의 백성, 하나님의 교회 - 하나님의 교회의 평화를 원하는 자는 주님을 찬양하지, 종을 찬양하지 않습니다. 그는 항상 이렇게 말해야 할 것입니다.

여호와는 광대하시다.

누가 이런 말을 해야 합니까? 하나님의 교회의 평화를 원하는 자들입니다. 이것은 그의 백성, 그의 종의 명확한 음성입니다. 이 음성을 여러분은 시편의 애가(哀歌)에서 들었습니다. 여러분이 이 음성을 들을 때, 여러분 [마음]이 움직였던 것은, 여러분이 그 교회에 속했기 때문입니다. 한 사람이 노래한 것이 모두의 마음속에 메아리쳤습니다. 그 음성을 듣고, 마치 거울 속을 본 것처럼, 자기를 알아본 사람들은 복된 자들입니다. 그렇다면, 누가 그의 종의 평화, 그의 백성의 평화를 원합니까? 그 평화는 '내 유일한 것'(시 35:17)이라 불리는 자, '사자들에게서' 건지기를 원하는 자의 평화입니다.

[내 영혼을 칼에서 건지시며,] 내 유일한 것을 개의 세력에서 구하소서! (시 22:20)

그들은 항상 이렇게 말합니다.

여호와는 광대하시다.

vii, 3. 그러니까, 그 소들은 주님을 찬양했지, 자기 자신을 찬양하지 않았습니다. 자기 주인을 찬양하는 소를 보십시오! 이는, 그 소가 자기 임자를 알았기 때문입니다.[1] 자기 주인이 버림을 받을까 보아 염려하는 소를 보십시오! 소를 의지할까 보아 염려하는 소를 보십시오! 자기한테 희망을 걸려고 하는 자들을 그가 얼마나 두려워합니까?

바울이 너희를 위하여 십자가에 못 박혔으며, 바울의 이름으로 너희가 세례를 받았느뇨? (고전 1:13)

내가 준 것은, 내가 준 것이 아닙니다. 여러분은 그것을 거저 받았습니다. 비둘기는 하늘에서 내려왔습니다. 바울은 말합니다.

6 나는 심었고, 아볼로는 물을 주었으되, 오직 하나님은 자라나게 하셨나니, 7 그런즉, 심는 이나, 물 주는 이는 아무것도 아니로되, 오직 자라나게 하시는 하나님뿐이니라. (고전 3:6-7)

그의 종의 평화를 원하는 자는 항상 이렇게 말해야 합니다.

여호와는 광대하시다.

---

[1] 사 1:3 (= "소는 그 임자를 알고 나귀는 주인의 구유를 알건마는 이스라엘은 알지 못하고 나의 백성은 깨닫지 못하는도다 하셨도다") 참조.

viii, 1. Istī autem dē Scrīptūrīs ipsīs fallunt populōs, ut accipiant ab ipsīs honōrēs et laudēs, et nōn convertantur hominēs ad vēritātem. Quia vērō ipsīs Scrīptūrīs fallunt populōs, ā quibus quaerunt honōrēs; vendunt bovēs, vendunt et ovēs, id est, ipsās plēbēs. Et cui vendunt, nisī diabolō? Namque, frātrēs meī, sī Chrīstī ūnica Ecclēsia est, et ūna est; quidquid inde praecīditur, quis tollit, nisī leō ille rugiēns et circumiēns, quaerēns, quem dēvoret? Vae hīs, quī praecīduntur! Nam illa integra permanēbit. Nōvit enim Dominus, quī sunt eius. Tamen quantum in ipsīs est, vendunt bovēs et ovēs, vendunt et columbās; observent flagellum peccātōrum suōrum.

viii, 2. Certē quandō aliquid tāle patiuntur propter istās inīquitātēs suās, agnōscant, quia Dominus fēcit flagellum dē resticulīs, et ad hoc admonet eōs, ut mūtent sē, ut nōn sint negōtiātōrēs; nam sī sē nōn mūtāverint, audient in fīne:

> Ligāte illīs manūs et pedēs, et prōicite in tenebrās exteriōrēs.

ix, 1. Tunc scrīptum esse: Zēlus domūs tuae comēdit mē, recordātī sunt discipulī; quia zēlō domūs Deī ēiēcit istōs dē templō Dominus. Frātrēs, ūnusquisque Chrīstiānus in membrīs Chrīstī zēlō domūs Deī comedātur. Quis comeditur zēlō domūs Deī? Quī omnia, quae forte ibī videt, perversa, satagit corrigī, cupit ēmendārī, nōn quiēscit; sī ēmendāre nōn potest, tolerat, gemit. Nōn excutitur dē āreā grānum, sustinet paleam; ut intret in horreum, cum palea fuerit sēparāta. Tū ante horreum, sī grānum es, nōlī excutī dē āreā; nē prius ab avibus colligāris, quam in horreum congregēris. Avēs enim caelī āeriae potestātēs exspectant aliquid rapere dē āreā, et nōn rapiunt, nisī quod inde fuerit excussum. Ergō zēlus domūs Deī comedat tē; unumquemque Chrīstiānum zēlus domūs Deī comedat, in quā domō Deī membrum est. Nōn enim magis est domus tua, quam domus, ubī habēs salūtem sempiternam.

viii, 1. 하지만 저들은 성경 자체를 가지고 사람들을 속입니다. 그래서 사람들로부터 영광과 칭송을 받습니다. 그러나 사람들을 진리로 향하게 만들지 못합니다. 정말이지, 그들은 성경 자체를 가지고 사람들을 속이고, 사람들한테서 영광을 구하기 때문에, 소를 팔고, 양을 팔고, 결국에는 백성 자체를 팝니다. 그들이 누구에게 팝니까? 마귀에게 파는 것 아닙니까? 그런데, 나의 형제 여러분! 그리스도의 교회가 오직 하나라고 한다면, 거기서 무엇을 잘라 내든, 잘라 내는 자는 '우는 사자 같이 두루 다니며 삼킬 자를'(벧전 5:8) 찾는 자 아닙니까? 잘려 나가는 자들에게는 화(禍)가 있습니다. 왜냐하면, 주님의 교회는 온전함을 유지하기 때문입니다. 정말이지, 주님은 '자기 백성을'(딤후 2:19) 아십니다. 하지만 저들은 자기네한테 있는 것을 팝니다. 소를 팔고, 양을 팝니다. 비둘기도 팝니다. 저들은, 자기네 죄에 대해 채찍이 기다리고 있다는 것을 각오해야 할 것입니다.

viii, 2. 저들이 자기네의 이런 죄악 때문에 이 같은 일을 당한다면, 저들은 분명히 깨달아야 할 것은, 주님이 노끈으로 채찍을 만드사, 저들에게 변화하라고, 장사꾼이 되지 말라고 깨우치신다는 사실입니다. 정말이지, 만약 저들이 바뀌지 않는다면, 종국에는 이런 말씀을 들을 것입니다.

그 수족을 결박하여, 바깥 어두움에 내어 던지라! (마 22:13)

ix, 1. "제자들이 성경 말씀에, '주의 전을 사모하는 열심이 나를 삼키리라'(시 69:9) 한 것을 기억하더라"(요 2:17). 이는, 주님이 '주의 전을 사모하는 열심'으로 그들을 성전에서 쫓아내셨기 때문입니다. 형제 여러분! 그리스도의 지체에 속한 크리스챤 한 사람 한 사람은 주의 전을 사모하는 열심에 삼킴을 받습니다. 누가 주의 전을 사모하는 열심에 삼킴을 받습니까? 거기에서 혹시 무슨 잘못을 보든지, 고치려고 노력하는 자, 바로잡기를 원하는 자, 가만있지 않는 자입니다. 바로잡을 수 없으면, 인내하면서 탄식합니다. 알곡을 타작 마당에서 떨기 전에는, 쭉정이를 그냥 놓아둡니다. 그래야 쭉정이를 분리한 다음, 알곡을 곳간에 들일 수 있기 때문입니다. 그대가 알곡이라면, 곳간에 들어가기 전에, 타작 마당에서 튀겨 나가지 말아야 합니다. 즉, 곳간에 들어가기 전에, 새들한테 먹히지 말아야 합니다. 정말이지, '공중의 권세 잡은'(엡 2:2) 새들은 타작 마당에서 무엇을 낚아챌 기회를 엿보고 있습니다. 그리고 거기서 튀겨 나간 것들만을 낚아챕니다. 그러므로 그대는 하나님의 전을 사모하는 열심에 삼킴을 받으십시오! 크리스챤 한 사람 한 사람은 하나님의 전을 사모하는 열심에 삼킴을 받아야 합니다. 그는 하나님의 전의 지체입니다. 이는, 그대의 집이 그 전보다 더 귀하지 않기 때문입니다. 그 전에서 그대는 영원한 구원을 누릴 것입니다.

ix, 2. Domum tuam intrās propter requiem temporālem; domum Deī intrās propter requiem sempiternam. Sī ergō in domō tuā nē quid perversum fiat, satagis; in domō Deī, ubī salūs prōposita est et requiēs sine fīne, dēbēs patī, quantum in tē est, sī quid forte perversum vīderis? Verbī grātiā, vidēs frātrem currere ad theātrum? Prohibē, monē, contrīstāre, sī zēlus domūs Deī comēdit tē. Vidēs aliōs currere et inēbriārī velle, et hoc velle in locīs Sānctīs, quod nusquam decet? Prohibē, quōs potes, tenē, quōs potes, terrē, quōs potes, quibus potes blandīre; nōlī tamen quiēscere. Amīcus est? Admoneātur lēniter. Uxor est? Sevērissimē refrēnētur. Ancilla est? Etiam verberibus compescātur. Fac, quidquid potes, prō persōnā, quam portās; et perficis: *Zēlus domūs tuae comēdit mē.*

ix, 3. Sī autem fueris frīgidus, marcidus, ad tē sōlum spectāns, et quasi tibī sufficiēns, et dīcēns in eō dē tuō: *Quid mihī est cūrāre aliēna peccāta? Sufficit mihī anima mea; ipsam integram servem Deō*; eia, nōn tibī venit in mentem servus ille, quī abscondit talentum, et nōluit ērogāre? Numquid enim accūsātus est, quia perdidit, et nōn quia sine lucrō servāvit?

ix, 4. Sīc ergō audīte, frātrēs meī, ut nōn quiēscātis. Egō vōbīs cōnsilium datūrus sum; det ille, quī intus est; quia etsī per mē dederit, ille dat. Nōstis, quid agātis ūnusquisque in domō suā cum amīcō, cum inquīlinō, cum cliente suō, cum māiōre, cum minōre; quōmodo dat Deus aditum, quōmodo aperit iānuam verbō suō, nōlīte quiēscere lucrārī Chrīstō; quia lucrātī estis ā Chrīstō.

ix, 2. 그대가 그대 집에 들어가는 것은 시간적 안식을 위해서입니다. 하나님의 전에 들어가는 것은 영원한 안식을 위해서입니다. 그러니까, 그대가 만약, 그대 집에 아무 문제가 없게 하기 위해 노력한다면, 하나님의 전에는 구원과 영원한 안식이 달려 있으니, 그대가 혹시 [거기서] 무슨 문제점을 발견하거든, 그대의 능력 범위 안에서 그것을 해결하려고 노력해야 하지 않겠습니까? 예를 들겠습니다. 형제가 극장으로 달려가는 모습을 본다면, 그대는 어떻게 하겠습니까? 막아 서십시오! 권면하십시오! 슬퍼하십시오! 하나님의 전을 사모하는 열심이 그대를 삼켰다면 말입니다. 어떤 사람들이 술을 마시러 달려가는 모습, 그것도 거룩한 곳에서 그렇게 하려는 모습을 보았다면, 어떻게 하겠습니까? 그런 일은 절대 있어서는 안 되는데 말입니다. 최대한 막아 서십시오! 최대한 붙잡으십시오! 최대한 책망하십시오! 최대한 설득하십시오! 하지만 가만있어서는 안 됩니다. 친구입니까? 부드럽게 타이르십시오! 아내입니까? 아주 따끔하게 책망하십시오! 여종입니까? 회초리로 단속하십시오! 그대가 맡고 있는 역할에 따라, 할 수 있는 것은 다 하십시오. 그대가 행하는 것은 이런 말씀에 근거한 것입니다. "주의 전을 사모하는 열심이 나를 삼켰도다"(시 69:9).

ix, 3. 하지만 그대가 냉담하고 나약하여, 그대 자신만 바라보고, 그대 자신으로 만족하는 것 같이 하면서, 속으로 이렇게 말한다 해 봅시다!

> 남의 죄에 대해 내가 상관할 바가 무에냐? 나한테는 내 영혼을 돌보는 것으로 충분하다. 하나님 존전(尊前)에서 내 영혼을 온전히 지키도록 하자!

잘 보십시오! 달란트를 숨겨 놓고, 활용할 뜻이 없었던 그 종[1]이 생각나지 않습니까? 그가 책망받은 것은, 달란트를 잃어버려서가 아니라, 그것을 활용하지 않아서가 아닙니까?

ix, 4. 그러므로 나의 형제 여러분! [나의 말을] 들어 주십시오! 그리고 가만있지 마십시오! 내가 여러분에게 아이디어를 드리겠습니다. [우리] 속에 계신 분이 그걸 주실 것입니다. 이는, 설사 내가 준다 해도, 그분이 주시는 것이기 때문입니다. 여러분은 각자 자기 집에서 무엇을 해야 할지, 친구에게, 동료에게, 피보호자에게, 윗사람과 아랫사람에게 무엇을 해야 할지 알고 있습니다. 하나님이 허락하시는 대로, 말씀의 문을 열어 주시는 대로, 잠잠하지 마십시오! 그래서 [그들을] 그리스도를 위해 얻으십시오! 이는, 여러분이 그리스도의 사람들이 되었기 때문입니다.

---

[1] 마 25:14-30 참조.

x, 1. *Dīxērunt illī Iūdaeī: Quod sīgnum ostendis nōbīs, quia haec facis? Et Dominus: Solvite templum hoc, et in tribus diēbus excitābō illud. Dīxērunt ergō Iūdaeī: Quadrāgintā et sex annīs aedificātum est templum hoc, et tū dīcis: In tribus diēbus excitābō illud?* Carō erant, carnālia sapiēbant; ille vērō loquēbātur spīritāliter. Quis autem posset intellegere, dē quō templō dīcēbat? Sed nōn multum quaerimus; per Ēvangelistam nōbīs aperuit, dīxit, dē quō templō dīceret:

> Solvite templum hoc, et in tribus diēbus excitābō illud. Quadrāgintā et sex annīs aedificātum est templum, et triduō suscitābis illud?

Dīcēbat autem, ait Ēvangelista, dē templō corporis suī.

x, 2. Et manifestum est, occīsum Dominum post triduum resurrēxisse. Hoc modo omnibus nōbīs nōtum est; et sī Iūdaeīs clausum est, quia forīs stant; nōbīs tamen apertum est, quia nōvimus, in quem crēdimus. Ipsīus templī solūtiōnem et reaedificātiōnem, anniversāriā solemnitāte celebrātūrī sumus; ad quam vōs exhortāmur, ut praepaēetis vōs, sī quī estis catēchūmenī, ut accipiātis grātiam; iam nunc tempus est, iam nunc partūriātur, quod tunc nāscātur. Ergō illud nōvimus.

xi, 1. Sed forte hoc exigitur ā nōbīs, utrum habeat aliquod sacrāmentum quadrāgintā sex annīs aedificātum templum. Sunt quidem multa, quae hinc dīcī possint; sed quod breviter dīcī potest et facile intellegī, hoc interim dīcimus.

x, 1. 이에 유대인들이 대답하여 예수께 말하기를, '네가 이런 일을 행하니, 무슨 표적을 우리에게 보이겠느뇨?' 예수께서 대답하여 가라사대, '너희가 이 성전을 헐라! 내가 사흘 동안에 일으키리라'. 유대인들이 가로되, '이 성전은 사십육 년 동안에 지었거늘, 네가 삼 일 동안에 일으키겠느뇨?' 하더라. (요 2:18-20) 그들은 육체였습니다. [그래서] 육적인 것을 생각했습니다. 반면, 주님은 영적으로 말씀하셨습니다. 하지만, 주님이 어떤 성전에 대해 말씀하셨는지를 누가 이해할 수 있겠습니까? 그러나 우리는 오래 찾아 헤맬 필요가 없습니다. 복음서 기자를 통해 주님이 우리에게 어떤 성전에 대해 말씀하시는지를 밝히 말해 주셨습니다.

> 너희가 이 성전을 헐라! 내가 사흘 동안에 일으키리라. (요 2:19)

[유대인들이 말했습니다.]

> 이 성전은 사십육 년 동안에 지었거늘, 네가 삼 일 동안에 일으키겠느뇨? (요 2:20)

복음서 기자는 말합니다.

> 그러나 예수는 성전된 자기 육체를 가리켜 말씀하신 것이라. (요 2:21)

x, 2. 그리고 분명한 것은, 죽임 당하신 주님께서 사흘만에 부활하셨다는 사실입니다. 이것을 지금 우리 모두가 알고 있습니다. 설사 유대인들이 밖에 있기 때문에, 이 사실을 모른다 해도, 이것이 우리에게 분명한 것은, 우리가 누구를 믿는지를, 우리가 알고 있기 때문입니다. 우리는 성전 자체의 파괴와 재건을 기념하는 연례 예배를 곧 드릴 것입니다. 우리는 여러분에게 [이 예배를] 잘 준비하라고 권면합니다. 여러분이 입교 예정자라면, 은혜를 받기 위해서라도 [잘 준비하기 바랍니다.] 지금 벌써 [그럴] 시간이 되었습니다. 지금 벌써 해산의 수고를 해야, 그때 [잘] 중생할 수 있습니다. 그러니까, 우리는 알고 있는 것입니다.

xi, 1. 그러나 필시 우리는 이런 질문을 받을지 모릅니다.

> 성전이 46년 동안에 지어졌다는 것이 모종(某種)의 신비한 의미를 지닐까?

이에 대해서는 물론, 할 말이 많습니다. 하지만, 간략하게 말할 수 있는 것 내지 쉽게 이해할 수 있는 것을 좀 이야기하겠습니다.

xi, 2. Frātrēs, dīximus iam, nisī fallor, hesternō diē, Adam ūnum hominem fuisse, et ipsum esse tōtum genus hūmānum. Nam ita dīximus, sī meministis. Quasi frāctus est, et sparsus colligitur, et quasi cōnflātur in ūnum societāte atque concordiā spīritālī. Et gemit ūnus pauper modo ipse Adam, sed in Chrīstō innovātur; quia sine peccātō vēnit Adam, ut peccātum Adam solveret in carne suā, et ut redintegrāret sibī Adam imāginem Deī. Dē Adam ergō carō Chrīstī; dē Adam ergō templum, quod dēstrūxērunt Iūdaeī, et resuscitāvit Dominus triduō. Resuscitāvit enim carnem suam.

xi, 3. Vidēte, quia Deus erat aequālis Patrī. Frātrēs meī, dīcit Apostolus:

Quī eum excitāvit ā mortuīs.

Dē quō dīcit? Dē Patre: *Factus*, inquit, *oboediēns ūsque ad mortem, mortem autem crucis; propter quod et Deus illum excitāvit ā mortuīs, et dedit eī nōmen, quod est super omne nōmen.* Resuscitātus et exaltātus est Dominus. Resuscitāvit eum, quis? Pater, cui dīxit in Psalmīs:

Excitā mē, et reddam illīs.

Ergō Pater eum resuscitāvit. Nōn sē ipse? Quid autem facit Pater sine Verbō? Quid facit Pater sine Ūnicō suō? Nam audī, quia et ipse Deus erat:

Solvite templum hoc, et in tribus diēbus excitābō illud.

Numquid dīxit: Solvite templum, quod triduō Pater resuscitet? Sed quōmodo cum Pater suscitat, et Fīlius suscitat; sīc cum Fīlius suscitat, et Pater suscitat; quia Fīlius dīxit:

Egō et Pater ūnum sumus.

xi, 2. 형제 여러분! 내 기억이 틀리지 않았다면, 어제 벌써 우리는, 아담은 한 사람이었고, 그가 인류 전체였다는 이야기를 했습니다.[1] 여러분이 기억한다면, 우리는 그런 이야기를 했습니다. 아담은 마치 깨어진 것 같았습니다. 또 흩어졌습니다. 하지만, 모아지고 있습니다. 영적인 공동체 및 화합을 통해 마치 하나로 융합되는 것 같습니다. 그리고 지금 아담 자신이 가난한 사람의 모습으로 탄식을 하면서, 그리스도 안에서 새로워지고 있습니다. 이는, 죄 없는 아담이 와서, 자기 육신을 통해 아담의 죄를 해결하고, 아담이 자기 자신을 하나님의 형상으로 회복할 수 있게 하기 때문입니다. 그러므로 아담에게서 그리스도의 육신이 비롯되었습니다. 즉, 아담에게서 유대인이 파괴했던 성전이 비롯되었습니다. 그 성전을 주님이 사흘만에 다시 세우셨습니다. 이는, 그가 당신 자신의 육신을 세우셨기 때문입니다.

xi, 3. 보십시오! 그는 아버지와 동등하신 하나님이십니다. 나의 형제 여러분! 사도는 이렇게 말합니다.

> 죽은 자들 가운데서 그를 일으키신 [하나님]. (골 2:12)

누구에 대해 이야기합니까? 성부에 대해 이야기합니다. [사도는] 말합니다.

> 8 죽기까지 복종하셨으니, 곧, 십자가에 죽으심이라. 9 이러므로 하나님이 그를 지극히 높여, 모든 이름 위에 뛰어난 이름을 주사. (빌 2:8-9)

주님은 일으킴을 받으셨고, 높임을 받으셨습니다. 누가 그를 일으키셨습니까? 성부입니다. 시편에 보면, 성부께 이렇게 아룁니다.

> 나를 [긍휼히 여기시고,] 일으키사, 나로 저희에게 보복하게 하소서! (시 41:10)

그러니까, 성부께서 그를 일으키셨습니다. 그가 자기 자신을 일으켜 세운 것은 아닙니까? 그런데 성부께서 로고스 없이 무슨 일을 하십니까? 성부께서 독생자 없이 무슨 일을 하십니까? 정말이지, 들어 보십시오! 아들 역시 하나님이십니다.

> 너희가 이 성전을 헐라! 내가 사흘 동안에 일으키리라. (요 2:19)

그가 이렇게 말씀하셨습니까?

> 너희가 이 성전을 헐라! 아버지께서 사흘 동안에 일으키리라.

그러나 아버지께서 일으키실 때, 아들도 일으키십니다. 이처럼 아들이 일으키실 때, 아버지도 일으키십니다. 이는, 아들이 이렇게 말씀하셨기 때문입니다.

나와 아버지는 하나이니라. (요 10:30)

---

[1] 제9강 10장 1절 및 4절, 14장 1절 및 2절 참조.

xii, 1. Quid ergō sibī vult numerus quadrāgēnārius sēnārius? Interim ipse Adam, quia per tōtum orbem terrārum est, audīstis iam hesternō diē in quattuor litterīs Graecīs quattuor verbōrum Graecōrum. Sī enim ista verba quattuor scrībās sub invicem, id est, nōmina quattuor partium mundī, Orientis, Occidentis, Aquilōnis et Merīdiānī, quod est tōtus orbis; (unde dīcit Dominus ā quattuor ventīs collēctūrum sē ēlēctōs suōs, cum vēnerit ad iūdicium; sī enim faciās ista quattuor nōmina Graeca ἀνατολή, quod est Oriēns; δύσις, quod est Occidēns; ἄρκτος, quod est Septentriō; μεσημβρία, quod est Merīdiēs: Anatolē, dysis, arctos, mesēmbria, capita verbōrum Adam habent.

xii, 2. Quōmodo ergō ibī invenīmus et quadrāgēnārium sēnārium numerum? Quia carō Chrīstī dē Adam erat. Ad litterās numerōs computant Graecī. Quod nōs facimus a litteram, illī linguā suā pōnunt alpha α, et vocātur alpha α ūnum. Ubī autem in numerīs scrībunt bēta β, quod est b ipsōrum, vocātur in numerīs duo. Ubī scrībunt gamma γ, vocātur in numerīs ipsōrum tria. Ubī scrībunt delta δ, vocātur in numerīs ipsōrum quattuor; et sīc per omnēs litterās numerōs habent. M, quod nōs dīcimus, et illī dīcunt mȳ μ, quadrāgintā sīgnificat; dīcunt enim mȳ μ τεσσαράκοντα. Iam vidēte, istae litterae quem numerum habeant; et ibī inveniētis quadrāgintā sex annīs aedificātum templum. Habet enim Adam alpha α, quod est ūnum; habet delta δ, quod sunt quattuor; habēs quīnque; habet iterum alpha α, quod est ūnum; habēs sex; habet et mȳ μ, quod est quadrāgintā: habēs quadrāgintā sex. Haec, frātrēs meī, etiam ab anteriōribus māiōribus nostrīs dicta sunt, et inventus est iste numerus in litterīs quadrāgēnārius sēnārius.

xii, 1. 그렇다면, 46이라는 수는 무엇을 의미합니까? 그런데 우선, Adam이 전 세계를 관통한다는 사실에 대해, 여러분은 어제 벌써 헬라어 네 단어의 네 글자를 통해 들었습니다. 이 네 단어를 우리가 위에서 아래로 차례로 쓴다 합시다! 그러니까, 동, 서, 남, 북은 전 세계를 의미하는데, 이 네 방향을 가리키는 네 단어를 위에서 아래로 차례로 쓴다 합시다! [그래서 주님은 심판 때에, '자기 택하신 자들을 … 사방에서'(막 13:27) 모으실 것이라고 말씀하셨습니다.] 그러면, 헬라어 네 단어, ἀνατολή / Anatole (= 동), δύσις / dysis (= 서), ἄρχτος / arctos (= 북), μεσημβρία / mesembria (= 남)의 첫 글자는 Adam이 됩니다.

xii, 2. 그렇다면, 우리가 거기서 어떻게 46이라는 숫자를 발견합니까? 이는, 그리스도의 육신이 아담에게서 비롯되었기 때문입니다. 헬라인들은 숫자를 문자로 표시합니다. 라틴 문자 a는 헬라 문자 α (알파)에 해당하고, α는 1을 가리킵니다. 또 헬라 문자 β는 라틴 문자 b에 해당하고, 숫자로는 2를 가리킵니다. 헬라 문자 γ는 숫자로는 3입니다. 헬라 문자 δ는 숫자로는 4입니다. 이런 식으로 모든 헬라 문자는 숫자로도 사용됩니다. 라틴 문자 m은 헬라 문자 μ(뮈)에 해당하는데, μ는 숫자로는 40입니다. 즉, 그들은 μ를 τεσσαράκοντα(테싸라콘타)(= 40)라 합니다. 이제 이 문자들이 무슨 숫자를 이루는지 보십시오! 그리고 여러분은 거기서 46년 동안 지어진 성전을 발견할 것입니다. 왜냐하면, Adam의 α는 1이고, δ는 4니까, 합하여 5가 됩니다. 두 번째 α도 1이니까, 합하면, 6이 됩니다. μ는 40입니다. 그래서 또 합하면, 46이 됩니다. 나의 형제 여러분! 이것은, 우리 이전의 조상들도 말한 내용입니다. 그리고 [아담을 이루는] 글자에서 46이라는 숫자가 발견되었습니다.

xii, 3. Et quia Dominus noster Iēsūs Chrīstus dē Adam corpus accēpit, nōn dē Adam peccātum trāxit; templum corporeum inde sūmpsit, nōn inīquitātem, quae dē templō pellenda est; ipsam autem carnem, quam trāxit dē Adam (Marīa enim dē Adam, et Dominī carō dē Marīā), Iūdaeī crucifīxērunt; et ille resuscitātūrus erat ipsam carnem in trīduō, quam illī in cruce erant occīsūrī; illī solvērunt templum quadrāgintā sex annīs aedificātum, et ille in trīduō resuscitāvit illud.

xiii. Benedīcimus Dominō Deō nostrō, quī ad laetitiam spīritālem congregāvit nōs. Sīmus in humilitāte cordis semper, et gaudium nostrum penes ipsum sit. Nōn dē prosperitāte aliquā huius saeculī īnflēmur, sed nōverimus fēlīcitātem nostram nōn esse, nisī cum ista trānsierint. Modo gaudium nostrum, frātrēs meī, in spē sit; nēmō gaudeat quasi in rē praesentī, nē haereat in viā. Tōtum gaudium dē spē futūrā sit, tōtum dēsīderium vītae aeternae sit. Omnia suspīria Chrīstō anhēlent; ille ūnus pulcherrimus, quī et foedōs dīlēxit, ut pulchrōs faceret, dēsīderētur; ad illum ūnum currātur, illī ingemīscātur; *et dīcant semper: Magnificētur Dominus, quī volunt pācem servī eius.*

xii, 3. 그리고 우리 주 예수 그리스도는, 아담한테서 육신은 받으셨지만, 죄는 물려받지 않으셨습니다. 그는 아담한테서 육신의 성전은 취하셨지만, 그 성전에서 축출해야 할 죄악은 취하시지 않았습니다. 하지만 그가 아담한테서 물려받으신 육신은 (왜냐하면, 마리아는 아담의 자손이고, 주님의 육신은 마리아에게서 비롯되었기 때문임), 유대인들이 십자가에 못 박았습니다. 그리고 그는, 그들이 십자가에 달아 죽였던 그 육신 자체를 삼일만에 다시 소생시키셨습니다. 그들은 46년에 걸쳐 지어진 성전을 헐었습니다. 그리고 주님은 그것을 삼일만에 다시 세웠습니다.

xiii. 우리는 영적인 기쁨을 누리도록 우리를 모아 주신 우리 주 하나님을 찬양합니다. 우리는 항상 겸비한 마음을 지니십시다! 주님 곁에 우리의 기쁨을 두십시다! 이 세상에서 좀 잘 나간다고 교만해지지 맙시다! 세상적인 것들이 [다] 지나간 다음에야 비로소, 우리의 행복이 있다는 것을 유념하십시다! 나의 형제 여러분! 지금 우리의 기쁨을 소망에다 두십시다! 현세적인 것에 기쁨이 있는 것처럼 생각하는 사람이 절대 있어서는 안 됩니다. 길에서 지체하지 맙시다! 모든 기쁨을 장래의 소망에 두십시다! 모든 열망을 영생에다 두십시다! 모든 탄식 소리를 그리스도 때문에 발(發)하십시다! 지극히 아름다우신 그분 한 분만을 사모하십시다! 그는 추한 자들까지도 사랑하사, 아름다운 자들로 만들어 주셨습니다. 오직 그분만을 향해 달려가십시다! 그분을 향해 탄식 소리를 발하십시다!

'그 종의 형통을 기뻐하시는 여호와는 광대하시다' 하는 말을 저희로 항상 하게 하소서! (시 35:27)

역자: 김광채 (金光采)

서울대학교 (BA, MA)
독일 Heidelberg Univ. (Dr. theol.)
개신대학원대학교 명예교수

저서:

<근세 · 현대교회사> 서울: CLC, 1990.

<신학논문작성법> 제2판. 서울: 참말, 1992.

<라틴어 강좌> 서울: 예영커뮤니케이션, 1994.

<교부 열전 상권> 서울: 정은문화사, 2002; CLC, 2010.

<교부 열전 중권> 서울: CLC, 2005.

<고대 교리사> 서울: 보라상사, 2003.

<중세교회사> 서울: 신성, 2002; 아침동산, 2009.

<도해 종교개혁사> 서울: 아침동산, 2009.

<그림으로 본 10대 박해> 서울: CLC, 2010.

<믿음의 여인 모니카> 서울: 북랩, 2013.

<라틴어 문법 차트> 서울: 북랩, 2013; 아우룸, 2019; 부크크, 2021.

<청년 어거스틴> 서울: Essay, 2014; 부크크, 2020.

<초대교회사 서설> 서울: Essay, 2014; 노드, 2016.

<중세교회사> 서울: CLC, 2016 (중세 신학사 포함).

<도해 근세교회사> 서울: 마르투스, 2016.

<오토 대제> 서울: Essay, 2016; 부크크, 2022.

<신국론 연구노트> 서울: 부크크, 2018.

<루터와 하이델베르그> 서울: 부크크, 2018.

<아씨시의 프란체스코> 서울: 부크크, 2019.

<제1차 십자군 전쟁> 서울: 부크크, 2020.

<제1차 십자군 영웅들의 최후> 서울: 부크크, 2021.

<청년 칼빈> 서울: 부크크, 2022 (근간).

역서:

<성·어거스틴의 고백록> 서울: CLC, 2004.
<어거스틴 교육사상 텍스트> 서울: 아침동산, 2011.
루터, <크리스챤의 자유> 서울: 좋은땅, 2013; 서울: 부크크, 2022.
어거스틴, <신망애 편람> 서울: Essay, 2014.
어거스틴, <삼위일체론> 서울: Essay, 2015.
어거스틴, <신국론> 서울: 아우룸, 2017 (전자책), 2017/18 (종이책).
어거스틴, <기독교 학문론> 서울: 북랩, 2018.
어거스틴, <행복론> 서울: 부크크, 2018.
요한 칼빈, <기독교 강요 초판> 서울: 부크크, 2019.
어거스틴, <영과 문자론> 서울: 아우룸, 2020; 부크크, 2022.
어거스틴, < 교사론> 서울: 부크크, 2020.
어거스틴, < 크리스천 경기론> 서울: 부크크, 2020.
세네카, <관용론> 서울: 부크크, 2020.
요한 칼빈, <세네카 '관용론' 주석> 서울: 부크크, 2020.
어거스틴, <독백록> 서울: 부크크, 2021.
<웨스트민스터 신앙고백서> 서울: 북퍼브, 2021.
어거스틴, <요한복음 강론 제1강~제5강> 서울: 부크크, 2021.
어거스틴, <요한복음 강론 제6강~제10강> 서울: 부크크, 2022.
율리우스 캐사르, <라한 대역 갈리아 전기 제1권 ~ 제2권> 서울: 부크크, 2021.
이레내우스, <에피데익시스> 서울: 부크크, 2022.
어거스틴, <로마서 미완성 해설> 서울: 부크크, 2022.
어거스틴, <신앙요리교육론> 서울: 부크크, 2022.

요한복음 강론 제6강 ~ 제10강

발　행 | 2022년 5월 6일
저　자 | 어거스틴
역　자 | 김광채
펴낸이 | 한건희
펴낸곳 | 주식회사 부크크
출판사등록 | 2014.07.15.(제2014-16호)
주　소 | 서울특별시 금천구 가산디지털1로 119 SK트윈타워 A동 305호
전　화 | 1670-8316
이메일 | info@bookk.co.kr

ISBN | 979-11-372-8171-4